Gabriele Praschl-Bichler

Kinderjahre Kaiser Karls

Gabriele Praschl-Bichler

KINDER
JAHRE
KAISER KARLS

Aus unveröffentlichten Tagebüchern seines Großvaters

Mit 47 Abbildungen

AMALTHEA

Bildnachweis
Alle Abbildungen entstammen dem Privatarchiv der Autorin.

Besuchen Sie uns im Internet unter:
www.amalthea.at

© 2014 by Amalthea Signum Verlag, Wien
Alle Rechte vorbehalten
Umschlaggestaltung: Silvia Wahrstätter, vielseitig.co.at
Umschlagfoto: Erzherzog Carl Ludwig mit seinem Enkel Carl,
ca. 1889 © Privatarchiv der Autorin
Herstellung und Satz: VerlagsService Dietmar Schmitz GmbH, Heimstetten
Gesetzt aus der 11,25/14,35 Punkt Minion
Printed in the EU
ISBN 978-3-85002-879-0

Inhalt

Zu dieser Ausgabe 7

Zur Einführung 9

Tagebücher eines Habsburgers,
die noch nie jemand gelesen hatte 9

Familienalltag und offizielle Verpflichtungen
in den Tagebüchern 13

Die »kleine« Geschichte des privaten Lebens:
aus Briefen und Tagebüchern 16

Die Kaiserfamilie im öffentlichen und
im privaten Leben 19

Zu den Erkenntnissen aus den Tagebüchern 23

Die »handelnden« Personen 27

Erzherzog Carl Ludwig,
der Tagebuchschreiber und Großvater Carls 27

Erzherzogin Marie Theresia,
*dritte Ehefrau Erzherzog Carl Ludwigs und
Stiefgroßmutter Carls* 30

Erzherzog Otto,
*Sohn des Tagebuchschreibers und Vater Carls,
des nachmaligen Kaisers* 32

Marie Josepha,
Ehefrau Erzherzog Ottos und Mutter Carls 37

Carl,
Enkel des Tagebuchschreibers und späterer Kaiser 39

Die Tagebucheintragungen
Erzherzog Carl Ludwigs (1887–1896) *41*

Anmerkungen *214*

Literaturverzeichnis *221*

Stammtafeln *225*

Personen- und Ortsregister *232*

Zu dieser Ausgabe

Kaiser *Karl* schrieb seinen Vornamen als Kaiser mit *K*.[1] Vorher war er wie die meisten seiner Zeitgenossen ein *Carl* mit *C*. Diese Schreibung leitete sich von der lateinischen Form des Vornamens Karl = *Carolus* ab. Der spätere Kaiser wurde nach seinem Großvater Erzherzog *Carl* Ludwig genannt, der auch sein Taufpate war und der die Tagebücher geschrieben hat. Der Enkel wird darin als *Carl* geführt. Ich habe diese Schreibung übernommen. Nur wenn im begleitenden Text vom späteren Herrscher die Rede ist, habe ich Kaiser *Karl* geschrieben.

Der Vorname des Kronprinzen erscheint in den Aufzeichnungen in damaliger Originalschreibung *Rudolph*, im kommentierenden Text mit dem modernen -f am Ende.

Die Zitate aus den Tagebüchern werden in originaler Schreibung wiedergegeben. Um sie vom begleitenden Text zu unterscheiden, sind sie *kursiv* gesetzt. Unterschiede gibt es hauptsächlich bei der ss-/ß-Schreibung (*daß* statt *dass* etc.) und bei der C-Schreibung. Beinahe jedes heute mit K geschriebene Wort (*Compliment, Clavier, Commandant* etc.) wurde damals mit C geschrieben.

Eine besondere Eigenheit dieser Zeit war, dass man Verben/ Zeitwörter, die man heute mit *ie* schreibt, damals mit kurzem *i* schrieb (*rasiren, spaziren, kursiren* etc.).

Im Tagebuch verwendete französische Ausdrücke, die Räume, Raumfolgen (*salon, appartement*) oder kunsthandwerkliche Gegenstände (*broche, bracelet*) bezeichnen, finden sich im Anschluss an den fremdsprachigen Begriff ins Deutsche übersetzt. Französische Ausdrücke schrieb man damals auch im deutschen

Sprachraum nach französischer Orthographie, also auch alle Substantive/Hauptwörter klein geschrieben.

Erzherzog Carl Ludwig verwendete im Tagebuch viele Abkürzungen. So nannte er seine Ehefrau Erzherzogin Marie Theresia darin immer nur MTh. *Gf, Gfin, Br, Brn* bedeuten *Graf, Gräfin, Baron* und *Baronin*. Weiters gibt es die üblichen Abkürzungen für militärische Ränge und akademische Titel, die sich nicht wesentlich von den heutigen unterscheiden.

Zur Einführung

Tagebücher eines Habsburgers, die noch nie jemand gelesen hatte

Zu den vielen Überraschungen, die ich erlebte, als ich vor etlichen Jahren ein Habsburger Archiv zur Betreuung übernahm, gehörte der Fund von Tagebüchern, die ein Bruder Kaiser Franz Josephs ab der Geburt seines ersten Kindes (1863) bis zu seinem Tod (1896) ohne Unterbrechung führte. Es fehlen nur zwei Bände, die auf ungeklärte Weise abhanden gekommen sind (einer ist in Bayern aufgetaucht, konnte aber für die vorliegende Arbeit nicht eingesehen werden). Diese Tagebücher stellen nicht nur wertvolle Ergänzungen der großen Geschichte dar, sie dokumentieren auch den allerprivatesten Alltag der Kaiserfamilie.

Der Autor der Tagebücher war Erzherzog Carl Ludwig, Bruder und eifrigster Mitarbeiter Kaiser Franz Josephs und Großvater des späteren Kaisers Karl. Seine Aufzeichnungen waren noch nie gelesen und auch noch nie für Dokumentationszwecke verwendet worden. Im Speziellen interessierte mich die darin enthaltende Kindheitsgeschichte Kaiser Karls. Über diesen Lebensabschnitt ist wenig bekannt.

Den Habsburgern zu Ehren sei gesagt, dass in den Tagebüchern nur wenig Unerfreuliches zutage trat. Hauptsächlich findet man darin Familiengeschichte mit allen großen und kleinen Erlebnissen, die auch der kaiserliche Alltag mit sich bringt. Die Themen sind vielfältig und immer sehr familienbezogen: Sie handeln von fröhlichen und ernsten Gesprächen bei gemeinsamen Mahlzeiten, von Friseur-, Zahnarzt- und Schneiderbesuchen, von Krankenpflege, Weihnachtseinkäufen und Familienfesten, von logistischen Meisterleistungen bei kurzen und langen Reisen und vom dichten Arbeitspensum eines Mitglieds der Kaiserfamilie.

Erzherzog Carl Ludwig war sich der Pflichten seiner hohen Stellung bewusst und hat einen Großteil seiner Arbeitszeit in den Dienst des Kaisertums gestellt. Das tat er freiwillig, er hätte es nicht müssen, er hat dafür auch keine höhere Apanage erhalten. Auch seine Söhne, die wie alle männlichen Habsburger eine Militärausbildung erhalten hatten, standen als Erwachsene im Dienst der Monarchie. Besonders hart war das für den zweitältesten Sohn Otto, der als 22-Jähriger bereits eine Familie hatte und von Kaiser Franz Joseph alle paar Monate an einen anderen Standort versetzt wurde. Von seinem Vater hatte er Schloss Persenbeug an der Donau zum Geschenk erhalten, es war aber selbst von Wien nur in einer langen Anreise mit mehrmaligem Wechsel der Verkehrsmittel zu erreichen. Die Garnisonstädte, in denen sich Otto oft monatelang aufhielt, lagen meist noch weiter entfernt.

Im Sommer 1887 war das Leben in und um Schloss Persenbeug allerdings rege, denn es stand die Geburt von Ottos erstem Kind bevor. Der kleine Carl, der spätere Kaiser Karl, sollte dort im August dieses Jahres zur Welt kommen. Um die Stimmung rund um dieses Ereignis einzufangen und das Größerwerden des Enkels mitverfolgen zu können, wurden für dieses Buch die Tagebucheintragungen seines Großvaters Erzherzog Carl Ludwig herangezogen. Alles begann recht unspektakulär und nur im engsten Familienkreis. Unspektakulär war die Geburt deshalb, weil das Baby nicht der Herrscherlinie entstammte. Damals lebte noch Kronprinz Rudolf, von dem man zwar wusste, dass er keine (männlichen) Nachfolger mehr haben würde, aber er sollte auf jeden Fall der nächste Kaiser werden. Als er nur eineinhalb Jahre später starb, rückte Erzherzog Carl Ludwig an vorderste Stelle. Er und/oder sein ältester Sohn Franz Ferdinand sowie dessen ältester noch nicht geborener Sohn standen als nächste Herrscher fest. Für den kleinen Carl änderte sich durch den Tod Rudolfs nichts, da die Kaiserwürde über seinen Onkel und dessen Nachkommenschaft weitergegeben werden sollte.

Doch brachte ein ungewöhnliches Ereignis den 13-jährigen Carl plötzlich ganz nahe an den Thron heran. Im Jahr 1900 heiratete sein Onkel, der Thronfolger Franz Ferdinand, Gräfin Sophie Chotek, eine nach Habsburger Hausgesetz nicht standesgemäße Frau. Infolge dieser Mesalliance musste er – nach damaliger Bestimmung unter der Regentschaft Kaiser Franz Josephs – für etwaige ungeborene Söhne auf den Herrschaftsanspruch verzichten, wenn auch allgemein angenommen wird, dass Franz Ferdinand diesen Verzicht als Kaiser rückgängig gemacht und selbstverständlich seinen ältesten Sohn[2] als Thronfolger eingesetzt hätte. Der 13-jährige Carl wurde damals also offiziell übernächster Thronfolger, niemand war sich aber sicher, ob er es nach dem Tod seines Großonkels Kaiser Franz Joseph geblieben wäre. Wie hinlänglich bekannt ist, änderte sich die Geschichte aber noch einmal auf unvorhersehbare Weise. Franz Ferdinand wurde 1914 in Sarajewo ermordet und Carl war nun, im Alter von 27 Jahren, tatsächlich Thronfolger von Österreich-Ungarn.

Wie nahe oder wie weit entfernt sich Carl in seiner Kindheit auch zum bzw. vom Thron befand, war er dennoch ein Mitglied einer Herrscherfamilie und musste als solches einen Teil seines Lebens in der Öffentlichkeit verbringen. Da sein Großvater Erzherzog Carl Ludwig ab dem Tod Kronprinz Rudolfs das ranghöchste Familienmitglied nach dem Kaiser war, kannte er von klein auf die Aufmerksamkeit, die man erweckte, wenn man auch nur spazieren ging. Dabei wurde der Kleine nicht nur von Verwandten, sondern auch von Kinderfrauen begleitet. Kritikern fällt an dieser Stelle auf, wie viele – vermeintliche – Privilegien der kleine Carl besaß, der schon als Baby mit Gefolgsleuten unterwegs war. In dieser Gesellschaft befanden sich die meisten Kinder aus Fürsten- und aristokratischen Familien sowie jeder Baby-Erzherzog und jede Baby-Erzherzogin. Kinder, die von Kindermädchen aufgezogen wurden und werden, sahen/sehen ihre Eltern selten oder nie. So geschehen auch beim kleinen Carl. Sein Vater Erzherzog Otto war wie jeder männliche erwachsene Habsburger im Militärdienst und lebte das Jahr über in Garnisonstädten – in Prag, in Brünn, in Enns, in Krems, in Ödenburg oder wohin immer ihn sein Onkel Kaiser Franz Joseph schickte.

Carls Mutter Marie Josepha, eine geborene Prinzessin von Sachsen, war eine typische Dame ihrer Zeit. Da sie finanziell in besten Verhältnissen lebte, konnte sie es sich leisten, ausschließlich Dame zu sein. Wie Kaiserin Elisabeth litt sie an »nervösem Husten«, dem sie gerne nachgab, um lange Reisen unternehmen zu können. In den Haushalten, die sie mit ihren Schwiegereltern teilte, ging sie ihren eigenen Interessen nach, schlief viel und extrem lange, was für ein Mitglied der Kaiserfamilie ungewöhnlich war. Wie ihr mutmaßliches Vorbild Kaiserin Elisabeth entzog sie sich gerne den Pflichten als Ehefrau und Mutter. Wenn sie unterwegs war, überließ sie die Betreuung des kleinen Carl Kinderfrauen. Ihren Ehemann Otto, der das Jahr über seinem Militärdienst nachging, sah sie nur selten.

Im Unterschied zu ihrer Familie – sie entstammte dem Geschlecht der Wettiner[3], die als Könige von Sachsen regierten –, deren Mitglieder alle intensive und häufig sogar wissenschaftliche Hobbys betrieben, interessierte sich Marie Josepha eigentlich nur für das Leben in Gesellschaft. Wenn es keine Empfänge, Diners, Bälle oder Theateraufführungen gab, langweilte sie sich. Das vormittägliche Familienleben verschlief sie meist, später nahm sie an den zwei üblichen gemeinsamen Mahlzeiten teil. Sie scheint kaum etwas aus eigenem Antrieb unternommen zu haben. Sie aß, weil man sie zum Essen bat, sie ging aus, weil jemand sie einlud, sie begab sich auf Reisen, weil ein Arzt es für ratsam hielt oder weil Verwandte besucht werden wollten. Besonders auffallend ist ihr eigentümliches Verhalten als Mutter, auf das an den betreffenden Stellen hingewiesen werden wird.

Familienalltag und offizielle Verpflichtungen in den Tagebüchern

Was in den täglichen bis zu 60-zeiligen Eintragungen Erzherzog Carl Ludwigs über das Privatleben der Familie zu lesen ist, klingt außerordentlich modern. Er und seine Frau lebten zwar im selben Haushalt, jeder ging aber seinen eigenen Beschäftigungen und Verpflichtungen nach: Erzherzog Carl Ludwig hatte als ranghöchster Erzherzog und erster Vertreter seines Bruders Franz Joseph einen beinahe so dichten Tagesplan wie der Kaiser. Ähnliches galt für seine Frau Erzherzogin Marie Theresia, aber nicht nur, weil sie die ranghöchste Erzherzogin war, sondern weil ihre Schwägerin Kaiserin Elisabeth fast ständig auf Reisen war und sie häufig in deren Namen öffentliche Termine wahrnahm.

Generell gilt, dass Ehepaare oberer Gesellschaftsschichten früher innerhalb ihrer Residenzen in getrennten Wohnungen lebten. Auch die Kinder wohnten mit Kinderfrauen, Erziehern und Lehrern in eigenen Appartements. Wenn sie ein gewisses Alter erreicht hatten, durften sie beim Mittag- und Abendessen dabei sein. Das hat jede Familie individuell gehandhabt, die Habsburger haben ihre Kinder sehr früh an den gemeinsamen Essen teilnehmen lassen. Und sie durften sie, sobald sie ein gewisses Alter erreicht hatten, in die tägliche Messe begleiten.

Zum Alltag der Kinder gehörte auch die Schulpflicht. Sie wurden – auch in den Sommerferien – täglich unterrichtet. Geschwister ähnlichen Alters nahmen die Stunden gemeinsam. Über den Lehrstoff des Gymnasiums hinausgehend, erhielten sie Unterricht in den wichtigsten Sprachen der Monarchie und auch schon damals in Englisch. Je nach Interessen und Begabungen erhielten die jungen Habsburger Sport-, Kunst- und Musikunterricht. Beinahe jedes Kind konnte reiten und ab etwa dem zehnten Lebensjahr eigenständig eine Kutsche lenken.

Das Familienleben spielte sich bei den zwei bis drei täglich gemeinsam eingenommenen Mahlzeiten ab, die nie sehr lange dauerten. Als gläubige Katholiken haben die Habsburger stets Maß gehalten, nie ausschweifend gelebt, also auch nicht im Übermaß geschlemmt oder zu lange geschlafen. Genauigkeit in den kleinsten Dingen, vor allem Höflichkeit und Pünktlichkeit wurden als wichtigste Tugenden vorausgesetzt. Die schlimmste Strafe erhielt ein Kind, wenn es nicht pünktlich war: Wer zu spät zum Essen kam, musste zurück in sein Zimmer und dort alleine essen. Diese Regel galt in allen Generationen, und man liest auch immer, dass die kinderliebenden Eltern unter dieser Strafe mehr litten als die Kinder. Aber es war eine wichtige Maßnahme, um sie zu Pünktlichkeit zu erziehen.

Wenn ein männlicher Habsburger um die 20 Jahre alt war, wurde er vom Kaiser als Militär eingesetzt. Von klein auf hatte er die wichtigsten praktischen und theoretischen Fertigkeiten dafür erlernt. Einige studierten an einer Militärakademie. Alle Erzherzoge durchliefen eine mehrjährige Ausbildung, bis sie den Offiziersstand erreicht hatten.

Mit den erwachsenen Kindern, die in Garnisonen lebten, die weggeheiratet hatten oder die sich auf Reisen oder auf Kuraufenthalten befanden, hielt ihr Vater Erzherzog Carl Ludwig ständig Kontakt, ebenso mit seinen Brüdern, Verwandten und Freunden, aber auch mit Künstlern und Wissenschaftlern. Täglich schrieb er zahl- und inhaltsreiche Briefe, da das Telefon Ende des 19. Jahrhunderts zwar schon erfunden, aber im Alltag noch nicht eingeführt war. Erzherzog Carl Ludwig war wie seine Mutter Erzherzogin Sophie ein eifriger Korrespondent und schickte jedem Kind, das nicht zu Hause lebte, zumindest ein- bis zweimal pro Woche mehrseitige Briefe.

In dringenden Fällen bediente sich der Erzherzog des Telegraphen, über den man schon damals Nachrichten innerhalb kürzester Zeit übermitteln konnte. So war es z. B. möglich, dass seine Schwiegertochter Marie Josepha auf eine telegraphische Benachrichtigung, die sie am Vormittag in Schloss Persenbeug erhielt, am Nachmittag in Wien eintreffen konnte. Die über 150 Kilometer

Strecke musste sie in mehreren Fahrzeugen zurücklegen. Mit einem Wagen fuhr sie vom Schloss zur Schiffsanlegestelle, überquerte die Donau mit einer Fähre, nahm dann abermals einen Wagen zur Bahnstation Kemmelbach, von dort den Zug nach Wien und zuletzt einen Wagen vom Bahnhof in die Innenstadt zum Palais ihres Schwiegervaters. Selbst heute braucht man für die Strecke über Autobahn oder Schnellstraße und weiter von den Außenbezirken Wiens bis ins Zentrum an die ein-, eineinviertel Stunden. Der Grund, warum Erzherzog Carl Ludwig seine Schwiegertochter einmal so rasch nach Wien bat, war eine schwere Erkrankung seiner ältesten Tochter Margarethe, die beinahe zu ihrem Tod führte. Das war ein tiefer Einschnitt im sonst so harmonischen Alltag der Familie und lastete schwer. In solchen Momenten legte der Erzherzog großen Wert darauf, mit der engeren Familie zusammen zu sein.

Wenn jemand aus dem Familienverband ernsthaft krank war, wurden mehrere Ärzte gebeten, Untersuchungen vorzunehmen und sich miteinander auszutauschen und zu beratschlagen. Beim Enkel Carl reichte eine hartnäckige Erkältung, dass zwei bis drei Ärzte zu Rate gezogen wurden. Lange Zeit war er in seiner Generation das einzige Kind. Als er geboren wurde, lebten noch ein Onkel und drei Tanten (siehe S. 48) als Teenager im Haushalt seines Großvaters. Wenn sie unterrichtet wurden oder die Großeltern Termine hatten, war der Kleine in Gesellschaft seiner Kinderfrauen. Man fand aber alle im selben Haushalt Wohnenden – Großmutter und Großvater, Onkel und Tanten – täglich im Spielzimmer Carls. Seine Mutter, Erzherzogin Marie Josepha, traf man dort am seltensten an. Meist war sie unterwegs, und wenn sie einmal – im Palais in Wien oder in der Villa Wartholz – im selben Haushalt mit ihren Schwiegereltern wohnte, kümmerte sie sich nicht um ihr Kind, sondern machte sie ihren Einfluss als Erzieherin auf eigenwillige Art geltend. Sie hielt Carl vom Familienleben fern, vor allem von den gemeinsam eingenommenen Mahlzeiten, weil sie vermutlich dachte, dass ein Kind nicht in die Gesellschaft

Erwachsener gehört. Der Großvater, der den Enkel dann nicht in Gesellschaft sah, musste ihn alleine in seiner Wohnung besuchen. War Marie Josepha auf Reisen und Carl mit Großeltern, Onkeln und Tanten allein, durfte er, sobald er in einem Kinderstühlchen sitzen konnte, bei jedem Essen dabei sein. Da Erzherzog Carl Ludwig viel Freude hatte, bei Tisch alle Familienmitglieder zu versammeln, fand er für die Zeit, wenn die Schwiegertochter im Haus war, eine Notlösung. Da sie morgens lange schlief, holte er den Kleinen in der Früh persönlich zum Frühstückstisch. Selbst wenn die Kinderfrauen andere Anweisungen gehabt hätten, wagte natürlich niemand, den Hausherrn daran zu hindern. Für ihn, der täglich etliche offizielle Termine und oft 50 bis 70 Audienzen und mehr ableistete, der stundenlang Akten, Broschüren und Protokolle der verschiedensten Gesellschaften las, deren Schirmherr er war, gehörte das Frühstück in der Gesellschaft der im Haus lebenden Kinder und des Enkels zum geliebten Morgenritual. Dort holte er sich die Kraft für einen langen Arbeitstag, der meist 12 bis 14 Stunden dauerte und ihn nicht selten mehrere Hundert Kilometer durchs Land führte.

Die »kleine« Geschichte des privaten Lebens: aus Briefen und Tagebüchern

Da meine Publikationen immer der Geschichte und nicht der Kulturgeschichte zugeordnet werden, möchte ich im Folgenden die beiden Begriffe kurz erläutern und voneinander abgrenzen. Ich habe mich seit Beginn meiner publizistischen Arbeit der Geschichte des Alltags sowie der Geschichte des privaten Lebens[4] verschrieben. Im Unterschied zur *großen Geschichte*, in der meist nur von Herrschern und mächtigen Leuten die Rede ist, beschäftigt sich die Alltags- oder Kulturgeschichte mit dem täglichen Leben aller Menschen unter Berücksichtigung ihres sozialen Umfelds. Die Fragen nach den Einzelheiten sind mannigfaltig:

Mit welcher Bekleidung und in welcher Art von Betten schliefen die Menschen einer bestimmten Epoche? Wann standen sie auf? Wie viel Zeit wendeten sie für Körperhygiene auf? Welche kosmetischen Hilfsmittel kannten und verwendeten sie? Wie viel und was aßen die Bewohner der verschiedenen Regionen? Welche Kleider trugen sie zu welchen Anlässen? Wie führten sie den Haushalt? Welche Geräte und welche Art von Geschirr verwendeten sie? Wie und wo lagerten Lebensmittel? Wie sahen Möbel der Vorratshaltung aus, wie die Kochstellen? Welche Berufe gab es, wie und wo wurden sie ausgeübt? Welche Transportmittel standen den Menschen zur Verfügung? Welche sozialen Einrichtungen gab es? Wie feierte man Feste? Wie spielte sich das Leben innerhalb der Familie ab? Wie ging man mit Geburt, Kindheit, Krankheit und Tod um?

Meist schränkt man sich bei der Beobachtung auf einen bestimmten Zeitraum ein und man vergleicht in Bezug darauf den Tagesablauf der Mitglieder verschiedener sozialer Schichten. Dabei ergeben sich häufig nur geringe Unterschiede, manchmal sogar keine. Besonders auffällig ist, wie wenig den Menschen aller Gesellschaftsschichten in früheren Epochen sanitäre Einrichtungen bedeuteten und wie ungesund und wie wenig abwechslungsreich sie aßen.

Die stärksten Unterschiede in Bezug auf Tagesablauf, Kleidung, Essen und auf Hilfsmittel gab es in der barocken Epoche. In dieser Zeit zwischen dem 17. und 18. Jahrhundert huldigten die Mitglieder der obersten Gesellschaftsschichten einer überfeinerten und gekünstelten Lebensart. Sie benahmen sich geziert, gestalteten ihre Auftritte theatralisch, verwendeten die kostbarsten Materialien für Kleidung und Einrichtung und aßen die exotischsten Lebensmittel. Wenn man einmal von den Kosten absieht, die dieser Lebensaufwand verursachte, kann man sich vorstellen, wie viel Zeit und Personal dafür benötigt wurde. Alleine für den Ablauf des Morgenrituals, der Ankleiden, Frisieren und das Trinken heißer und erlesener Getränke aus kostbaren Porzellanschalen umfasste, war zahlreiche Dienerschaft nötig. Darüber hinaus sorgten Geistliche und gebildete Personen für Erbauung und Unterhaltung der Herrschaften des Hauses. Der weitere Tagesablauf setzte sich bei den Menschen, die nicht arbeiten mussten, meist mit dem Besuch der Messe fort. Danach nahm man in Gesellschaft einiger Erwählter das Souper, das mehrere Stunden dauern konnte, und vergnügte sich anschließend je nach Jahreszeit mit Spaziergängen, Bootsfahrten und Jagden. Während des Tages wechselte man je nach Anlass mehrmals Kleidung und Frisur. Am Abend besuchte man Konzerte oder Theatervorführungen. Nachts nahm man ein Diner und unterhielt sich anschließend bei Tanz und Gesellschaftsspielen.

Aller Luxus und Nichtsnutz endete im späten 18. Jahrhundert. Die Französische Revolution, Wirtschaftskrisen in vielen europäischen Ländern sowie Bankrotte etlicher Familien hatten den Vorgang ausgelöst und führten zum Zusammenbruch des Systems. Als logische Folge entwickelte sich das 19. Jahrhundert zu einer ruhigen, bürgerlichen Epoche, in der man sich im Familien- oder Freundeskreis auf die kleinen Dinge des Lebens besann. Herr und Frau Biedermeier waren aber nicht nur im Volk zu finden, sondern auch unter Habsburgern, Wettinern und Wittelsbachern. Sie alle hatten beinahe zwei Jahrhunderte lang versucht, den aufwendigen, aber auch kraftraubenden Lebensstil König Ludwigs XIV. von Frankreich zu kopieren, und waren nun mit der Änderung ins genaue Gegenteil grenzenlos zufrieden. In Bezug auf die Geschichte des privaten Lebens hat es selten einen so tiefen Schnitt zwischen zwei so nahe liegenden Epochen gegeben.

Am Ende dieses Einschubs, der dazu dienen sollte, den Unterschied zwischen *großer Geschichte* und *Alltagsgeschichte* aufzuzeigen, komme ich wieder auf die Tagebücher Erzherzog Carl Ludwigs zurück. Nichts eignet sich besser, das Privatleben einer Familie zu dokumentieren, als in täglich geführten Aufzeichnungen eines Familienmitglieds zu lesen. Sie bieten eine ideale Vorlage, um Einblick in den Alltag nehmen zu können, und erlauben den logischen Schluss, dass Herrscher und alle Menschen des öffentlichen Lebens den Großteil ihres Lebens Privatleute waren.

Die Kaiserfamilie im öffentlichen und im privaten Leben

Im Volksglauben herrscht seit jeher die Meinung, dass Kaiser und Könige ihr gesamtes Leben nach Zeremoniell lebten. Wenn die Volksmeinung auch häufig im Recht ist, so liegt sie in diesem Fall völlig falsch. Es stimmt zwar, dass es für Kaiser, Könige und Fürsten fein ausgeklügelte Zeremonielle und für alle Feinheiten im Tagesablauf die Etikette gab; sie galten aber ausschließlich im öffentlichen Leben. Das Privatleben, also der Alltag im Kreis der Familie mit Ehefrau, Kindern, Geschwistern, Eltern und Verwandten, spielte sich in privaten Räumen genau so privat ab wie das der Untertanen. Sogar König Ludwig XIV. von Frankreich, der vermutlich als einziger europäischer Herrscher das Zeremoniell in den privaten Tagesablauf miteinbezog (man denke an das *Lever* und *Coucher du Roi*, die Rituale des Aufstehens und Zubettgehens des Königs, die von einer Menge Höflingen mitgetragen wurden), hat sich mit fortschreitendem Alter einige Stunden des Tages davon freigemacht. Sein Nachfolger Ludwig XV., der schon als Kind in der Öffentlichkeit als König auftreten musste, war eine schüchterne und unsichere Persönlichkeit und litt unter dem aufgezwungenen Leben vor Publikum. Bis an sein Lebensende arbeitete er vorsichtig, aber stetig daran, mehr Raum für sein Privatleben zu schaffen. Das war nicht einfach, da man jahrzehntelang geübte Rituale nicht mit einem Schlag abschaffen konnte. Denn die daran beteiligten Höflinge waren Erwählte und Ausgezeichnete. Sie hatten sich das Recht, diese Dienste zu bestimmten Zeiten durchführen zu dürfen, durch besondere Taten, durch steten Eifer und Loyalität erworben.

Auch am Habsburger Kaiserhof gab es Zeremonien, die bei öffentlichen Festen und Veranstaltungen angewendet wurden. Allerdings hat man sie im 18. Jahrhundert auf ein Mindestmaß verringert. Das geschah zum einen, um Kosten zu sparen, und zum anderen wohl zum Schutz des Privatlebens. Die Habsburger hingen liebevoll an ihren Kindern, die sie nicht zu früh dem Druck des öffentlichen Lebens ausliefern wollten. In Frankreich war das aus natürlichen Gründen nicht möglich, da der jeweilige Dauphin/Thronfolger häufig das letzte männliche Mitglied der Familie war und schon im Kleinkindalter – Ludwig XIV. und Ludwig XV. jeweils mit fünf Jahren – König wurde.

Zu den Regeln, die auch am Kaiserhof in Wien streng gehandhabt wurden, gehörte z. B. der *Kammerzutritt* (er regelte, wer auf welche Weise, mit oder ohne Voranmeldung durch Personal oder Beamte, Zutritt zum Herrscher und zu seiner nächsten Familie hatte), Begrüßungszeremonien und Sitzordnungen nach hierarchischem Prinzip sowie die Vergabe von Diensten und Ämtern, um Gefolgsleute oder Beamte auszuzeichnen. Generell war es eine Ehre, bei Hof angestellt und der Kaiserfamilie nahe zu sein. Darüber hinaus verfügten Hofangestellte über große Macht bis in die kleinsten Dinge. Ohne Einflussnahme vonseiten der kaiserlichen Familie bestellten sie Lebensmittel, entwarfen Speisepläne, verteilten Essensreste, überwachten und kontrollierten Silber, Glas und Porzellan, aber auch die persönliche Leibwäsche und Garderobe der Habsburger, sie besorgten Hygieneartikel, veranlassten Näharbeiten und Reparaturen.

An höchster Stelle aller bei Hof Bediensteten stand der Obersthofmeister, der Hüter von Recht, Etikette und Ordnung. Er hatte eine besondere Machtposition inne, da er unter anderem für alle am Kaiserhof Lebenden, also auch für Gefolgsleute und sogar für die Mitglieder der Kaiserfamilie, die Wohnungen verteilte. Und zwar nach eigenem Gutdünken. Wer bei ihm um Räume ansuchte, sollte sich seiner Gnade sicher sein. Wenn er eine Wohnung vergab, konnte sie an der Nordseite im untersten Stock oder in einem hellen Obergeschoß liegen, sie konnte eng und verwinkelt oder großzügig geschnitten und weitläufig sein. Es war nur die Menge der Räume vorgegeben, die einer bestimmten Person je nach Herkunft und Rang zustand. Wie immer das Appartement aussah, das der Obersthofmeister zuteilte, und wo immer es lag, hatte akzeptiert zu werden. Die Habsburger fügten sich ihm und bezogen neue Wohnungen ohne Widerspruch. Darüber kann man ebenfalls bei Erzherzog Carl Ludwig lesen, der in der Zeit zwischen 1846 und 1848 als Jugendlicher ein Tagebuch führte[5] und darin festhielt, ob er und seine Brüder bei der Rückkehr vom Sommeraufenthalt in Schloss Schönbrunn respektive vom Winteraufenthalt in der Hofburg wieder dieselben Räume wie früher bewohnten. Er freute sich, wenn es dieselben geblieben oder wenn sie besser, heller oder schöner geworden waren. So etwas erwähnte er allerdings nur im Kindesalter. Als Erwachsener hätte sich Erzherzog Carl Ludwig keine Bemerkung darüber erlaubt. Ein Habsburger nahm, was ihm von Hofbeamten zugewiesen wurde, und beanstandete nichts. Das galt auch beim Essen. Keiner von ihnen wäre auf die Idee gekommen, dem Küchenchef bei der Planung der Menus dazwischenzusprechen. Man aß, was auf den Tisch kam. Dieses Verhalten hing damit zusammen, dass jedermann, das Personal im Speziellen, zu achten und zu respektieren war.

Da die Habsburger nach strengen katholischen Grundsätzen lebten, verbaten sie sich ein Leben in Luxus und Überfluss. Man aß, man trank, man wusch und bekleidete sich, ohne großen Aufwand zu betreiben, man arbeitete und kümmerte sich um seine Nächsten. Besonders das Sorgetragen um kranke oder alleinstehende Verwandte, um Gefolgsleute und Bedienstete war ein hohes Anliegen. Darüber ist in vielen Briefen zu lesen, von denen ich schon zahlreiche veröffentlicht habe.

Außerdem waren jedem Habsburger bestimmte Aufgaben zugewiesen. Hauptsächlich waren die Familienmitglieder dazu angehalten, Schirmherrschaften verschiedenster Institutionen zu übernehmen. Das bedingte, dass man bei vielen Sitzungen, Veranstaltungen und Eröffnungen dabei sein musste. Je höher der Rang des Familienmitglieds war, umso länger war die Liste der Einrichtungen, denen er als Ehrenmitglied vorstand, und umso weitreichender war sein Aufgabenbereich. Erzherzog Carl Ludwig war seit dem Tod seines Neffen Kronprinz Rudolf der Stellvertreter Kaiser Franz Josephs, also der ranghöchste Erzherzog. Deshalb war er als Protektor besonders begehrt. Je mächtiger der Habsburger war, den man sich zum Schirmherrn erkoren hatte, desto größer war die Aufmerksamkeit der Öffentlichkeit und desto größer die Chance auf finanzielle Unterstützung.

In Bezug auf das tägliche Arbeitspensum kann man in den Tagebüchern lesen, dass Erzherzog Carl Ludwig sehr vielen öffentlichen Aufgaben nachkam, nicht nur in Wien, sondern auf dem gesamten Herrschaftsgebiet. Die österreichisch-ungarische Monarchie erstreckte sich damals im Norden bis Böhmen, Mähren und Galizien, im Osten begrenzten Siebenbürgen und das Banat das Reich, das im Süden weiter über Slawonien, Kroatien, Dalmatien bis in heute italienischen Raum reichte. Dazu gehörten das Küstenland um Triest und Südtirol, die Lombardei und Venetien waren damals schon bei Italien. Über Kärnten ging es im Westen weiter bis Salzburg, Tirol und Vorarlberg. Darüber hinaus reiste Erzherzog Carl Ludwig häufig in diplomatischen Angelegenheiten ins Ausland und traf sich mit Politikern und Monarchen. Wie sein Bruder erledigte er täglich waschkorbweise Akten und Korrespondenz, und er ließ sich ein Leben lang in verschiedenen Fächern unterrichten. So studierte und übte er alle Sprachen der Monarchie mit muttersprachigen Lehrern. Darüber hinaus hörte er Vorlesungen zu Geschichte, Politik und Verfassungsrecht. Auch die Damen übten die meisten Sprachen der Monarchie lebenslang. Weiterführenden Unterricht nahmen sie im Erwachsenenalter meist aber nur in künstlerischen Fächern und in Sportarten, wobei dem Reiten und dem Kutschieren besonderes Augenmerk gewidmet wurde. Stand eine berufliche oder private Änderung bevor, dann wurde das Unterrichtsprogramm im Hinblick darauf um etliche Fächer erweitert. Das betraf Familienmitglieder, die ein neues politisches oder militärisches Amt erhielten, die als Abt oder Äbtissin eingesetzt wurden oder die in ein anderssprachiges Land heirateten. Grundsätzlich galt, dass man nie genug Wissen und Fähigkeiten erwerben konnte, um im allerschlimmsten Fall – man hatte aus den Revolutionen gelernt – seinen Lebensunterhalt selbst bestreiten zu können.

Zu den Erkenntnissen aus den Tagebüchern

Erzherzog Carl Ludwig, seine Eltern Erzherzogin Sophie und Erzherzog Franz Carl, sein Bruder Kaiser Franz Joseph und beider jüngster Bruder Erzherzog Ludwig Victor liebten das Leben im Familienverband. Sie hielten ständig Kontakt und trafen sich, so oft es ihnen möglich war. Alle waren »kindernärrisch« und tierlieb, was sie besonders sympathisch macht. Aus den Tagebüchern Erzherzog Carl Ludwigs geht das deutlich hervor. Nichts war ihm wichtiger, als die freie Zeit mit Kindern und dem Enkel Carl zu verbringen. Wenn eines an einer schwereren Krankheit litt, war es ihm kaum möglich, zu arbeiten. Der sonst so pflichtbewusste Mann konnte sich auf nichts anderes als auf den Zustand des kranken Kindes konzentrieren. Einmal davon abgesehen, dass er ihnen die bestmögliche Ärztebetreuung zukommen ließ, wachten er und seine Frau Marie Theresia Tage und Nächte an den Krankenlagern der Kinder, auch wenn sie schon erwachsen waren. Sie reisten ihnen an alle Orte der Welt nach, um sie zu pflegen und die Genesung abzuwarten. Zuletzt geschehen im Jahr 1896, als sein ältester Sohn Franz Ferdinand an einer schweren Lungenkrankheit litt und sich monatelang zur Kur im Vorderen Orient aufhielt. Da sich sein Zustand nur langsam besserte, schiffte sich Erzherzog Carl Ludwig mit Frau und drei erwachsenen Kindern ein, um ihn zu besuchen.

Pflichtbewusst wie der Erzherzog war, notierte er beinahe sein ganzes Leben lang jedes noch so kleine Detail in seinem und seiner Familie Tagesablauf, meist fügte er sogar die Uhrzeit hinzu, wann eine Tätigkeit begonnen und wann sie durch eine neue abgelöst wurde. So reihen sich Tag an Tag Notizen über Aufwachen, Aufstehen, »*Toilette machen*« und Frühstück nehmen. Gegen halb 9, 9 Uhr begannen die täglichen Termine. Mehrmals pro Woche gab es Audienzen, dazwischen traf Erzherzog Carl Ludwig Politiker, Offiziere, Künstler und Wissenschaftler zu Besprechungen, er besuchte Veranstaltungen, nahm Paraden ab, eröffnete Ausstellungen, absolvierte Staatsbesuche und empfing Staatsoberhäupter. Je höher die Anlässe und je größer die Empfänge, desto mehr Familienmitglieder nahmen daran teil und desto umfang- und inhaltsreicher sind die Eintragungen.

Die größte Hürde, die beim Lesen und Übertragen der Tagebücher genommen werden musste, war das Entziffern der Schrift Erzherzog Carl Ludwigs. Aber nicht, weil Kaiser Karls Großvater besonders hässlich oder besonders unleserlich schrieb, sondern weil er als echter Habsburger des 19. Jahrhunderts mit Papier sehr sparsam umging und viele Zeilen in der heute nicht mehr geläufigen Kurrent- oder Sütterlin-Schrift auf eine Seite setzte. Zudem gebrauchte er für häufiger verwendete Namen oder Begriffe Kürzel, die erst entschlüsselt werden wollten.

Obwohl der Erzherzog jedes Jahr dasselbe Tagebuch-Modell vom selben Hersteller kaufte – es ist in braunem Leder gebunden, hat verstärkte Ecken aus Messing und Goldschnitt –, hat jeder Band ein anderes Maß, wobei die einzelnen Stücke bestenfalls um zwei Zentimeter in Höhe und Breite differieren. Normalerweise befinden sich 50 bis 60 geschriebene Zeilen auf einer Seite. Sie stehen dicht aneinandergedrängt, auch wenn nur eine halbe Seite beschrieben ist, was allerdings nur selten vorkommt. Die Texte sind mit vielen Einfügungen und Streichungen versehen. An Tagen, an denen sich besonders viel ereignete, wurden vierseitige Bögen eingelegt und darauf weitergeschrieben. Das geschah ebenfalls nach einem sehr sparsamen System: Auf dem gefalteten Einlageblatt, das ein etwas kleineres Format als das Tagebuch hatte, wurde – mit dem

Datum des bestimmten Tages versehen – die Eintragung fortgesetzt. Da sie eigentlich nie alle vier Seiten einnahm, wanderte das teilweise beschriebene Blatt weiter und wurde später, wenn wieder Bedarf war, für den Rest einer anderen Tageseintragung, abermals mit dem dazugehörigen Datum versehen, verwendet. Das geschah so lange, bis alle vier Seiten voll beschrieben waren. Man findet die Einlageblätter immer unter dem Datum der letzten Eintragung. Mitunter liegen dort sogar zwei vierseitige Bögen, da der letzte Nachtrag häufig länger als der restliche Platz auf der vierten Seite war. Also begann Erzherzog Carl Ludwig einen neuen Bogen, versah ihn weiter mit Nachträgen und legte beide Bögen beim Datum der letzten Eintragung des zweiten Blattes ein. Die letzte Seite des zweiten Einlageblatts ist häufig besonders dicht beschrieben, da der Autor meist vermeiden wollte, ein drittes Blatt anzufügen.

Da sich die Einlageblätter häufig nicht mehr an den ursprünglichen Stellen befanden und durcheinander geraten waren, lagerten sie meist als Konvolut dicht zusammengepresst am Ende der Tagebücher. Erst als die Bögen chronologisch geordnet und unter den richtigen Daten eingelegt waren, konnte mit dem Lesen und Übertragen begonnen werden.

Viel Neues und Unbekanntes ist ans Tageslicht gekommen, von dem man nichts wusste, nicht einmal ahnte. In Bezug auf die große Geschichte war es besonders interessant, ein bislang nirgendwo verzeichnetes Naheverhältnis Erzherzog Ottos, des Vaters des späteren Kaisers Karl, zu Kronprinz Rudolf aufzudecken. Otto war mit seinem direkten Cousin Rudolf innig befreundet und verbrachte in dessen letzten Lebensjahren jede freie Minute mit ihm. In den zahlreichen Biographien über Kronprinz Rudolf findet man unter seinen engsten Freunden und Vertrauensleuten den Journalisten Moriz Szeps und unter den Verwandten Erzherzog Johann Salvator (später: Johann Orth) sowie seinen Schwager Prinz Philipp Coburg.

Das ist sicher auch eine Erklärung dafür, warum Kaiser Franz Joseph nach dem Tod seines Sohns Rudolf ein so inniges Verhältnis zu seinem Neffen Otto hatte und ihn häufig dessen älterem Bruder Franz Ferdinand vorzog. Es wäre denkbar, dass Kaiser Franz Joseph Schuldgefühle am Freitod seines Sohns quälten und er an Otto gutmachen wollte, was er bei Rudolf verabsäumt hatte. Das unbeschwerte Wesen Ottos, sein Charme und seine unterhaltsame Art machten ihn überall zum gern gesehenen Gast. Auch Kaiser Franz Joseph schätzte diese Eigenschaften an seinem Neffen, da er wie alle Menschen gerne von Alltagsproblemen abgelenkt werden wollte.

Im Unterschied dazu traten bei der Lektüre der Tagebücher auch andere, weniger erfreuliche Erkenntnisse zutage. Am erstaunlichsten war sicher die Feststellung, dass Kaiser Karls Mutter, Erzherzogin Marie Josepha, keinen Bezug zu ihrem Sohn hatte. Sie hat sich mit ihrem lange Zeit einzigen Kind kaum je beschäftigt, überließ die Betreuung den Kindermädchen, selbst wenn sie nicht auf Reisen war und sich im selben Haushalt wie ihr Sohn befand. Zwischendurch wurde der kleine Carl mit seinen Betreuern häufig von einer Wohnadresse zur nächsten befördert, ohne dass es einen Grund für die Reise gegeben hätte. Denn meist war der Ort, wohin man ihn schickte, ein leerer Haushalt, in dem ausschließlich Bedienstete lebten.

Innig geliebt und als Kind wahrgenommen wurde Carl im Haushalt seines Großvaters. Erzherzog Carl Ludwig hatte eine derartige Freude, sich mit dem Enkel zu umgeben, dass man den Kleinen fast immer bei ihm fand, auch wenn er in seinem Schreibzimmer Akten und Korrespondenz erledigte, der Friseur ihm die Haare schnitt oder er Kleider wechselte. Carl durfte immer dabei sein, durfte immer Fragen stellen und wurde als kleine Persönlichkeit anerkannt und respektiert.

Im Tagebuch wurden aber nicht nur die Erlebnisse mit dem Enkel festgehalten, sondern auch die mit den anderen Familienmitgliedern. Dabei ist es interessant zu lesen, wie Ehefrau und Kinder, jeder auf seine eigene Art, den Alltag meisterten. Das lässt eine gute Charakterisierung der einzelnen Personen zu und man erkennt rasch, wer von der Familie introvertiert und wer gesellig war. Zu den ruhigen und zurückhaltenden Personen gehörten Carl Ludwigs drei Töchter Margarethe, Miana und Elisabeth, eine von ihnen war häufig zerstreut (die jüngste Tochter Elisabeth), einige waren fröhliche Unterhalter (die Ehefrau Marie Theresia, der Sohn Otto und der kleine Enkel Carl), einige waren sportlich und künstlerisch begabt (die Ehefrau sowie die Söhne Otto und Ferdinand). Eine grobe Skizzierung der am häufigsten »auftretenden« Personen findet sich im folgenden Kapitel.

Die »handelnden« Personen

Erzherzog Carl Ludwig,
der Tagebuchschreiber und Großvater Carls

Erzherzog Carl Ludwig war der drittgeborene Sohn Erzherzog Franz Carls und Erzherzogin Sophies und nach dem Fortgang seines Bruders Ferdinand Maximilian nach Mexiko 1864 der ranghöchste erwachsene Erzherzog nach Kaiser Franz Joseph und dessen Sohn Kronprinz Rudolf. Nach dem Tod des Kronprinzen im Jahr 1889 rückte Erzherzog Carl Ludwig ganz vor und wurde der erste Mann hinter dem Kaiser. Kaiser Franz Joseph hatte zu seinem Bruder Carl Ludwig, der ihm als Einziger der Familie sein ganzes Leben lang als Mitarbeiter zur Seite stand, ein besonders inniges Verhältnis. Wie der Kaiser bearbeitete er täglich waschkorbweise Akten, empfing Hunderte Personen des öffentlichen Lebens in Audienzen, besuchte im Auftrag Franz Josephs politische und öffentliche Veranstaltungen und unternahm zahlreiche diplomatische Dienstreisen im In- und Ausland.

Was Erzherzog Carl Ludwig von den meisten Habsburgern unterschied, waren seine Selbstdisziplin, seine Engelsgeduld und die Bereitschaft, an Tausenden Veranstaltungen teilzunehmen.

Bei Eröffnungen von wohltätigen Instituten, von Ausstellungen, bei Audienzen, bei politischen und militärischen Gesprächen war es sein oberstes Ziel, jeden zu sprechen, der mit ihm sprechen wollte. Dafür nahm er sich immer ausreichend Zeit. Nie kam er zu spät, nie musste seinetwegen ein Termin verschoben werden. Zudem verfügte er über ein phänomenales Gedächtnis, das ihm half, jeden Menschen, den er je gesehen hatte, in Erinnerung zu behalten. Besonders beliebt war er bei Künstlern und Wissenschaftlern, von denen er viele in seine private Villa nach Reichenau an der Rax lud, um mit ihnen im Familienkreis angeregte Diskussionen zu führen. Dabei wurde viel gelacht, was die Habsburger unterhaltend und die Geladenen als sehr angenehm empfanden. Steif oder zeremoniös ging es in der Familie Erzherzog Carl Ludwigs nie zu. Dafür sorgte er als Gastgeber, als der er die Kinder als muntere Gesellschafter immer miteinbezog. Sie durften unabhängig von ihrem Alter dabei sein und mitschwätzen. Persönlich führte er jeden Gast durch die Räume des Hauses und zeigte ihm sogar sein Schlafzimmer, in dem die größten Schätze des Hauses verwahrt waren: In einem munteren Durcheinander hingen an allen freien Wandstücken Zeichnungen seiner Kinder, die er alle eigenhändig mit Datum und Erläuterungen versah (»*von NN zum x.ten Geburtstag als Geschenk erhalten*«) und rahmen ließ.

Im Unterschied zu Kaiser Franz Joseph liebte Erzherzog Carl Ludwig es, von Frau, Kindern und Schwiegerkindern, dem Enkel Carl, von Schwägern und Schwägerinnen und deren Kindern umgeben zu sein. In Gesellschaft ihm nahe stehender Menschen fühlte er sich besonders wohl. Er hatte früh begonnen, eine Familie zu gründen. Die erste Heirat mit seiner direkten Cousine Prinzessin Margarethe von Sachsen fand 1856 statt. Damals war er 23 Jahre alt und wünschte sich nichts sehnlicher, als bald Vater von zahlreichen Kindern zu werden. Doch der Kindersegen blieb aus. Margarethe erkrankte knapp zwei Jahre nach der Hochzeit während eines Aufenthalts in Monza an einer Infektion und starb innerhalb weniger Tage. Es dauerte lange Zeit, bis Erzherzog Carl Ludwig sich von diesem Schicksalsschlag erholt hatte.

Vier Jahre nach dem Tod seiner ersten Frau fand er in einer entfernteren Cousine, Prinzessin Maria Annunziata von Bourbon-Sizilien, die Liebe seines Lebens. *Ciolla*, wie sie in der Familie genannt wurde, schenkte ihm vier Kinder: die drei Söhne Franz Ferdinand, Otto und Ferdinand sowie die Tochter Margarethe. Wenige Tage vor dem ersten Geburtstag der kleinen Tochter starb Maria Annunziata. Obwohl der Schmerz, diese Frau verloren zu haben, noch größer war als nach dem Tod der ersten Frau, entschied sich Erzherzog Carl Ludwig zu einer dritten und letzten Heirat, da er seinen vier kleinen Kindern eine Mutter geben wollte. 1873 heiratete er Prinzessin Marie Theresia von Braganza. Wie die verstorbene Ehefrau Ciolla war sie eine jener dunkelhaarigen Schönheiten, die auch Kaiser Franz Joseph besonders gut gefielen und damals zahlreichen zeitgenössischen Künstlern als Inspiration dienten. Marie Theresia war um 22 Jahre jünger als Erzherzog Carl Ludwig und die erste Frau, der er nicht ins Grab nachschauen musste. Sie kümmerte sich ein Leben lang liebevoll um die vier Stiefkinder und die zwei gemeinsamen Kinder, die Töchter Maria Annunziata (Miana) und Elisabeth.

Als Erzherzog Carl Ludwig im Februar 1896 gemeinsam mit seiner Frau Marie Theresia und drei Kindern Ägypten und Palästina bereiste, um seinen kranken ältesten Sohn Franz Ferdinand zu besuchen, zog er sich eine schwere Virusinfektion zu. Mit einigen Unterbrechungen auf der Heimreise erreichte er im April seine Heimatstadt Wien. Er starb nur wenige Wochen später in Schloss Schönbrunn, wo er knapp 63 Jahre zuvor das Licht der Welt erblickt hatte.

Erzherzogin Marie Theresia,
dritte Ehefrau Erzherzog Carl Ludwigs und Stiefgroßmutter Carls (in den Tagebüchern MTh)

Obwohl der Enkel Carl, der spätere Kaiser Karl, von der zweiten Frau seines Großvaters abstammte, war für ihn Erzherzogin Marie Theresia die »natürliche« Großmutter. »Natürlich« in doppeltem Wortsinn: Er kannte auf väterlicher Seite nur diese eine Großmutter, und sie war ihm und allen Familienmitgliedern eine heitere und unprätentiöse Gesellschafterin, die wie ihr Ehemann Kinder besonders liebte. Weder von ihr noch von Erzherzog Carl Ludwig ist in den Tagebüchern je das Wort *Erziehung* zu hören, noch haben die beiden je *erzieherische Maßnahmen* gesetzt. Das Ehepaar zog die Kinder und den Enkel Carl ausschließlich mit Liebe, Umsicht und Verständnis auf und brachte ihnen die wichtigsten Tugenden – Höflichkeit, Nächstenliebe, Pflichtbewusstsein und Benehmen in Gesellschaft – ganz nebenbei bei. Man lebte dieses Verhalten vor und besprach in Ruhe, wenn es galt, sich auf eine neue Situation vorzubereiten. Wenn jemand einmal einen Fehler beging, wurde das in einem Gespräch mit dem Betroffenen alleine geklärt. Es wurde nicht geschimpft, nicht gedroht und es wurde nicht gestraft. Das hauptsächliche Ziel war es, die Kinder auf einen natürlichen Umgang mit Menschen vorzubereiten. Sie sollten lernen, auch in schwierigen Situationen ruhig und freundlich zu bleiben und den Menschen ihrer Umwelt entgegenkommend und heiter zu begegnen. Ein positiver, lebensfroher Gesichtsausdruck erleichterte jedem Gegenüber die Annäherung.

Zu den größten Stärken Erzherzogin Marie Theresias zählten Ausdauer und Liebe bei der Pflege kranker Menschen, wobei sie keinen Unterschied zwischen eigenen Kindern, Stiefkindern, Ehemann, Mutter oder Geschwistern machte. Nächtelang wachte sie an Betten von Kranken und wurde dabei selbst nie krank. Ihre Selbstdisziplin ging so weit, dass sie ein eigenes Leiden – sie litt häufig an starker Migräne – nur dann zuließ, wenn die Zeit und die Umstände es erlaubten.

Innerhalb der Familie benahm sich die temperamentvolle Dame frei und ungekünstelt, sie liebte Sport und jede Bewegung in der freien Natur. Sie hatte zahlreiche Hobbys – Fotografieren und Malen gehörten zu ihren größten Leidenschaften. Ihrer hohen Stellung innerhalb der Kaiserfamilie entsprechend musste auch sie häufig offiziellen Verpflichtungen nachkommen. Nach Kaiserin Elisabeth war sie das ranghöchste weibliche Familienmitglied und hatte wie ihr Mann ständig Audienzen und offizielle Termine, umso mehr, als sich ihre Schwägerin, die Kaiserin, kaum je in Wien aufhielt. Bei diplomatischen Empfängen, bei Bällen, aber auch bei Familiendiners übernahm Erzherzogin Marie Theresia auf Bitten Kaiser Franz Josephs häufig die Rolle der Gastgeberin. Sie war in ihrem Auftreten gleichzeitig majestätisch und einnehmend, aufmerksam, immer eine perfekte Dame und eine interessierte Gesprächspartnerin.

Als ihr Ehemann Erzherzog Carl Ludwig starb, war sie 41 Jahre alt. Zehn Jahre später folgte dem Vater sein Sohn Otto ins Grab. Er war in einer Zeit, in der man weder Vorsorge noch Medikamente kannte, mit einer aggressiven Geschlechtskrankheit[6] infiziert worden, an deren Folgen er starb. Für Erzherzogin Marie Theresia war es selbstverständlich, die Pflege des unheilbar kranken Stiefsohnes zu übernehmen. Bis zu seinem Tod im Jahr 1906 wachte sie unermüdlich an seinem Krankenbett.

Innerhalb weniger Jahre sollte Erzherzogin Marie Theresia alle Stiefkinder verlieren: Vier Jahre vor Otto war seine Schwester Margarethe verstorben, 1914 folgte als dritter Franz Ferdinand (er wurde in Sarajewo ermordet), 1919 starb der jüngste Stiefsohn Ferdinand. Nur ihre eigenen Kinder, die Töchter Miana und Elisabeth, überlebten die Mutter. Erzherzogin Marie Theresia starb 1944, gegen Ende des Zweiten Weltkrieges, im Alter von 89 Jahren im Wiener Palais ihres Mannes. Sie war schon lange schwach und bettlägerig gewesen, hielt sich aber für die Hochzeit einer Enkelin mit dem ihr eigenen Willen am Leben. Allerdings nicht, um am Fest teilzunehmen, sondern um die Brautleute nicht an der Hochzeit zu hindern. Ihr Tod hätte sie nach damaligem Brauch um das Trauerjahr verschoben. Als man Erzherzogin Marie Theresia meldete, dass die Trauung vollzogen war, schloss sie nach einem langen und erfüllten Leben die Augen für immer.

Erzherzog Otto,
Sohn des Tagebuchschreibers und Vater Carls,
des nachmaligen Kaisers

Wie sein älterer Bruder Franz Ferdinand, wurde auch Erzherzog Otto in den 60er-Jahren des 19. Jahrhunderts in Graz[7] im Palais Khuenburg geboren. Sein Vater hatte sich damals dorthin zurückgezogen, um das Familienleben mit der zweiten Ehefrau Maria Annunziata, fern der Residenzstadt Wien, als Privatmann genießen zu können. Das südlich gelegene Graz hatte er gewählt, weil er dachte, dass dort das Klima für sie, die aus Sizilien stammte, angenehmer wäre als in Wien. Otto und Franz Ferdinand waren noch kleine Kinder, als sie mit der Familie von Graz nach Wien in ein Palais nahe der Innenstadt übersiedelten. Ein Lungenleiden ihrer Mutter, an dem sie seit ihrer Kindheit litt, hatte sich gravierend verschlechtert. Es sollte in Wien von Spezialisten behandelt werden. Zudem ließ Erzherzog Carl Ludwig für sie in dem berühmten Luftkurort Reichenau an der Rax die Villa Wartholz erbauen. Doch war es dafür zu spät. Maria Annunziata starb 1871 und hinterließ ihrem tief trauernden Mann vier kleine Kinder. Um sie versorgt zu wissen, heiratete Erzherzog Carl Ludwig zwei Jahre später Prinzessin Marie Theresia von Braganza. Sie wurde eine liebevolle Stiefmutter und begleitete die vier Kinder mit der ihr eigenen Vitalität und Herzlichkeit durch Schulzeit, Studium und Militärausbildung. Zu Otto hatte sie ein besonders inniges Verhältnis, da beide dieselben Hobbys teilten: Beide waren sportbegeistert, auffallend gute und elegante Reiter, präzise im Kutschieren und künstlerisch begabt. Sowohl Marie Theresia als auch Otto fotografierten und malten.

Als Ottos Bruder Franz Ferdinand in seiner Rolle als Thronfolger von Kaiser Franz Joseph bedrängt wurde, eine passende Frau zu suchen, reisten die zwei Brüder an den sächsischen Hof, wo es heiratsfähige Cousinen gab. Hauptsächlich hoffte man, dass Franz Ferdinand eine der beiden Töchter des späteren Königs Georg zur Frau nehmen würde. Doch sie gefielen Franz Ferdinand nicht, und er benahm sich bei den sächsischen Verwandten abweisend und unhöflich. In dieser unangenehmen Situation reagierte Otto rasch und diplomatisch: Er bat um die Hand der jüngeren Tochter, Prinzessin Marie Josepha. Für diese Gentleman-Tat wurde er allerdings vom Schicksal nicht belohnt. Die Ehe dieser zwei völlig verschiedenen Charaktere wurde recht unglücklich. Marie Josepha sah zwar sehr gut aus, sie verfügte aber über keinerlei Interessen und begeisterte sich nur für das Gesellschaftsleben. Sie mochte Pferde nicht, hatte keinen Spaß am Reiten und hielt sich im Unterschied zu ihrem Ehemann nicht gerne in der Natur auf. Da Otto als Offizier monatelang in fern von Wien liegenden Garnisonstädten lebte, langweilte sie sich, weshalb sie häufig verreiste. So kümmerte sich ihr Ehemann um die Erziehung des gemeinsamen Sohnes und um die Organisation des Haushalts. Da er gerne gut aß, engagierte er die besten Köche. Besonders leidenschaftlich richtete er Häuser ein, was häufig vorkam, da er oft versetzt wurde. Sein Vater Erzherzog Carl Ludwig, der Tagebuchschreiber, rühmte Ottos guten Geschmack, die hervorragenden Mahlzeiten, die bei ihm serviert wurden, und das gut ausgewählte Dienstpersonal.

Alles, was Otto machte, tat er aus Leidenschaft. Als Maler verbrachte er besonders in der kälteren Jahreszeit viele Stunden in seinen Ateliers, die er an allen Wohnsitzen eingerichtet hatte. Besonders gerne malte er Tiere und Landschaften, seltener Porträts – darunter eines von seinem ein Jahr alten Sohn Carl, das er für die Familie mehrfach kopierte. Eine andere Leidenschaft galt dem Halten von Rassepferden. Erzherzog Otto kaufte, züchtete und trainierte Reitpferde und ließ sie bei den berühmtesten Rennen laufen. Er und seine Brüder zählten zu den besten und wagemutigsten Reitern ihrer Zeit. Otto hatte auch ein besonderes Geschick im Kutschieren – er konnte einen Sechserzug auf kleinstem Platz wenden – und gewann zahlreiche diesbezügliche Bewerbe.

Wer so viele Hobbys besaß, sportlich, gebildet, stets gut gelaunt war, charmant plauderte und gut aussah, war bei allen beliebt. Wenn Otto von der Garnison in die Sommervilla der Familie nach Reichenau an der Rax kam, schwirrten Geschwister, Stiefmutter, Vater und Verwandte um ihn herum. Alle waren in seinem Bann, alle wollten in seiner Nähe sein. Die Sommerfrischler der Umgebung luden ihn zum damals modernen *lawn-tennis*, zum Tee oder zum Essen. Sie liebten es, von ihm unterhalten zu werden. Aber nicht nur sie genossen seine Gesellschaft, sondern auch die nächsten Verwandten, allen voran Ottos berühmtester Cousin Kronprinz Rudolf. Die innige Freundschaft scheint im halbwüchsigen Alter begonnen zu haben und hielt bis zum Tod Rudolfs. Da sich auch ihre Frauen Stephanie und Marie Josepha gut verstanden, gab es häufig Zusammenkünfte in Rudolfs Sommersitz in Laxenburg. Am häufigsten fand man die zwei Männer aber alleine, irgendwo auf der Jagd in den Weiten der österreichisch-ungarischen Monarchie. Da der innige Kontakt bis zum Tod des Kronprinzen währte, darf man annehmen, dass Erzherzog Otto viel von den Problemen seines Cousins wusste. Dem Ehrenkodex der Zeit entsprechend hat er sie nie preisgegeben.

Noch eine interessante Feststellung findet sich in den Tagebüchern: Obwohl Kronprinz Rudolf und seinen Vater Kaiser Franz Joseph allgemein nur wenig verband, hatten beide eine innige Beziehung zu Erzherzog Otto. Denn auch der Kaiser stand unter dem Charme dieses Neffen. Otto verfügte über eine starke Persönlichkeit, aber auch über eine gute Erziehung. Er respektierte den hohen Status des Onkels, er war aber auch der Einzige, der es wagte, frei und ohne Umstände mit ihm zu sprechen. Als Ottos Bruder, der Erzherzog-Thronfolger Franz Ferdinand, 1895/96 so schwer erkrankte, dass er sich monatelang im Ausland zur Kur aufhielt und man meinte, er würde sterben, nützte Kaiser Franz Joseph die Zeit, um Otto als Thronfolger aufzubauen. Im Zuge dieser Entscheidung überließ er ihm als Wiener Residenz das Schloss im Augarten. Es ist bekannt, wie sehr der Kaiser unter dem schwierigen Charakter Franz Ferdinands litt, und es besteht kein Zweifel, dass der heitere und wenig ruhmsüchtige Otto sein Vorzugskandidat war. Doch Franz Ferdinand genas, und sein Bruder war zufrieden, sein Leben wieder nach seinen eigenen Ideen gestalten zu können. Er hatte in dieser Zeit in Schönau an der Triesting einen neuen Besitz erworben, den er renovieren ließ, wo er aber auch häufig selbst Tischlerarbeiten verrichtete.

Als Vater war Erzherzog Otto genauso natürlich und zwanglos, wie er es bei seinen Eltern gesehen und gelernt hatte. Er war seinen beiden Söhnen Carl und Maximilian ein verständiger Vater und vor allem ein guter Freund. Wie schon sein eigener Vater erzog auch Otto seine Kinder so frei und ungezwungen wie möglich, versuchte aber natürlich, ihnen die bestmögliche Erziehung zukommen zu lassen. Wobei *bestmöglich* bedeutete, dass die Kinder ein breit gefächertes Spektrum an Bildung erhielten, sie aber keinem unangenehmen Druck ausgesetzt werden sollten. Kinderfrauen und Erzieher suchte er selbst aus und bevorzugte immer jene, die über ein heiteres Wesen verfügten und kinderfreundlich waren. Er selbst war ein fröhlicher Vater, tollte gerne mit Carl und Maximilian herum und trieb Schabernack mit ihnen. Wenn das Wetter es erlaubte, hielt er die Momente mit ihnen gerne fotografisch fest. Der Dank für die gemeinsamen Stunden waren fröhlich in die Kamera lachende Kindergesichter.

Doch alle Vorzüge Erzherzog Ottos scheinen uninteressant im Vergleich zu einigen Fehltritten, die er im Lauf seines kurzen Lebens beging. Wenn man von ihm spricht, erinnern sich die

Menschen besonders gerne seines unmoralischen Lebenswandels, der wegen des Skandalfaktors besser im Gedächtnis haften blieb als alles andere. Die diesbezüglich beliebteste Geschichte: Der Erzherzog wurde einmal nachts nackt durch das Hotel Sacher laufen gesehen. Dieses Erlebnis regt bis heute die Phantasie der Menschen an.

Wie früher angedeutet, gab es in der Ehe mit Marie Josepha wenig Gemeinsames, was nicht alleine auf den abenteuerlustigen Charakter Ottos zurückzuführen war. Seine Frau bevorzugte die »Bewegungslosigkeit«. Sie schlief lange, saß gerne lange beim Essen, im Theater, bei Diners oder anderen Veranstaltungen, worunter bald ihre ursprünglich hübsche Figur litt. Das Haus verließ sie tagsüber nur, um mit ihren Hofdamen zum Schneider zu gehen.

Ideell war sie eine überzeugte, aber freudlose Katholikin und wird – wohl auch deshalb – in der Geschichte häufig als Dulderin und märtyrerhafte Ehefrau dargestellt. Doch die Tagebücher zeichnen von ihr ein neues, unbekanntes Bild, das ihr keinesfalls zum Vorteil gereicht.

Wie auch immer, Otto suchte und fand Ablenkung bei anderen Frauen. Untreue war in dieser Epoche ein Gentleman-Delikt, das sich die meisten Männer gönnten, die Vernunftehen eingegangen oder in der Ehe unglücklich geworden waren. Auch Kaiser Franz Joseph hat da keine Ausnahme gemacht. Die Anzahl seiner Geliebten und seiner natürlichen Nachkommen ist der des Neffen ähnlich. Für Otto war die Folge der außerehelichen Eskapaden katastrophal. Er erkrankte an der damals nicht eindämmbaren und unheilbaren Syphilis und starb im Jahr 1906 an den Folgen dieser Krankheit.

Marie Josepha,
Ehefrau Erzherzog Ottos und Mutter Carls
(in den Tagebüchern zunächst Mitzi,
später Marie Josepha genannt)

Erzherzogin Marie Josepha entstammte einer der gebildetsten und für ihre eigenwilligen Charaktere berühmten deutschen Dynastien, dem Geschlecht der Wettiner, das in Sachsen regierte. Unter ihnen gab es etliche wissenschaftlich und musisch hochbegabte Persönlichkeiten, einer von ihnen entdeckte und förderte Richard Wagner, lange bevor König Ludwig II. von Bayern sich für diesen Künstler interessierte. So ist es verwunderlich, über wie wenige Interessen Marie Josepha als Mitglied dieser Familie verfügte. Obwohl sie als Prinzessin eines deutschen Königshauses den üblichen Unterricht in Sprachen, Geschichte, Kunst und Literatur erhielt, hat sie sich über die Schulbildung hinausgehend mit keinem dieser Wissensgebiete beschäftigt. Als sie schon mit Erzherzog Otto verheiratet war und gemeinsam mit den Schwiegereltern im Wiener Palais lebte, besuchte sie abends gerne die Theater und hatte generell eine Leidenschaft für Abendgesellschaften und Bälle. Das bedingte, dass sie morgens recht lange schlief, eine recht ungewöhnliche Marotte, wenn man mit einem Habsburger verheiratet war. In der Kaiserfamilie waren alle dazu angehalten, sehr früh aufzustehen, um der arbeitenden Bevölkerung ein Vorbild zu sein.

Wie ihre Tante Kaiserin Elisabeth verbrachte Marie Josepha viel Zeit mit Reisen und wenig Zeit zu Hause oder im Kreis der Familie. Sie war es zufrieden, dass mit der Erziehung ihrer heranwachsenden Söhne Carl und Maximilian ein Stab von Erziehern und Lehrern betraut war. Was darüber hinausging, übernahm ihr Ehemann. Besonders eigenartig ist es zu lesen, dass Marie Josepha den kleinen Carl mit seinen Kinderfrauen häufig an einen leeren Wohnsitz schickte. Er sollte offensichtlich schon früh lernen, mit Entbehrungen zurechtzukommen.

Wie Marie Josepha ihre Rolle in der Familie wahrnahm – oder wie sie ihr eigentlich nicht nachkam –, gehört zu den interessantesten Entdeckungen in den Tagebüchern Erzherzog Carl Ludwigs. Als Familienmensch war er zunächst sehr glücklich, in der hübschen Marie Josepha die erste Schwiegertochter erhalten zu haben. Noch dazu entstammte sie wie seine erste Ehefrau Margarethe dem sächsischen Königshaus – das waren mehrfach nahe Verwandte der Habsburger –, zu dem alle, einschließlich Kaiser Franz Joseph, in freundschaftlichster Beziehung standen. So besaß Marie Josepha durch ihre Herkunft eigentlich einen gewaltigen Vorzug, den sie aber nicht nützte, da sie sich am liebsten fern der Familie aufhielt.

In den Tagebüchern ist diesbezüglich eine interessante Entwicklung festzustellen. Als Marie Josepha in die Familie einheiratete, wurde sie von allen herzlich aufgenommen, besonders von ihrem Schwiegervater Erzherzog Carl Ludwig, der stets um ihr Wohl bemüht war. Sie nahm auch dankbar das Angebot an, mit den Schwiegereltern im selben Haushalt – winters im Wiener Palais, sommers in der Villa in Reichenau an der Rax – zu leben, da ihr Ehemann von seinem Onkel Kaiser Franz Joseph ständig von einer Garnison zur nächsten versetzt wurde. Irgendwann wurde der Kaiser einsichtig und beließ den Neffen längere Zeit an einem Ort (in Brünn, in Prag und in Ödenburg), sodass es Sinn machte, einen Haushalt einzurichten und die Familie nachkommen zu lassen.

Bald nachdem ihr Sohn Carl auf der Welt war, begann Marie Josepha ein eigenständiges Leben zu führen und viel zu reisen. Das Baby Carl blieb mit seinen Kinderfrauen entweder beim Vater, der aber tagsüber Dienst in Kasernen hatte, oder bei den Großeltern, wo mehr Gesellschaft war. Im Haushalt Erzherzog Carl Ludwigs war Carl der Mittelpunkt der Familie. Eigenartig wurde es immer, wenn seine Mutter zurückkam, denn sie entzog den Kleinen sofort der Familie, übergab ihn den Gouvernanten und verbannte ihn in sein Zimmer. Erzherzog Carl Ludwig und seine Frau fanden aber genug Tricks, um den Enkel aus seiner Isolation zu befreien.

Nebenbei versuchte der Erzherzog ständig, Mutter und Kind zusammenzuführen. Er dachte sich zahlreiche Raffinessen aus, um Marie Josepha ihrem Sohn näherzubringen, die aber meist nur kurze Zeit währten oder gar nicht fruchteten. Sie führte ihr Leben stur und eigenwillig nach ihrem Geschmack weiter, vorzugsweise ohne Mann und ohne Sohn.

Als Carl etwa fünf Jahre alt war, hatten seine Eltern ihren Hauptwohnsitz in der Garnisonstadt Ödenburg (heute: Sopron in Ungarn). Ab dieser Zeit erhielt er regelmäßigen Unterricht und konnte nur noch zu Weihnachten und in den Sommermonaten bei den Großeltern sein. Das machte ihn wohlerzogen, aber auch früh erwachsen.

Die traurige Feststellung am Ende dieses Kapitels lautet, dass Carl ohne mütterliche Liebe aufwuchs. Das mag der Schlüssel zu seiner später oft als schwächlich bezeichneten Persönlichkeit sein. Wer von seiner Mutter keine Liebe, Zärtlichkeit und Unterstützung erhält, braucht viel Zähigkeit und Kraft, um ein starker Erwachsener zu werden.

Carl,
Enkel des Tagebuchschreibers und späterer Kaiser

Als Carl 1887 geboren wurde, war er nicht nur das erste, sondern auch lange Zeit das einzige Kind seiner Eltern Erzherzog Otto und Erzherzogin Marie Josepha, und auch der erste Enkel seines Großvaters Erzherzog Carl Ludwig. Als die Geburt bevorstand, zog der aufgeregte werdende Großvater mit seiner Frau Marie Theresia schon Wochen zuvor in die Nähe von Schloss Persenbeug, wo sich die hochschwangere Schwiegertochter und Sohn Otto aufhielten. Er wollte sichergehen, dass die Gebärende und der Säugling bestmöglich versorgt würden, und er wollte die ersten Tage des Enkels miterleben. Carl sollte eine ganz große Liebe werden. Es ist interessant zu lesen, wie genau der viel beschäftigte Mann seine Tage einteilte, um täglich ein wenig Zeit zu erübrigen, die er mit dem Kleinen verbringen konnte.

Wenn Carls Vater Otto beruflich unterwegs und seine Mutter Marie Josepha auf Reisen war, wurde der Kleine meist in den Haushalt seines Großvaters verbracht. Das war für die zwei »Männer« eine große Freude. Aber auch die (Stief-)Großmutter war eine liebevolle Freundin, die gerne Späße mit Carl trieb und sich seiner annahm, wenn ihr Ehemann beschäftigt war. Wenn es stimmt, was ich einmal in einer wissenschaftlichen Sendung hörte, dass Männer ihr weibliches Schönheitsideal im Alter von drei Jahren festlegen, dann erscheint es in diesem Zusammenhang logisch, dass Carl später Prinzessin Zita von Bourbon-Parma zur Ehefrau wählte, die seiner (Stief-)Großmutter Erzherzogin Marie Theresia in Typ und Persönlichkeit sehr ähnlich war. Beide Frauen waren dunkelhaarige Schönheiten, temperamentvolle und starke Persönlichkeiten. Dass sie sich so ähnlich waren, hatte eine leicht erklärliche Ursache: Zita[8] war Marie Theresias direkte Nichte, eine Tochter ihrer Schwester Marie Antonia.

Die Tagebucheintragungen Erzherzog Carl Ludwigs (1887–1896)

Zu den großen Glücksmomenten eines Kulturhistorikers gehört es, nie gesichtete Privatkorrespondenzen und Tagebücher zu finden und Einblick nehmen zu können, umso mehr, wenn das Verfasste reichhaltig ist und von einer bekannten Persönlichkeit stammt. Im vorliegenden Fall handelt es sich um die Tagebücher Erzherzog Carl Ludwigs, des zweitältesten Bruders Kaiser Franz Josephs. Zwischen ihm und dem Kaiser hatte es noch einen Bruder gegeben, der als Erzherzog Ferdinand Maximilian genannt und in der Familie Maxi und später Max gerufen wurde. Im Jahr 1864 verließ er Österreich, um als Kaiser Maximilian die Herrschaft von Mexiko anzutreten. Dieses Vorhaben, das von Anfang an unter keinem guten Stern stand, endete nur wenig später tragisch. Maximilian wurde im Juni 1867 in Querétaro in Mexiko erschossen.

Rangmäßig folgte Kaiser Franz Joseph sein Sohn Kronprinz Rudolf, der 1858 geboren wurde. Als Rudolf im Januar 1889 Selbstmord beging, übernahm Erzherzog Carl Ludwig, der Tagebuchschreiber, die Stelle des ersten Vertreters des Kaisers. Ihm folgten seine beiden ältesten Söhne Franz Ferdinand, der spätere Thronfolger, und Otto, der Vater des nachmaligen Kaisers Karl.

Da dieser Band der Kindheit Kaiser Karls im engsten und privatesten Familienkreis gewidmet ist, habe ich die Eintragungen seines Großvaters von der Zeit seiner Geburt im August 1887 bis zum Mai des Jahres 1896 herangezogen, als Erzherzog Carl Ludwig an den Folgen einer Infektion starb. Die täglichen Aufzeichnungen erlauben einen Einblick in den Tagesablauf der Familie, aber auch aktuelle tagespolitische und historische Ereignisse. Natürlich findet man in den Eintragungen viel Privates, vor allem wenn wie im August 1887 ein großes familiäres Ereignis, die Geburt des ersten Enkels, bevorstand. Das werdende Elternpaar Mitzi und Otto verbrachte die Zeit davor in Niederösterreich, in Schloss Persenbeug an der Donau, das ihnen der Vater respektive Schwiegervater als Familienresidenz geschenkt hatte.

Erzherzogin Marie Theresia, die Ehefrau Erzherzog Carl Ludwigs, zog ein paar Wochen vor der Geburt ebenfalls dorthin, um der Schwangeren nahe zu sein und im Notfall helfen zu können. Entbindungen waren über die Jahrhunderte fast immer Frauensache, sie wurden von Hebammen und von weiblichen Verwandten begleitet, die Kinder geboren hatten. Marie Theresia war eine der begehrtesten Pflegerinnen der Familie, weshalb es logisch war, dass sie in den letzten Wochen der Schwangerschaft die Aufsicht im Haushalt der Gebärenden übernahm. Ein Arzt war ebenfalls ständig im Haus. Er überwachte den Gesundheitszustand der Schwangeren und sollte, was damals noch gar nicht so üblich war, bei der Geburt dabei sein.

Der sehr aufgeregte werdende Großvater hielt sich inzwischen im unweit davon entfernten Schloss Artstetten auf, das ihm gehörte und das er später seinem ältesten Sohn Franz Ferdinand schenkte. Dass er nicht mit seiner Frau, seinem Sohn und der Schwiegertochter in Schloss Persenbeug wohnte, hängt damit zusammen, dass er eine Magen-Darm-Grippe auskurierte, und wohl auch damit, dass er mit seiner steigenden Nervosität niemanden zusätzlich belasten wollte. Aber er war selbstverständlich in die Vorbereitungsarbeiten miteingebunden. Er holte Anfang August den anreisenden Arzt von der Schiffsanlegestation ab und sorgte ein paar Tage für dessen Unterhaltung.

4.8.1887 »*9 Uhr wachte ich auf, läutete, ließ mich wieder einreiben, trank das Ofener Bitterwasser* (Maßnahmen gegen die Krankheit) *u. frühstückte noch im Bett; las auch im Bett, stand erst 11 Uhr auf, las Acten u. Schriften vom Rothen Kreuz* (dessen Protektor er war), *sah dazwischen den Förster Hauzer. Nach 3 Uhr speiste ich, las dazwischen Zeitungen, schönes Wetter, warm, nach ¾ 5 Uhr ging ich in steyrischen Kleidern, kurzen Hosen, von einem Schneider von Artstetten gefertigt, nach* (unleserlich) *Fußwege und Feldwege durch Felder, längs derselben u. auf Wiesen, auch durch Wald theilweise, sehr hübscher Spaziergang... die Wiese hinab, die gegen Weidenach führt, am Fuß dieser Anhöhe war der Artstettner Wagen, der mich da erwartete. Von dort fuhr ich durch Weidenach, längs der Donau dann durch Ebersdorf; außer Kleinpöchlarn, wo ich einen Wagen fand, der bestimmt war dem Professor Weihs* (dem Arzt, der die Schwangere betreuen sollte), *der später erwartet war, nach Artstetten heraufzubringen. Kutscher Schrammel sagte mir, daß Weihs mit einem früheren Zug kommen werde; er kam von Amstetten aus, von Graz durch das Gesäuse gereist, nicht von Wien, wie ich ursprünglich glaubte. Ich setzte mich in meinen Wagen u. fuhr an den Landungsplatz. Dort kurz gewartet; da kam Weihs im Boot herüber; ich fuhr mit ihm nach Hause bei zwielichtem Abend; nach ¾ 8 Uhr waren wir da; nach ½ 9 Uhr soupirte ich mit ihm in der Bibliothek; nach ½ 12 Uhr schlafen gegangen.«*

Zwischen Alltäglichem – dem Aufstehen, Bemerkungen zur Kur gegen die Darmgrippe und dem Erledigen täglicher Arbeiten – stechen in dieser Eintragung am Anfang zwei Wörter hervor: die *steyrischen Kleider*, ein Trachten-Ensemble mit knielanger Lederhose, das Erzherzog Carl Ludwig beim Spaziergang trug. Das Bemerkenswerte daran ist, dass er und seine Brüder im Unterschied zu Kaiser Franz Joseph eigentlich nie Trachtenkleidung trugen. Ich meine, in den Tagebüchern des Erzherzogs insgesamt nur zweimal darüber gelesen zu haben. Kaiser Franz Joseph liebte Lederhose und Trachtenjanker, die er immer anzog, wenn er zur Jagd ging. Aristokraten und Großbürger übernahmen flugs diesen Brauch, wohl weil ihn der Kaiser eingeführt hatte. Erzherzog Carl Ludwig und seine Brüder trugen sie kaum und waren auch keine begeisterten Jäger. Umso mehr stellte es eine Sensation dar, diese Hose im Sommer anzuziehen, vor allem deshalb, weil sie kurz war.

4.8.1887

5.8.1887 »*Wieder erst 9 Uhr aufgewacht* (das war ein Vorwurf gegen sich selbst, da er sonst sehr früh aufstand, die Krankheit ihn aber länger im Bett hielt), *geläutet, gerieben worden, wieder Bitterwasser getrunken, wieder im Bett gefrühstückt, da gelesen ein Buch und dann auch Acten, nach ½ 11 Uhr war ich aufgestanden, wieder sehr schönes Wetter, wieder Hauzer gesehen; ging auch vor 12 Uhr zum Professor Weihs, der ebenerdig wohnt, wo in früheren Jahren Mali Taaffe wohnte. Er war schon zeitlich früh auf gewesen, hatte an Correcturen der neuen Auflage seines ...ichten Werkes gearbeitet; ich las dann noch Acten, auch andere Schriften. Nach ¼ 8 Uhr kam Gf Franz Falkenhayn* (damaliger Präsident des Roten Kreuzes) *hierher gefahren. Ich hatte ihn telegraphisch gebethen, hierher zu kommen, weil ich mit ihm in Rothe Kreuz-Angelegenheiten zu sprechen hatte. Er kam von seinem Schloß Walpersdorf bei Herzogenburg. Er war bis zum diner bei mir im Schreibzimmer. Nach ¾ 4 Uhr speiste ich mit ihm, u. mit Weihs im Speisezimmer ebener Erde. Ich hatte inzwischen Falkenhayn noch vor Tisch mehrere Räume des Schlosses gezeigt. Nach Tisch gingen wir zusammen, ich u. Gf Falkenhayn, auch etwas Professor Weihs mit, im Garten herum, um dem Grafen diesen zu zeigen. ¾ 6 Uhr fuhr Falkenhayn wieder fort, um den nächsten Zug zur Rückkehr zu erreichen. Ich ging darauf mit Weihs zu Fuß durch den Ort Artstetten,* (zwei Worte unleserlich) *dann rechts den Weg durch die Wiesen theilweise durch den Wald, so schön, wie im Park. Es gefiel dem Weihs auch sehr gut. So kamen wir hinab nach Klein-Pöchlarn, wo die Straße nach Artstetten herauf führt, gingen auch zu Fuß diese Straße hinauf, dann oben, wo dieselbe ist, rechts ab den Weg durch die Wiese nach Hause. Nach 9 Uhr mit Weihs soupirt im Speisezimmer ebener Erde, die Zeitungen gelesen, spät zum Schlafen gekommen.*«

6.8.1887 »*½ 9 Uhr aufgewacht, geläutet. Nach ¼ 10 Uhr aufgestanden, bald darauf gefrühstückt. Ich las darauf Acten unten im Speisezimmer u. schrieb da der Miana* (der zweitältesten Tochter, die in Wien geblieben war) *einen längeren Brief. Nach 12 Uhr fuhr ich mit Professor Weihs in einem Wagen nach Persenbeug,* *nachdem ich schon früher Vormittag bei ihm war. Otto kam uns die Stiege in den Schloßhof entgegen, darauf auch MTh* (seine Frau Marie Theresia), *u. oben auf der Stiege sahen wir Mitzi. Otto führte den Weihs herum, um ihm die Räume des Schlosses zu zeigen. Ich ging zu Mitzi, setzte mich früher in ihr Schlafzimmer, während sie sich auf die* chaise longue (französisch: »langer Stuhl«; Fauteuil mit Verlängerung der Sitzfläche nach vorne als Auflage für die Beine) *legte u. häkelte. Otto kam auch währenddem kurz herein. Nach 2 Uhr aßen wir alle zusammen mit Weihs, wie gewöhnlich im großen Speisezimmer. Darauf, nach dem diner noch längere Zeit beisammen. MTh ging dann auch mit Weihs auf u. ab auf der Terrasse bei der Einfahrt. Vorher war ich noch mit MTh zusammen, während Otto noch etwas im Schloß dem Weihs zeigte. Endlich ging ich mit Otto nach einem Punkt außer der Schloßterrasse, wo Aussicht gegen die Donau ist, u. wo er begann eine Ziegelmauer aufzuführen* (aufzubauen)… *dazu die Fundamente gemacht, das soll ein* pavillon *da werden. Ich blieb da einige Zeit. MTh u. Weihs kamen auch dahin, endlich auch Mitzi. Ich ging dann etwas mit Weihs noch im Schloß herum, zeigte ihm die Capelle vom Oratorium aus u. die Küche. Nach ¼ 9 Uhr fuhr ich mit Weihs nach Hause zurück, nachdem wir uns früher von MTh u. Ottos* (ein männlicher Vorname mit angehängtem Mehrzahl-S bedeutete in der Familiensprache ein Ehepaar, aber auch Eltern mit ihren Kindern) *verabschiedet hatten. Nach ½ 10 Uhr zu Hause, wieder wunderschöner Abend. Wir soupirten, wie gestern, ich las Zeitungen u. Conversation mit Weihs. Nach ½ 12 Uhr schlafen gegangen.«*

In diesem Sinn ging es in den folgenden Tagen weiter. Erzherzog Carl Ludwig und der Arzt pendelten täglich zwischen Schloss Artstetten und Schloss Persenbeug, bis Mitte August die Geburt des Enkels näher rückte und alle nach Schloss Persenbeug übersiedelten. Eine bevorstehende Geburt stellte ein kritisches Ereignis dar, da im 19. Jahrhundert die Mütter- und die Säuglingssterblichkeit noch sehr hoch waren. An den Ahnentafeln kann man ablesen, wie viele Mütter und Säuglinge damals bei oder kurz nach der Geburt starben.

15.8.1887: »(Ich ging von meinem Zimmer in Schloss Persenbeug) *zu Otto; saß bei ihm, als er sich den Körper wusch… Mitzi hatte plötzlich Wehen. Ich blieb mit Otto in MThs Salon; er war früher bei Mitzi. MTh, Otto u. ich waren dann bei Mitzi in ihrem Schlafzimmer, Otto spielte etwas Zither währenddem, dann gingen wir in den Garten… Mitzi saß meistens, Otto spielte viel mit den Hunden. Als es zu dunkeln begann, gingen wir wieder ins Schloß hinauf. Vor dem Segen (in der Kirche), der nach 8 Uhr war, sprach noch Braun* (ein anderer Arzt, der die Schwangere betreute) *mit Mitzi, u. gab ihr Rathschläge wegen der Nacht.«*

16.8.1887 »*Ich las Acten in meinem Zimmer, ich dann in das Schlafzimmer von Mitzi, wo auch MTh saß u. las. Mitzi hatte einen französischen Roman… aus der Bibliothek der Großmama heute zu lesen begonnen; ich setzte da fort, wo sie zu lesen aufhörte u. las ihr einige Zeit vor. Nach 8 Uhr soupirten wir noch zusammen, bald darauf Mitzi sich gelegt… zeitig zu Bett, ich auch, noch etwas gelesen. Mitzi hatte auch Abends Wehen, sie ist bewunderungswürdig geduldig. Ich wachte ein paar Male in der Nacht auf aufgrund der Erwartung… Nach ¾ 6 Uhr stand ich auf, zog mich an, wusch mich; Otto machte das auch,* (ich) *schlief dann weiter… Ich sprach mit Hofrath Braun zu wiederholten Malen, war bei MTh unten, sah sie vor dem Zimmer der Mitzi, schrieb dem Kaiser zum Geburtstag (für den 18. August), frühstückte vorher, sah den Verwalter, auch meinen Kutscher… Mitzi hat ruhig geschlafen; die Wehen haben etwas ausgesetzt, sie badete heute früh…«*

Am **17.8.1887** setzten die Wehen morgens wieder ein. »*Ich sah Otto, der… frühstückte, sprach mit ihm, dann wieder zu Mitzi… In dem Schreibzimmer des Kaisers Franz* (seines Großvaters und Vorbesitzers von Schloss Persenbeug) *las ich Acten u. im Buch* Der Character. *Nach ¾ 10 Uhr kam MTh hereingestürzt aus Mitzis Schlafzimmer. Es ist ein Bub! Sie selbst sehr emotionirt* (gerührt), *mit Thränen in den Augen. Ich war auch so sehr bewegt u. ging mit* *ihr gleich hinein zu Mitzi, es war dort schon Otto. Mitzi konnte ich nicht umarmen, weil Braun noch mit ihr beschäftigt war; Mitzi war sehr geröthet u. aufgedunsen von der Anstrengung. Es war eine schwere Geburt, zuletzt mit der Zange mußte das Kind genommen werden. Der Kopf vom kleinen Carl gab nicht nach, u. die Nabelschnur war auch schon um den Hals, so daß er fast erstickte... Mitzi war, wie ich dann hörte, so standhaft, kein Wehklagen, kein Seufzen u. kein Schrei, u. sie hat sehr viel gelitten. MTh soll ihr aber auch, wie Braun sagte, so gut beigestanden haben mit so viel Ausdauer u. Kraft. Die liebe Gute! Ich sah den so netten theuren Enkel an – ein hübsches kräftiges Kind! Nach einiger Zeit ging ich weg mit Otto, der auch sehr ergriffen war... Bei Regen vor dem Segen nach 8 Uhr fuhr ich mit Otto... durch den Ort bis zum Gasthaus J.... um die Beleuchtung anzusehen, die zur Niederkunft u. Geburt des Kleinen... war.«* Einen Tag später: *»Ich sah den Kleinen das erste Mal bei der Amme trinken...«* Dass man für Carl eine Amme genommen hatte, war damals in oberen Gesellschaftsschichten üblich. Es gab aber auch Frauen wie Erzherzogin Sophie, die Mutter des Kaisers und Erzherzog Carl Ludwigs, die sich dieser Regel widersetzten und ihre Babys selbst stillten. Ungewöhnlich ist die Bemerkung allerdings aus einem anderen Grund. Erzherzog Carl Ludwig scheint zugesehen zu haben, als die Amme den einen Tag alten Enkel stillte. In einer Zeit, als Männer und Frauen ihren Alltag völlig nach Geschlechtern getrennt lebten, ist es verwunderlich, dass ein Mann das durfte.

Am **19.8.1887**, zwei Tage nach der Geburt des kleinen Carl, wurde die Mutter gefeiert. Es gehörte zu den Bräuchen der Zeit, dass man sich bei der Frau bedankte, die einem Kind das Leben geschenkt hatte und damit den Fortbestand der Familie sicherte. *»Otto frühstückte bei mir oben, übergab der Mitzi einen Taufschmuck; zwey Perlenbracelets mit Miniaturportraits meines Großvaters des Kaiser's Franz u. des Erzherzog's Carl, seines Bruders... MTh gab ihr einen sehr schönen Ring mit einem Rubin u. einem Diamant... Von Ludwig (seinem Bruder Erzherzog Lud-*

wig Victor) *erhielt Mitzi eine sehr schöne Diamanten* broche (Brosche)...«

Am selben Vormittag trafen in Schloss Persenbeug Verwandte und Hofleute aus Wien ein, denn auch das Baby wurde an diesem Tag gefeiert und in die katholische Gemeinde aufgenommen. *»Nach ¾ 12 Uhr waren wir alle zur Taufe versammelt; diese war im großen Saal. Bischof Binder von St. Pölten taufte. Ich, der Taufpathe, war rechts vom Altar, vor einem Bethschemel, MTh links von demselben, hinter mir die Kinder u. Ludwig, hinter MTh die Damen; die Herren, Gf Pejacevich war auch gekommen, rückwärts, auch die Dienerschaft. Der Kleine bekam die Namen Carl Franz Joseph Hubert Otto Ludwig Georg Maria. Er schrie, als das Taufwasser, Jordanwasser[9], das ich mitbrachte...«* über seinen Kopf gegossen wurde.

Nach der Taufe übersiedelte Erzherzog Carl Ludwig mit vier Kindern – Ferdinand[10] (19 Jahre), Margarethe (17 Jahre), Miana (11 Jahre) und Elisabeth (9 Jahre) –, die mit Gefolgsleuten aus Wien angereist waren, in das nahe gelegene Schloss Artstetten. Seine Ehefrau blieb bei der Wöchnerin. Nur einen Tag später erreichte Carl Ludwig eine beunruhigende Nachricht. Marie Theresia *»schrieb mir, daß Mitzi unwohl sei, wohl Kindbettfieber... sie wünschte, daß ich heute nach Persenbeug käme...«* Der Zustand der jungen Mutter hatte sich plötzlich derart verschlechtert, dass man sogar die Familie Marie Josephas benachrichtigte. Kindbettfieber war sehr häufig und damals wie jede Infektionskrankheit lebensgefährlich, da es noch keine Heilmittel dagegen gab. Penicillin wurde erst vier Jahrzehnte später entdeckt.

Erzherzog Carl Ludwig war so bestürzt, dass er mit seinen Kindern gleich wieder von Artstetten nach Persenbeug zog. *»Im Verlauf der heutigen Nacht haben sich bei MJosepha mehrere... Fraisen-Anfälle* (wohl Schüttelfrost) *eingestellt. Das übrige Befinden ist nicht unbefriedigend...«* Die Krankheit nahm aber bald einen günstigen Verlauf und Erzherzog Carl Ludwig übersiedelte mit den vier Kindern wieder zurück nach Artstetten. Nur seine Ehefrau Marie Theresia blieb weiterhin bei der Wöchnerin. Der Zustand Marie Josephas blieb ab nun stabil. Somit konnte man sich ab Anfang September auf eine andere Persönlichkeit, das Baby Carl, konzentrieren. Erzherzog Carl Ludwig besuchte es häufig, auf Anraten der Ärzte aber nicht allzu oft, da man damals annahm, dass Besuche Kranke und Neugeborene aufregen und gesundheitlich gefährden konnten. Am **7.9.1887** »*... fuhr ich mit Ferdinand nach Persenbeug. Dort sah ich MTh, Mitzi auch einige Zeit, war beim Kleinen; er übergibt sich noch immer einige Male, wenn es ihm auch im ganzen besser geht, u. er an Gewicht zunimmt ...*«

Zwei Tage später, der Zustand von Mutter und Baby war nun bei beiden stabil, reiste Erzherzog Carl Ludwig mit seinen vier jüngsten Kindern nach Wien. Die Mädchen erhielten – nach dem Familienfest – wieder Schulunterricht. Sohn Ferdinand fuhr mit seinem Vater zu den Kaiser-Manövern, die jedes Jahr in einer anderen Region der Donaumonarchie stattfanden. 1887 waren sie in Ungarn und dauerten von 10. bis zum 19. September. Einen Tag nach Beendigung der Manöver findet man Erzherzog Carl Ludwig wieder in Persenbeug. »*MTh, Mitzi und den kleinen Carl gesehen, alle, Gott sei Dank, sehr wohl... Mitzi sieht vortrefflich aus, hat sehr guten Appetit, war schon im Garten... der Kleine hat sehr an Gewicht zugenommen, ich fand ihn auffallend stärker geworden seit meiner Abwesenheit... Wir speisten zusammen mit MTh, Mitzi noch auf ihrer* chaise-longue *im großen Saal ...*«

Die bequeme *chaise-longue* war das erste Ziel, das man während des Wochenbetts oder nach langer Krankheit ansteuerte. Auf ihr durfte man sich einige Stunden außerhalb des Bettes aufhalten und auch Besuche empfangen. Üblicherweise blieb eine Frau dieser Gesellschaftsschicht nach einer Geburt bis zu sechs Wochen im Bett. Dass sie an diesem Tag schon im Garten war – natürlich auf einem bequemen Stuhl sitzend –, lässt darauf schließen, dass sie mit einem Tragestuhl dorthin gebracht wurde. In den ersten Wochen nach einer Geburt durften die Frauen nicht gehen, sondern nur liegen, sitzen und getragen werden.

Nach dem Besuch bei Ehefrau, Schwiegertochter und Enkel kehrte Erzherzog Carl Ludwig mit Sohn Ferdinand nach Artstetten zurück. Von dort reisten beide nach Meran, nach Schloss Rottenstein, das der Erzherzog von seiner Großmutter Kaiserin Caroline Auguste geerbt hatte. Er ließ es umbauen, kaufte Antiquitäten und Möbel und richtete es nach eigenem Geschmack ein. Viele Habsburger besaßen oder mieteten Schlösser und Villen in und um Meran, das ein berühmter Luftkurort war. Man hielt sich dort oft wochenlang auf, um Krankheiten auszukurieren, aber auch, um sich mit Spaziergängen und Wanderungen sowie mit den berühmten Traubenkuren für den nächsten Winter zu stärken.

Am **16.10.** reiste Erzherzog Carl Ludwigs Sohn Ferdinand von Schloss Rottenstein ab, das er später einmal erben sollte. Er fuhr mit einem Gefolgsmann nach Wien »… *seiner Studien wegen, die morgen beginnen, mich verlassen müssend. Ich hatte mich so sehr gewöhnt, mit dem guten, lieben Kind, seit dem 19. August, seit dem Tag der Taufe… beisammen zu sein, daß er mir recht abgeht…*«

Zwei Tage später findet man Erzherzog Carl Ludwig wieder in Persenbeug. Er holte seine Frau, die zwei Monate lang die Schwiegertochter gepflegt hatte, zu sich. Mit ihr und den drei Töchtern reiste er zu einem kurzen Verwandtenbesuch nach Hessen, von dort weiter nach Meran, am 26.10. nach Wien und in die Villa Wartholz[11] in Reichenau an der Rax. Das war der Lieblingswohnsitz Erzherzog Carl Ludwigs. Dorthin zog er sich mit seiner Familie gerne zurück, um das stundenlange Aktenlesen zumindest durch Spaziergänge an frischer Luft unterbrechen zu können. Außerdem konnte er von dem schon damals verkehrstechnisch gut erschlossenen Gebiet jederzeit binnen Kurzem nach Wien reisen, um Termine wahrzunehmen, und meist am selben Tag mit dem Abend- oder Nachtzug zurückkehren.

1.11.1887 »… ¼ 10 *Uhr kamen wir in Wartholz an; es waren die Kinder da, Otto, die drei Töchter u. Mitzi… Otto fuhr bald fort nach Laxenburg zu Rudolph. Mitzi blieb noch bei mir einige Zeit dann… Ich sah dann auch den lieben Enkel, der recht gut aussieht, u. den ich* *wieder gewachsen fand...*« Inzwischen war auch die junge Familie mit Baby Carl in Reichenau eingetroffen. Da Erzherzog Otto dem Militärdienst nachkommen musste und man Mitzi mit dem Säugling nicht in Persenbeug alleine lassen wollte, da der Ort von Wien und Reichenau nur mühsam zu erreichen war, übersiedelte man die beiden mit ihrer Gefolgschaft in die Villa Wartholz.

Die interessanteste Bemerkung dieses Eintrages betrifft Ottos Besuch bei seinem Vetter Kronprinz Rudolf in Laxenburg. In den Tagebüchern seines Vaters ist häufig von Treffen und gemeinsamen Unternehmungen der Cousins zu lesen, was bislang unbekannt war. In den meisten Biographien[12] liest man, dass sich der Kronprinz in dieser Zeit (etwas mehr als ein Jahr vor seinem Freitod) von der Familie völlig abkapselte. In den Tagebüchern Erzherzog Carl Ludwigs und auch der Familienkorrespondenz ist diesbezüglich ganz anderes zu lesen. Kronprinz Rudolf hatte seit seiner Jugend bis zu seinem Tod sowohl zu seinen beiden Habsburger Onkeln und im Besonderen zu seinem Cousin Otto innigen Kontakt.

2.11.1887 »*Mitzi war im Bett heute geblieben; sie ist unwohl, hat Husten, auch rheumatische Zahnschmerzen. Vor dem Gabelfrühstück ging ich wieder zu ihr... Den Kleinen sehe ich auch täglich, er ist so nett u. freundlich...*« Der Besuch des zweieinhalb Monate alten Enkels gehörte zu den größten Freuden im Alltag Erzherzog Carl Ludwigs. Bevor er zu ihm ging, erkundigte er sich aber immer bei den Kinderfrauen, ob er wach war, denn er wollte ihn auf keinen Fall aufwecken.

Am **4.11.1887** feierte man im Familienkreis den Namenstag Erzherzog Carl Ludwigs. Der Tag des Namenspatrons galt Katholiken damals als höherer Festtag als der Geburtstag. Der zu Feiernde erhielt morgens von allen Blumenbouquets, Kinder übergaben Zeichnungen oder Basteleien. Ein besonders beliebtes Geschenk, das allen Freude bereitete, erhielt der Erzherzog von seinem Sohn Otto, der »*nach Mitternacht heute von Laxenburg*[13] *zurückgekehrt* (war)... *später mit Otto auf der Sommerfrühstücksterrasse, um da* *die Musik des Regiments Deutschmeister von Wien anzuhören, die Otto für mich kommen ließ...«* Das war damals eine der wenigen Möglichkeiten, musikalisch unterhalten zu werden. Die Alternative war, selbst zu musizieren, was an solchen Tagen häufig geschah. Am Abend des Namenstags fand eine Theateraufführung zu Ehren Erzherzog Carl Ludwigs statt, die von den jüngeren Kindern und von Gefolgsleuten aufgeführt wurde.

Einen Tag später kehrte Erzherzog Otto noch einmal kurz nach Laxenburg zu seinem Cousin Kronprinz Rudolf zurück. Von dort fuhr er weiter nach Brünn, wohin er von Kaiser Franz Joseph versetzt worden war. Sein Vater stattete ihm bald einen Besuch ab, da er neugierig war, Ottos neues Haus zu besichtigen. **15.11.1887** »*Ich fuhr mit ihm* (Otto) *... zu seiner gemietheten Villa. Dort stiegen wir ab. Es war da Baron Türkheim* (Ottos Kammerherr), *mit dem ich sprach. Dann ins Haus, welches sehr hübsch ist, einer neu erbauten Villa vom Sohn des Fabrikanten Oppermann von Brünn gehörig. Wir gingen in Ottos u. Mitzis Zimmer; nahmen Gabelfrühstück, darauf sah ich alle Räume des Hauses an, auch das Kindszimmer, dann die für Gfn. Pallavicini* (Mitzis Gefolgsdame) *bestimmte Wohnung, die Diener Zimmer... u. die Wohnung des Baron Türkheim... Ich sah später auch die sehr hübsche Küche u. Speis* (Speisekammer) *... an. Das ganze ist sehr heimlich, wohnlich u. gut eingerichtet. Das Haus hat eine hübsche Lage, gute Luft... in der Nähe hübsche Promenaden, Wege u. den Schreiber Wald. Wir blieben auch lang zusammen in Ottos Schreibzimmer sitzen. Dann gingen wir noch etwas... spazieren gegen die Schießstätte u. noch weiter...* (später gab es) *ein exzellentes Diner; eine neue Köchin des Otto, die sehr gut kocht...*« Einmal davon abgesehen, dass Erzherzog Carl Ludwig neue Wohnungen seiner Kinder gerne inspizierte – das ist im allerpositivsten Wortsinn zu verstehen –, liebte er es, Otto zu besuchen. Vater und Sohn teilten viele Gemeinsamkeiten und tauschten sich gerne darüber aus. Erzherzog Carl Ludwig nutzte solche Besuche auch, um sich für Geschenke inspirieren zu lassen. In der Vorweihnachtszeit verbrachte er viele Stunden in den bekanntesten Wiener Einrichtungshäusern und Galerien, um für die Haushalte seiner Kinder Möbel und Kunstwerke zu kaufen.

Am **19.11.1887** fuhr Erzherzog Carl Ludwig über Wien nach Wartholz, wo die drei Töchter, die Schwiegertochter und der kleine Carl auf ihn warteten. Es wurde der Namenstag der jüngsten Tochter Elisabeth gefeiert. Am Abend kehrte er zurück nach Wien, weil in den folgenden Tagen offizielle Termine zu erledigen waren und zahlreiche Anfragende warteten, bei ihm in Audienz empfangen zu werden.

23.11.1887 »... *fuhr zu Stephanie* (Ehefrau Kronprinz Rudolfs) *nach Laxenburg. Im Hin- u. Rückfahren las ich unterwegs Acten. Ich war ungefähr eine Stunde bei Stephanie, angenehme Conversation; sie sieht sehr gut aus; Rudolph war nicht da, auf der Jagd...*« Es war damals üblich, Verwandte – besonders die, zu denen man in nahem Kontakt stand – spontan zu besuchen. Erzherzog Carl Ludwig wollte sicher den Neffen Rudolf sehen. Da er nicht schriftlich angemeldet war, bestand das Risiko, ihn nicht anzutreffen. So freute er sich über die Gesellschaft der Nichte Stephanie.

Von **24.** auf **25.11.1887** verbrachte Erzherzog Carl Ludwig ein paar Stunden mit Kindern und Enkel in der Villa Wartholz in Reichenau an der Rax, die er aber bald wieder verließ. »... *ging dann zum kleinen Carl, um ihn noch vor meiner Abreise zu sehen; das liebe Kind lächelte so freundlich...*« Der Erzherzog fuhr nach Bayern, um in München seine Frau zu treffen, die sich dort aufgehalten hatte, um Verwandte zu besuchen. Am **29.11.1887** waren beide wieder in Wien, wohin sich inzwischen auch die Schwiegertochter mit Carl und Gefolgsleuten begeben hatte.

Wien, **4.12.1887** »... *sah nach ¼ 9 Uhr den Baron Türkheim, Herren des Otto, der Mitzi nach Brünn begleitet* (sie zog mit dem Baby und ihren Gefolgsleuten zu ihrem Ehemann)... *frühstückte mit den Töchtern u. Mitzi... Nach ¾ 10 Uhr mit MTh, Mitzi u. Margarethe in einem Wagen auf den Bahnhof gefahren. Voraus war ein landaulet* (französisch, eine Kutschenform) *des kleinen Carl mit*

Amme u. Kindsfrau. Uns nach fuhren Gfin. Stolberg, Gfin. Pallavicini und Baron Türkheim (alle Gefolgsleute). Im Salonwagen (des Zugs) fuhren außer Baron Türkheim ... MTh, Margarethe u. Gfin. Stolberg ... bis Neustadt, von da nach Frohsdorf; MTh besucht ihre Schwester Toni. Ich fuhr allein nach Wartholz zurück ...«

Toni oder Antonia, die Schwester Erzherzogin Marie Theresias, war mit Herzog Robert von Parma verheiratet und lebte einen Teil des Jahres mit ihrer Familie in Schloss Frohsdorf in Niederösterreich, die andere Hälfte verbrachte man in Schloss Pianore in der Toskana. Die Herzoge von Parma hatten wie die Großherzoge von Toskana, die Herzoge von Modena und die Könige von Bourbon-Sizilien um die Mitte des 19. Jahrhunderts Italien verlassen müssen. Es bestand bis dahin aus einer Vielzahl von Herzogtümern, die nun zu einem einzigen, eigenständigen Land zusammengeschlossen wurden. Viele der Vertriebenen zogen nach Österreich, da sie hier nicht nur sicher waren, sondern meist auch nahe Verwandte der Habsburger. – Und noch ein Apropos zu *Toni*, der Schwester Erzherzogin Marie Theresias. Sie sollte später die Schwiegermutter des damals dreieinhalb Monate alten Carl werden. Seine künftige Frau Zita war im Jahr 1887 allerdings noch nicht geboren.

In Wartholz traf Erzherzog Carl Ludwig seine beiden jüngsten Töchter mit ihren Gefolgsdamen. Seine Ehefrau Marie Theresia, der jüngste Sohn Ferdinand und die älteste Tochter Margarethe sollten sich zwei Tage später der Familie anschließen. Noch einmal zwei Tage später fuhr alles gemeinsam nach Wien.

8.12.1887 »*MTh war dann mit Mitzi bei mir* (Letztere machte in Wien Weihnachtsbesorgungen) ... *Nach 1 Uhr nahmen MTh u. ich mit Mitzi u. den vier anderen Kindern Gabelfrühstück; nach ¾ 2 Uhr fuhr Mitzi mit Gfin. Pallavicini ab, nach Brünn zurück. Bald darauf fuhr ich mit Ferdinand, Miana u. Elisabeth nach Schönbrunn. Wir sind beim Haupttor ausgestiegen u. gingen im Garten herum, auch in die* ménagerie *(den Tiergarten)* ... *Wir sahen auch die gestern hier geborenen Löwen an, die sehr herzig sind* ... *Ich* *schrieb* (abends) *auch dem Rudolph, als Antwort auf ein* billet (das eine Einladung enthielt) *von ihm...«*

Streifzüge durch den weitläufigen Park oder den Tiergarten von Schloss Schönbrunn gehörten zu den beliebtesten Familienunterhaltungen. Erzherzog Carl Ludwig hielt sich dort zu jeder Jahreszeit auf – alleine oder in Begleitung von Kindern – und unternahm oft stundenlange Spaziergänge. Er war in Schloss Schönbrunn zur Welt gekommen und hatte hier mit Eltern, Großeltern, Geschwistern, Onkeln und Tanten viele glückliche Sommer verbracht, an die er sich bis an sein Lebensende gerne erinnerte.

11.12.1887 »*... ich sah den Otto kurz; er kam mit Rudolph in Wien an, bei dem er in Mayerling war* (im dortigen Jagdschloss sollte der Kronprinz nur 13 Monate später Selbstmord begehen) *...«* **13.12.1887** »*... es kam nach ½ 3 Uhr Rudolph zu mir...«* Zwei von etlichen Hinweisen auf Treffen mit Rudolf, der mit Onkel und Cousin in ständigem Kontakt stand.

Schwiegertochter Mitzi war Mitte Dezember wieder nach Wien zurückgekehrt, das mehr Unterhaltungen bot als Brünn. Einen Tag vor dem Weihnachtsabend war die Familie Erzherzog Carl Ludwigs – beinahe vollzählig – im Palais in der Favoritenstraße versammelt. »*... vor dem Gabelfrühstück sah ich bei Mitzi den Ludwig* (seinen Bruder), *der gestern Abend von Klesheim kam... In den Garten kam zu mir auch Otto, der Nachmittags von Brünn eintraf. Alle Kinder beim Essen* (nur das Baby Carl fehlte, es war mit seinen Kinderfrauen in Brünn)*... Otto u. Mitzi fuhren zusammen in's Operntheater, auch Franzi dahin. Es wurde das Ballett* Excelsior *gegeben...«*

Am **24.12.1887** wurde gemeinsam Weihnachten gefeiert. Bäume und Geschenke waren auf zwei Salons verteilt, da nicht nur die Familie, sondern auch die Gefolgsleute und Bediensteten beschenkt wurden. »*Nach ¾ 12 Uhr fuhr ich mit Ferdinand zur Kaiserin vor zur Gratulation, auch im Namen der MTh; ist heute ihr Geburtstag* (Kaiserin Elisabeths). *Darauf fuhren wir nach Schönbrunn; stiegen beim Meidlinger Thor aus, gingen hinter der Gloriette* *vorbei, hörten… schießen; es waren Franzi u. Otto mit Rudolph da auf der Jagd… nach 3 Uhr war der Christbaum… darauf die Bescherung… (später) Franzi u. Otto fuhren vor zu Rudolph…«*

25.12.1887 »*Nach ½ 6 Uhr fuhr ich mit MTh, uns nach Otto mit Mitzi u. im dritten Wagen Ferdinand u. Margarethe zum Kaiser zum Familiendiner. Es speisten da alle hier Anwesenden von der Familie, Franzi kam von seinem Haus aus dahin…*«

Der älteste Sohn *Franzi*, Franz Ferdinand, hatte in Wien eine eigene Wohnung, die sich im (heute nicht mehr existierenden) Palais Modena[14] befand. Nachdem die Linie der Herzoge von Modena im männlichen Stamm erloschen war, fiel das riesige Vermögen sowie der gesamte Realitätenbesitz dieses Familienzweigs an den späteren Thronfolger Franz Ferdinand. Der letzte männliche Nachkomme, Herzog Franz V. von Modena, der ein Habsburger war, hatte ihn zum Universalerben eingesetzt. Um die Zeit dieser Tagebucheintragungen lebte noch seine Witwe Adelgunde, eine geborene Prinzessin von Bayern, die ebenfalls im Palais wohnte.

1888

Wien, **1.1.1888**, Neujahrstag »*… nach ¼ 10 Uhr mit Otto u. Ferdinand zur Gratulation zum Kaiser gefahren… Nach ½ 6 Uhr (abends) fuhr ich mit MTh, uns nach Otto, Mitzi, Ferdinand, Margarethe zum Kaiser (zum Familiendiner)… War dort auch die Kaiserin u. die übrigen der Familie… wie vorigen Sonntag, nur Rudolph und Stephanie nicht, weil letztere sich beim Bräunen der Haare unmittelbar, bevor sie zum diner kommen wollte, in's Auge viel Amf…* (wohl eine chemische Substanz) *gebracht hatte… (nach Tisch ging) ich dann mit Otto u. Franzi hinauf zu Stephanie…*«

Wieder eine interessante Bemerkung im Zusammenhang mit Kronprinz Rudolf. Weil seine Frau die Augen verätzt hatte, nahmen er und sie nicht am gemeinschaftlichen Essen teil. Der Unfall mag dem Kronprinzen ganz recht gekommen sein. So musste er seinem Vater nicht begegnen, mit dem er in dieser Zeit schon ein sehr schwieriges Verhältnis hatte. Rudolf hatte sogar die Hofburg verlassen, denn als Erzherzog Carl Ludwig nach dem Essen mit seinen Söhnen Stephanie besuchte, um sich nach ihrem Befinden zu erkundigen, war er nicht mehr im Haus.

2.1.1888 »*Nach ½ 1 Uhr Gabelfrühstück mit MTh u. allen Kindern, auch Otto u. Mitzi. Dann mit ihnen zusammen* (geblieben). *Nach ¾ 2 Uhr fuhren Otto u. Mitzi ab auf den Nordbahnhof u. nach Brünn zurück, ihnen nach Türkheim und die Gfn Pallavicini* (ihre Gefolgsleute)...«

5.1.1888 »... *nach ¾ 4 Uhr fuhr ich mit MTh zu Stephanie, um sie zu besuchen. Es geht ihr schon... ganz gut mit dem Auge; sie trug noch blaue (dunkle) Brillen. Rudolph kam auch, während wir da waren...*« An diesem Tag tauchte Kronprinz Rudolf auf und gesellte sich zur Runde. Er hatte den Onkel und seine Familie besonders gerne, während er seinen Eltern lieber auswich. Dass er mit seinem Vater ein problematisches Verhältnis hatte, ist hinlänglich bekannt. Wenige wissen aber, dass er mit seiner Mutter kaum Kontakt hatte. Sowohl Rudolf als auch seine Frau mussten sich für Besuche bei ihr, die als Audienzen geführt wurden, offiziell beim Obersthofmeister anmelden. Die Kaiserin interessierte sich nicht für die Probleme ihres Sohnes und bot ihm auch nie Hilfe oder Unterstützung an.

7.1.1888 »... (im Arbeitszimmer) *sah ich Otto, der Nachmittags von Brünn kam, um morgen mit Rudolph auf die Jagd nach Orth zu fahren... Zum* diner *kamen außer allen Kindern, natürlich auch Franzi u. Otto, (sowie) die Obersthofmeisterin der Stephanie, Gfn Tarouca...*« Wenn man mit jemandem wie mit dem Kronprinzenpaar freundschaftlichen Kontakt hatte, waren die Gefolgsleute miteinbezogen, die dann auch zu Essen in der Familie geladen wurden.

Während Erzherzog Otto nur über das Wochenende nach Wien

gekommen war, blieb seine Frau Marie Josepha ein paar Tage.
9.1.1888 »... *ich ging auch zu Margarethe hinüber, wo Mitzi war, die heute Abends aus Brünn ankam, es ist, um morgen u. wohl auch noch übermorgen... für ihre Kleider zu probiren* (sie blieb eine Woche in Wien). *Otto war Abends noch nach Brünn zurückgekehrt. Ich sah ihn etwas... Er speiste bei Rudolph...*«

In den folgenden Winterwochen ging jeder seinem Dienst oder seiner Arbeit nach. Mitte Februar besuchte Otto für ein paar Tage Vater, Stiefmutter und Geschwister in Wien. Man aß gemeinsam, besuchte täglich die Messe, ging abends manchmal ins Theater und besuchte Verwandte. **13.2.1888** »*Nach ¾ 1 Uhr fuhr ich mit Margarethe u. uns nach Otto u. Ferdinand zu Adelgunde von Modena zum* déjeuner (Frühstück)...«

15.2.1888 »*Nach dem Frühstück mit den Kindern nach 9 Uhr gingen MTh, ich u. die Kinder in die Messe, nach welcher wir auch geäschert wurden. Es ist heute Aschermittwoch. Auch Otto kam in die Messe... Otto speiste bei Rudolph...*« Nach dem Essen beim Cousin reiste Otto zurück nach Brünn. Kaum war er weg, fand sich Kronprinz Rudolf bei Onkel und Tante in der Favoritenstraße ein. **16.2.1888** »*Nach ½ 4 Uhr... nach Hause gekommen. Ich ging zu MTh u. fand da den Rudolph. Mit ihm beisammen noch geblieben...*«

26.2.1888. »... *fuhr mit Ferdinand nach Schönbrunn, ging dort im Garten herum, so schönes Wetter, auch ins große Glashaus u. in die* ménagerie, *um die beiden jungen Löwen anzusehen; sie sind wie zwei große Katzen. Als wir nach Hause kamen, kam Otto zu mir, er traf Nachmittags von Brünn ein. Er blieb mit mir u. MTh in meinem Schreibzimmer. Nach ½ 6 Uhr speisten wir mit ihm u. den anderen Kindern... Nach ¼ 8 Uhr fuhr ich mit Otto u. Ferdinand zum Carltheater... Otto fuhr gegen 9 Uhr fort, wieder zurück nach Brünn...*« Solche unangekündigten Kurzbesuche an Sonntagen, die oft nur ein paar Stunden dauerten, waren typisch in der Familie. Eltern und Kinder hatten ein herzliches Verhältnis und liebten es, sich auf diese Weise gegenseitig zu überraschen.

1.3.1888 »*Nach ¾ 2 Uhr fuhr ich in die Burg, weil ich wollte Rudolphs besuchen, da sie heute Abends nach Abbazia sollten; sie sind dann aber heute doch nicht fort, da die Südbahn durch Schneeverwehungen unterbrochen ist…*« Wetterkapriolen sind, wie man hier lesen kann, zeitlos: Dem warmen und sonnigen Februar folgte ein kalter und niederschlagsreicher März. Lange anhaltende Schneetreiben verursachten Probleme im Bahnverkehr, sodass die Abreise verschoben wurde. Auch drei Tage später war Kronprinz Rudolf noch in Wien. **4.3.1888** »*Nach 12 Uhr Gabelfrühstück mit den Kindern, Otto* (eben wieder für einen Sonntagsbesuch aus Brünn angereist) *u. Miguel* (Schwager, Bruder der Erzherzogin Marie Theresia). *Nach 1 Uhr fuhr ich mit MTh u. Ferdinand zum Theater an der Wien, wo eine Academie war zum Vortheil* (zu Gunsten) *des Wiener Wärmestuben- u. Wohlthätigkeitsvereins… Otto kam auch in die Loge, auch Rudolph, letzterer, um den* (schwer leserlich: Uchl oder Achl) *spielen zu sehen u. singen zu hören… Nach 5 Uhr fuhr Margarethe mit MTh im ersten Wagen u. ich mit Otto, Ferdinand im zweiten Wagen zum Ludwig zum Familiendiner…*«

Zu den interessanten Erkenntnissen, die man bei der Lektüre der Tagebücher gewinnt, gehören auch die Bemerkungen zu den Familiendiners. Bislang nahm man an, dass der Kaiser jeden Sonntag alle Verwandten, die sich in Wien aufhielten, zum Essen in die Hofburg lud. Wie man den Aufzeichnungen Erzherzog Carl Ludwigs entnehmen kann, fanden Familiendiners in der Hofburg nur selten statt. Die Gastgeber wechselten von einem zum nächsten Mal. Außer Kaiser Franz Joseph luden am häufigsten seine Brüder Carl Ludwig und Ludwig Victor zum Essen in ihre Palais. Mitunter waren es auch entferntere Verwandte, die einen Wohnsitz in Wien hatten und zu einem Familiendiner baten. **5.3.1888** »*Nach ¼ 7 Uhr fuhr ich mit MTh zu Philipp Coburg u. Luise zum* diner. *Es waren da auch Rudolph u. Ludwig* (sein Bruder)…« Die Freundschaft Kronprinz Rudolfs zu seinem Schwager Philipp Coburg ist legendär. Er war der letzte Jagdgast des Kronprinzen in Mayerling, bevor Rudolf sich am 30.1.1889 das Leben nahm.

Am **9.3.1888** verstarb Kaiser Wilhelm I. nach 30-jähriger Regentschaft im 91. Lebensjahr. »… *nahm Gabelfrühstück allein… bald darauf kam der Kaiser zu MTh. Er war früher in der deutschen Bothschaft bei Beust. Der Kaiser Wilhelm ist heute Morgens ½ 9 Uhr verschieden. Ich hatte davon die erste Nachricht durch ein Telegramm des Wilhelm, Enkel des verstorbenen Kaisers, nun Kronprinz, aus Berlin, das ich auch gleich beantwortete, was ich auch dem jetzigen Kaiser nach San Remo telegraphirte u. an dessen Mutter, die Kaiserin Auguste, unsere Theilnahme. Der Kaiser kam, von MTh begleitet, zu mir ins Schreibzimmer, damit ich nicht in die kühlen Zimmer hinübergehe* (er lag mit Grippe im Bett und erledigte Akten). *Der Kaiser blieb einige Zeit bei mir… Es waren* (später) *noch Otto u. Ferdinand bei mir. Otto kam von Brünn. Dachte, mit Rudolph nach Abbazia zu fahren, um sich dort eine Wohnung für Mitzi zu suchen, welche dahin soll, in eine mildere Luft nach Vorschlag ihres Brünner Arztes; sie war stark verkühlt u. ist etwas asthmatisch. Otto soll sie dahin begleiten u. dann nach Brünn zurückkehren u. unser kleiner Enkel während des Aufenthalts der Mutter im Süden hier bei uns bleiben. Rudolph fährt heute Abends nicht nach Abbazia, weil er nächstens nach Berlin soll im Auftrag des Kaisers zu Kaiser Wilhelms Leichenfeier; so fuhr Otto auch nicht nach Abbazia u. kehrte heute Abends wieder nach Brünn zurück… Nach ½ 5 Uhr kam Rudolph zu mir, von MTh begleitet. Er blieb länger bei mir im Schreibzimmer, rauchte auch…*«

14.3.1888 »… *ich ging dann in die Wohnung von Mitzi u. Carl, die heute Nachmittag von Brünn kommen sollen, um zu sehen ob die Temperatur in den Zimmern geeignet ist* (in Europa herrschte in jenem Frühjahr eine extreme Kältewelle), *dann ging ich zu Ferdinand hinauf zu seinem Geschichtsunterricht, darauf zu Elisabeth, die noch Husten hat… Nach 3 Uhr kam Mitzi mit dem Kleinen an; ich erwartete sie mit Margarethe… blieb mit ihnen einige Zeit, las dann Acten u. nach 5 Uhr speisten MTh, Mitzi, ich, Ferdinand,*

Margarethe und Miana mit Ludwig im Frühstückszimmer…« Das Essen im Frühstückszimmer weist ebenfalls auf die große Kälte hin. Frühstückszimmer waren kleinere Räume als Speisezimmer und ließen sich deswegen auch einfacher beheizen.

16.3.1888 »*… dann ging ich zu MTh, wo auch Otto war, der Nachmittag von Brünn ankam… Nach 5 Uhr speiste ich mit Mitzi, Otto, Ferdinand, Margarethe, Miana im Frühstückszimmer. Nach Tisch beisammen und gegen ¾ 7 Uhr fuhren Mitzi u. Otto mit ihrem Gefolge auf den Südbahnhof zur Abreise nach Volosca…«* Da die Reise der Kronprinzessin, die Marie Josepha begleiten wollte, abermals verschoben worden war, fuhr die Schwiegertochter Erzherzog Carl Ludwigs alleine in den Süden. Sie nahm Aufenthalt in Volosca/Volosko bei Abbazia (siehe dazu auch die Eintragungen vom 22. bis 24.3.1891 auf S. 142). Ihr Ehemann Otto begleitete sie. Es war damals üblich, dass ein Ehemann diesen Kavaliersdienst bei einer Reise seiner Frau übernahm.

Erzherzog Carl Ludwig war sehr stolz, für längere Zeit die Aufsicht über den kleinen Enkel übertragen bekommen zu haben. Er besuchte ihn mehrmals am Tag und erkundigte sich bei den Kinderfrauen nach seinem Wohlergehen. Mit den meisten im Haus lebenden Verwandten durfte das Baby damals allerdings keinen Kontakt haben, da sie mit Grippe im Bett lagen. **17.3.1888** »*… ich ging dann (zur kranken) Elisabeth, sah vorher MTh, die auch heute im Bett bleibt und schrieb dem Rudolph…«*

18.3.1888 »*… nach ½ 9 Uhr zum Kaiser in die Burg gefahren. Dort mit Ludwig einige Zeit im Vorzimmer gewartet (selbst die Brüder des Kaisers mussten, wenn auch nur für die Dauer eines bestehenden Gesprächs, warten, um vorgelassen zu werden), dann wir beide zum Kaiser hinein. Nach ¾ 10 Uhr wieder zu Hause… Otto kam gegen Ende der Messe auch in die Capelle und ging dann mit Ferdinand in die halb zwölf Uhr Messe zu den Paulanern; ich las Acten und besuchte auch Elisabeth, es geht ihr heute besser; sie bleibt aber noch im Bett. Otto war Vormittags… (aus Volosca) zurückgekommen. Gott sei Dank waren er und Mitzi auf der Fahrt zwischen*

Bruck und Pernegg vorgestern Nachts bei einer Entgleisung eines Zuges, mit dem sie fuhren, vor größerem Unglück bewahrt geblieben... fuhr nach ¼ 3 Uhr mit Otto, der früher bei Rudolph war, zum Carltheater... um 6 Uhr war Familiendiner bei uns; es kamen dazu der Kaiser, Ludwig, Albert, Wilhelm, Leopold von Toscana, Adolf von Nassau, Therese Württemberg mit ihrer Tochter, Miana nebst Otto, Ferdinand und Margarethe...«

Abermals ein Familiendiner, das nicht in der Hofburg stattfand. Bei den Teilnehmern handelt es sich ausschließlich um Verwandte. Ludwig, Albert, Wilhelm, Leopold von Toskana waren Habsburger, Adolf von Nassau ein Neffe Erzherzog Carls, des ersten Bezwingers von Napoleon, und Therese Württemberg eine Enkelin desselben. Außerdem nahmen Miana, Otto, Ferdinand und Margarethe, vier von sechs Kindern des Tagebuchschreibers, am Essen teil. Seine Frau Marie Theresia fehlte, da sie mit Grippe im Bett lag.

Ab **21.3.1888** war der König von Rumänien für einen offiziellen Besuch zu Gast bei Kaiser Franz Joseph. Einen Tag vorher – Erzherzog Carl Ludwig hatte einen reichhaltigen Arbeitstag hinter sich: morgens Besprechungen und Audienzen, später den neuen und den früheren Kriegsminister sowie Künstler und Aussteller im Künstlerhaus besucht, und war eben heimkehrt, um Akten zu erledigen – kam »*nach ½ 5 Uhr Rudolph zu mir im Auftrag des Kaisers... um dessen Wunsch auszusprechen, daß wir morgen abends für den morgen Vormittag eintreffenden König von Rumänien* (Carol I., ein geborener Prinz von Hohenzollern und mehrfach Verwandter) *einen Thee geben...*« Die Bitte, innerhalb eines Tages eine, wenn auch nur kleine Einladung vorzubereiten, wird den Perfektionisten Erzherzog Carl Ludwig in große Pein gestürzt haben. Üblicherweise arbeitete er mit seinen Bediensteten mehrere Tage an den Vorbereitungen für ein Essen. Meist ließ er dafür Möbel und Kunstgegenstände umstellen, Vorhänge, Tischwäsche, kostbares Porzellan und Silber reinigen und Probegedecke auflegen. Dieses Mal musste alles innerhalb von 24 Stunden erledigt sein. Es wurde auch sofort damit begonnen.

Neben der Überwachung der Vorbereitungen für die abendliche Teegesellschaft durchlief Erzherzog Carl Ludwig am **21.3.1888** die üblichen Morgenrituale: Frühstück mit den Kindern, Besprechungen mit dem Personal, »*zum Unterricht der Margarethe mit dem Weyrich gegangen, mich darauf (mit Aktenlesen) beschäftigt, Elisabeth gesehen, die noch immer zu Bett ist, der es aber besser geht, war auch beim Kleinen, sah nach 12 Uhr den Präsidenten der Ausstellung Panhans, nach dem Gabelfrühstück sah ich Margarethe und Miana und erwartete dann den König von Rumänien, längere Zeit bei mir, las währenddem etwas Acten, u. nach 2 Uhr kam der König, blieb eine Stunde bei mir; seine Conversation interessirte mich sehr, dann fuhr ich mit Gf Pejacevich* (Gefolgsmann) *aus, bei der Bellaria vor, um den König zu besuchen; fand ihn aber nicht* (um den Gegenbesuch abzuleisten)*… Darauf nach Hause, mich umgezogen und mit Miana in den Prater gefahren u. beim ersten Rondeau ausgestiegen u. herab bis zum Praterstern zu Fuß gegangen. Es war sehr schönes Wetter. Nach ½ 6 Uhr fuhr ich mit Gf Pejacevich zum* diner *beim Kaiser, welches für den König war; es speisten auch Ludwig, Rudolph, Albert, Wilhelm u. Herzog von Nassau mit ferner Hofchargen* (sowie Politiker, Gefolgsleute des Kaisers, Diplomaten und Offiziere). *Nach Tisch längerer Cercle, darauf nach Hause* (um zu überprüfen, ob für die Gesellschaft später alles vorbereitet und fertig war)*… Nach 9 Uhr waren bei mir zum Thee versammelt: der Kaiser, welcher mit dem König* (von Rumänien) *kam, Rudolph, Ludwig, Leopold von Toscana, Wilhelm, Adolf von Nassau mit seiner Frau, Ferdinand u. Margarethe. Wir saßen zum Thee an zwei Tischchen in der Gallerie, u. nachdem dieser mit Zugehör servirt war, setzten wir uns in MTh's Salon* (sie selbst war noch krank und lag im Bett), *wo geraucht wurde. Nach ½ 11 Uhr waren alle weggefahren…*« Auch das gehörte zu den Höflichkeiten der Zeit, dass man seine Gastgeber, vor allem wenn sie Habsburger waren, nie zu lange aufhielt und sie nach spätestens zwei Stunden wieder verließ. Das vorhergehende Essen in der Burg hat sicher nicht länger als zwei Stunden gedauert, wenn man auch einschließlich des *Cercle* (Konversation-Machen) insgesamt drei Stunden in Gesellschaft war.

Kaiser Franz Joseph und die meisten seiner Verwandten verabscheuten lange Mahlzeiten. Das hatte auch einen Zusammenhang mit den Regeln der katholischen Religion, denen zufolge man mit dem Essen nicht zu viel Zeit verschwenden, sondern sie mit Arbeit nützen sollte. Jeder Besucher musste sich auf die rasch folgenden Menu-Gänge einstellen, worauf er allerdings vorbereitet worden war. Seine Gefolgsleute erkundigten sich vorab bei den Gefolgsleuten des Kaisers nach den Bräuchen beim Essen. Auch das war eine typische Höflichkeit der Zeit. Niemand wollte einen Fehler begehen und seinen Gastgeber durch Taktlosigkeit verletzen.

Auch die folgende Geschichte ist ein Beispiel für die damalige Wohlerzogenheit der Menschen, selbst wenn sie aus heutiger Sicht fast ein wenig komisch klingt. Sie lässt erahnen, wie kompliziert es war, nicht nur der Form Genüge zu tun, sondern die Höflichkeit auch noch so rasch wie möglich und in der richtigen Kleidung zu erwidern. **22.3.1888** »*Während ich weg war, war der König von Rumänien in meinem Hause, wollte mir seinen Orden persönlich bringen, ich fand denselben auf meinem Schreibtisch, zog mich in Parade*(uniform) *an und fuhr abermals in die Burg zum König, um mich für den verliehenen Orden zu bedanken…*«

Am Abend des folgenden Tages fand ein letztes Diner zu Ehren des Königs von Rumänien in der Hofburg statt. Erzherzog Carl Ludwig nahm daran allerdings nicht mehr teil, da er am Nachmittag dieses Tages nach Enns abgereist war. Er besuchte – in einem halb privaten, halb offiziellen Termin – seinen ältesten Sohn Franz Ferdinand, der dort in Garnison war. Der offizielle Teil der Reise galt der Inspektion des Regiments, die einen Tag später stattfand.

25.3.1888 zurück in Wien. »*… gratulirte der Miana, deren Namenstag heute ist… frühstückte, wozu auch Miana kam, fuhr nach ½ 9 Uhr zum Kaiser, wo auch Rudolph u. Ludwig waren. Nach*

½ 10 Uhr nach Hause, sah die Margarethe, war dann beim Kleinen, wo auch MTh längere Zeit war, damit die Kindsfrau währenddem in die Messe gehen konnte. Es war auch Ludwig da, der Miana gratulirte … (Elisabeth durfte an diesem Tag das erste Mal nach langer Krankheit das Bett verlassen) … Ferdinand sah ich noch morgens. Er fuhr mit Gf Coreth in der Früh zu Otto nach Brünn und kommt abends wieder zurück. Nach 1 Uhr fuhr ich mit Gf Pejacevich auf den Südbahnhof und weiter nach Payerbach (und las auf der Fahrt Akten) … Vor 4 Uhr in Wartholz eingetroffen, gleich in die Anlage gegangen …« Dort traf er den Verwalter, Gärtner und andere Angestellte, mit denen er anstehende Arbeiten besprach und die nötigen Anweisungen gab.

Die vorhergehende Eintragung gibt einen guten Einblick in einen typischen Tagesablauf Erzherzog Carl Ludwigs. Man findet Bemerkungen zu allen im Haus lebenden Kindern und dazu, dass ein Sohn (Ferdinand) einen anderen (Otto) besucht. Besonders nett ist der Vermerk, dass sich seine Ehefrau um das Baby Carl kümmerte, damit die Kinderfrau in die Messe gehen konnte. Auch der Besuch seines Besitzes in Reichenau an der Rax gehörte zur Alltagsroutine. Gegen Ende März hielt sich der Erzherzog dort alljährlich ein paar Tage auf, weil er – was in diesen Gesellschaftskreisen nicht immer üblich war – selbst die Güterverwaltung leitete. Drei Tage später reiste er zurück nach Wien. »*Ich fand da MTh u. die 4 Kinder; an sie vertheilte ich Blumen, die ich von Wartholz u. Bahnhof Payerbach mitgebracht hatte. Ich sah auch den kleinen Carl, dem es sehr gut geht, dann zog ich mich an, u. nach ½ 6 Uhr speiste Ludwig mit uns u. den 4 Kindern im Frühstückszimmer. Währenddem kam Otto, der von der Jagd mit Rudolph zurückkehrte u. später bei ihm speiste. MTh speiste nicht mit uns, da sie sich mit starken Kopfschmerzen zu Bett legte …«* Erzherzogin Marie Theresia, die eine starke und äußerst selbstdisziplinierte Frau war, litt lebenslang unter heftigen Migräne-Attacken. Da es damals keine Mittel dagegen gab, musste man so lange im Bett bleiben, bis die Schmerzen von selbst verschwanden.

Am **29.3.1888** war Gründonnerstag. Von diesem Tag an bis Karsamstag gedenken Katholiken der dreitägigen Leidensgeschichte Christi. Der regierende Habsburger Kaiser servierte am Gründonnerstag alljährlich zehn armen Männern ein Essen, übergab ihnen Geldgeschenke und wusch ihnen anschließend – wie heute noch der Papst – als Zeichen seiner Demut die Füße. Dieselbe Zeremonie hätte auch Kaiserin Elisabeth an zehn armen Frauen vollziehen sollen. Im Unterschied zu ihrem Ehemann und zu ihren Vorgängerinnen entzog sie sich ihr aber fast immer durch Reisen.

Wer von der Familie am Gründonnerstag in Wien war, nahm an der Messe teil. Die Erzherzoge assistierten dem Kaiser bei der Zeremonie. »... *mich in Parade*(uniform) *angezogen u. nach ½ 9 Uhr mit Franzi, der gestern ankam, zur Bellaria gefahren... Wir gingen ins* große appartement (in der Hofburg)... *Es waren da: Rudolph, Ludwig, ich mit meinen 2 Söhnen, Nando, Nino mit seinen 2 Söhnen, Leopold u. Franz, Wilhelm u. Eugen* (alles Verwandte). *Der Kaiser kam bald darauf u. nach einer Weile gingen wir im Zug...* (in die) *Hofcapelle. Ich war im Oratorium des Kaisers mit dem Kaiser, Rudolph und Franzi; zuerst war Predigt u. darauf Hochamt, das der Prälat von den Schotten hielt. Nach diesem gingen wir wieder ins* appartement *zurück, wo wir früher waren, u. nach kürzerer Zeit im Zug in den Rittersaal, wo durch den Kaiser das Auftragen der Speisen für die 12 alten Männer war, darauf vom Kaiser u. uns Erzherzogen das Abtragen besorgt wurde; endlich* (damaliger Wortsinn: zuletzt) *nahm der Kaiser, während das Evangelium gelesen wurde, die Fußwaschung vor u. hängte den alten Männern das Geld in den Taschen um. Darauf war die Ceremonie vollendet u. ging der Zug in das* appartement *zurück...*«

An den folgenden Tagen fanden in und um die Hofburg Messen oder Prozessionen statt, am Ostersonntag wurde in einem feierlichen Hochamt in der Hofkapelle der Auferstehung Christi gedacht. Man besuchte Verwandte, die sich in Wien aufhielten, die Kinder erhielten Ostereier und Ostergeschenke. Am Dienstag nach Ostern, dem **3.4.1888**, kehrte man zurück in den Berufsalltag. Erzherzog Carl Ludwig hatte Audienzen. U. a. empfing er »*Dr. Weihs, Sohn des Professor Weihs… Diesem sowie Dr. Riedl zeigte ich den kleinen Carl…*« Zu dieser Bemerkung muss hinzugefügt werden, dass das Zeigen des Kindes die wichtigere Handlung war als das Einholen der medizinischen Meinung. Es darf angenommen werden, dass die Ärzte Positives über das Baby bemerkten, um die Zufriedenheit des seligen Großvaters zu steigern. Dr. Weihs war einer der Ärzte, der die schwangere Schwiegertochter in Schloss Persenbeug betreut hatte.

Generell hat Erzherzog Carl Ludwig jeden Besucher in das Kinderzimmer geführt, wenn er mit der Familie irgendwie in Kontakt stand. So hatte er es schon bei seinen eigenen Kindern gehalten, als sie in der Wiege lagen. Die Beschäftigung mit Babys war ihm Seligkeit und Unterhaltung zugleich, wie auch der Eintragung am **5.4.1888** zu entnehmen ist »*… mit Miana u. Elisabeth zu Carl, der sehr lustig war…*«

Da am **6.4.1888** »*Otto… mit Franzi u. Rudolph von Abbazia zurück*(kehrten)*…*«, ist anzunehmen, dass Kronprinzessin Stephanie nach den Verschiebungen endlich nach Abbazia gereist war und dass ihr Ehemann und die zwei Cousins sie dorthin begleitet hatten. Franz Ferdinand und Otto reisten nach der Rückkunft von Wien weiter in ihre Garnisonen nach Enns und nach Brünn. Kronprinz Rudolf blieb in Wien und nahm einen Tag später mit dem Onkel Kontakt auf. »*Nach Tisch… schrieb ich dem Rudolph, der mich und Ferdinand bei sich zum* diner *einlud…*«

Am **12.4.1888** begab sich Erzherzog Carl Ludwig für einen Monat nach Spanien. Als Vertreter Kaiser Franz Josephs besuchte er die Weltausstellung, im Besonderen die Teilnehmer der österreichisch-ungarischen Monarchie. Solche Veranstaltungen hatten schon damals einen großen Werbeeffekt sowohl für die Ausstellerländer als auch für die Hersteller und waren nicht minder professionell organisiert als heutige Messen.

Am **11.5.1888** traf Erzherzog Carl Ludwig wieder in Wien ein. Am selben Tag kehrten seine Schwiegertochter und die Kronprinzessin aus Abbazia zurück. Am **20.5.1888** fuhren »*Mitzi u. Otto… vor 1 Uhr auf den Südbahnhof u. nach Mayerling zu Rudolphs, wohin auch Franzi u. Fritz (der älteste Sohn und ein Cousin) mit Isabella kommen. Sie feiern da den morgigen Geburtstag der Stephanie…*«

Erzherzog Carl Ludwig war noch keine zehn Tag in Wien, als er mit seiner Ehefrau Marie Theresia vom **21.** bis **25.5.1888** zu einer Schiffstaufe nach Triest reiste. Wieder zurück in Wien fuhr er vom Bahnhof in sein Palais, wechselte rasch die Kleider und begab sich zum Trabrennen der Offiziere in die Freudenau. »*Wir fanden in der Loge Rudolph, Stephanie, Wilhelm, Ludwig von Baiern, Leopold und Albert von Toscana (alles nahe Verwandte). Der Kaiser und Ludwig waren schon von da fort gefahren. Rudolphs u. Coburgs fuhren auch bald fort. Es waren auch da Franzi, Otto und Ferdinand. Wir blieben bis zum Ende; es ritten einige Officiere sehr gut…*« Die Mehrzahl-S bei *Rudolphs* und *Coburgs* bezeichnen, wie bereits erwähnt, immer Ehepaare.

Zwei Tage später fand ein Wettrennen statt. »*Es war als zweites Rennen im Programm das Derbyrennen, was sehr gut u. geschlossen mit sehr hübschen Pferden geritten wurde… In der Hofloge waren Fritzs* (das Ehepaar Erzherzog Friedrich und Erzherzogin Isabella), *dann kamen Rudolphs, es waren auch Ludwig, Nassau, Wilhelm, Rainer u. die 3 Söhne des Nino da* (alles Verwandte). *Ich war viel herumgegangen u. sprach mit mehreren Herren… wir blieben bis zum Ende. Dann fuhr MTh mit Gfin Zichy im Prater in der Hauptallee hin u. her, ich ihr nach, sehr viel im Schritt, es waren ganz besonders viele Wägen in der Hauptallee, öfter 5 Reihen nebeneinander, es war sehr unterhaltend, diese Bewegungen mitanzusehen… Rudolph war kutschierend im* Phaëton (einem kleinen Wagen) *im Prater herumgefahren, Otto mit ihm…*« Dieses Rennen und das anschließende Auf- und Ab-Fahren in der Prater Hauptallee zählten zu den gesellschaftlichen Höhepunkten des Jahres.

Die interessanteste Bemerkung dazu findet sich am Schluss: Kronprinz Rudolf und Erzherzog Otto fuhren gemeinsam in einem Wagen ohne Begleitung von Gefolgsleuten, und der Kronprinz kutschierte sogar selbst. Das mag bei der Damenwelt viel Aufsehen erregt haben – der Erbe der Monarchie und sein Cousin Otto, der schönste Habsburger Prinz, alleine unterwegs, völlig ungeschützt im Wagen sitzend und für jedermann zum Greifen nah.

Wenig später kehrten Otto und Mitzi nach Brünn zurück. Dort wartete schon der kleine Sohn Carl, den man mit seinen Kinderfrauen vorausgeschickt hatte. Am **30.5.1888** waren beide wieder in Wien, um einen Tag später Mitzis Geburtstag im Familienkreis zu feiern und ein Fest bei Verwandten zu besuchen. **3.6.1888** »... *sah den Otto, der gestern abends mit Mitzi bei Coburgs speiste und dann den Ball dort mitmachte, heute abends kehren sie nach Brünn zurück...*«

Knappe zwei Wochen später, am **15.6.1888**, »... *fuhr ich (am Nachmittag) mit Margarethe auf den Südbahnhof, um da Mitzi u. den kleinen Carl zu sehen auf der Durchreise von Brünn nach Wartholz. Sie sahen beide sehr gut aus. Mitzi speiste da mit Gfin Pallavicini u. Br Türkheim... schrieb abends noch dem Otto nach Sarajevo...*« Dieser Ort sollte nur 16 Jahre später Geschichte schreiben. 1914 fielen in Sarajewo Erzherzog Carl Ludwigs ältester Sohn Franz Ferdinand und seine Ehefrau einem Attentat zum Opfer. Der Mord am Thronfolger gab den Anlass zum Ausbruch des Ersten Weltkrieges.

Damals ahnte niemand etwas davon, und die gesamte Aufmerksamkeit des Erzherzogs galt dem Umzug der Schwiegertochter und des Enkels Carl. Sie reisten mit Kinderfrauen und Gefolgsleuten von Brünn zum Sommeraufenthalt nach Reichenau an der Rax, wo sich wenig später auch der Rest der Familie einfand. Die Zeit dazwischen verbrachte Erzherzog Carl Ludwig mit seiner Frau in Prag, wo seine älteste Tochter Margarethe in einer feierlichen Zeremonie als Äbtissin des Damenstifts eingesetzt wurde. Am **22.6.1888** trafen er und Marie Theresia in Reichenau an der

Rax ein. »*Gg. ¼ 5 Uhr kamen wir in Wartholz an, die 4 Kinder u. Mitzi erwarteten uns. Mich umgezogen, nach ¾ 5 Uhr gemeinsames diner. Vorher sah ich noch den kleinen Carl, der recht gut aussah...*«
23.6.1888 »*Miana u. Elisabeth auf dem Spielplatz, in den Wald gegangen, wo der kleine Carl in seinem Korbwagen war...*« Arbeit und Familienleben gingen hier immer harmonisch ineinander über. Das Wetter bestimmte, wie viel und wie lange man sich in der Natur aufhielt. Erzherzog Carl Ludwig bearbeitete auch hier etliche Stunden des Tages Akten und freute sich, wenn er die Schreibtischarbeit mit Spaziergängen in der herrlichen Gebirgslandschaft unterbrechen konnte.

Häufig begleiteten ihn seine Frau oder die Kinder, meist war man ohne Gefolgsleute unterwegs. Wenn die Familie ausfuhr, kutschierte man selbst, das Wetter diktierte die Raststationen. »*Beim Wirtshaus des Kaiserbrunnens hielten wir an, stiegen aus, da es regnete... Bald fuhren wir weiter bis zum Weinzettel, wo wir Caffee nahmen. Darauf gingen wir eine Strecke... zu Fuß...*«

Am **30.6.1888** kehrte Otto von einer längeren Reise zurück, die ihn mit seinem Cousin Kronprinz Rudolf in den Süden der Monarchie geführt hatte. »*... (ich) fuhr mit Mitzi nach ¼ 9 Uhr zum Bahnhof, dort etwas gewartet, dann kam der Zug, mit diesem Rudolph u. Otto... Ich sprach auch mit Rudolph, der im* wagon *blieb, weil er noch im* négligé (Nachtgewand) *war. Kurzer Aufenthalt... Ich fuhr mit Otto u. Mitzi nach Hause; der Zug weiter, Rudolph nach Wien. Zu Hause zog ich mich um, weil ich in Uniform war* (das Abholen am Bahnhof stellte einen offiziellen Anlass dar)*... Otto hatte uns mehreres von der Reise zu erzählen. Er zeigte MTh u. mir dann auch, was er auf der Reise gekauft hat u. schenkte mir u. MTh jedem eine dalmatinische Kas...* (unleserlich)*... Es war sehr trübes, regnerisches Wetter u. recht kühl... Nach 8 Uhr soupirt gemeinschaftlich, danach beisammen. MTh zeigte ihre Photographien...*« Erzherzogin Marie Theresia war eine leidenschaftliche Fotografin, die während der Sommeraufenthalte in Reichenau an der Rax besonders gerne zur Kamera griff. Von ihr stammen viele

Schnappschüsse der Kinder und anderer Verwandter, von denen einige in diesem Band zu finden sind.

Da seine Frau zu Verwandtenbesuchen aufbrach, vertrieb sich Erzherzog Carl Ludwig die freie Zeit in Reichenau an der Rax beim Spielen mit dem Enkel oder bei gemeinsamen Ausfahrten mit den Kindern. Oft hielt man spontan beim Haus eines Bekannten, um einen kurzen Besuch abzustatten. »*Nach ½ 7 Uhr fuhr ich mit Otto u. Ferdinand mit 4 Pferden aus; Otto kutschirte dieselben... Vor dem Haus, das Weiser voriges Jahr kaufte, in Payerbach, hielten wir, stiegen ab, gingen da in den Garten u. ins Haus. Anfangs war nur die Frau des Weiser da, dann kam er selbst, führte uns herum, wir setzten uns auch in einem Zimmer in seinem Haus nieder... Es ist alles recht nett u. freundlich... Nach einiger Zeit fuhren wir von da nach Hause...*« Man kann sich vorstellen, welche Auszeichnung es darstellte, von einem so hohen Mitglied der Kaiserfamilie persönlich besucht zu werden. Die Ehefrau des Besuchten war gewiss recht unglücklich, dass ihr Mann zu Beginn nicht da war. Sie hat sicher alles in Bewegung gesetzt, um ihn von wo immer rasch holen zu lassen.

2.7.1888 »*Als ich im Garten vor dem Frühstück herumging, begegnete ich Otto, der dem Franzi auf den Bahnhof entgegenfuhr. Nach 9 Uhr Frühstück mit den Kindern, bald darauf kamen Otto u. Franzi von der Südbahn. Ich gratulirte dem Otto, da heute sein Namenstag ist. Franzi frühstückte auch bei uns im Frühstückszimmer. Nach 10 Uhr Messe...* (später) *fuhr ich mit Mitzi, die 3 Söhne im 2. Wagen, nach ¼ 4 Uhr auf den Bahnhof, um Albert* (einen Habsburger Verwandten) *zu erwarten, der von Wien hierherkam, um uns zu besuchen. Es war heute sehr schlechtes regn. Wetter u. sehr kalt. Nur 8 G. Wärme... Alb. ging dann mit Mitzi zum kleinen Carl hinauf, den er noch nie gesehen hatte...*« Dass der 71-jährige Erzherzog Albrecht, der nicht annähernd so emotional wie Erzherzog Carl Ludwig war, den kleinen Carl besuchen musste, geschah sicher auf Einladung, vermutlich sogar »auf Anweisung« des Großvaters. Nach dem Pflichtbesuch im Kinderzimmer gab es einen gemeinschaftlichen Spaziergang und später »*in der Halle eine Jause… während die Mil. Musik spielte*«. Die musikalische Untermalung geschah entweder dem Gast zu Ehren oder weil Ottos Namenstag war. Albert und Franz Ferdinand reisten abends wieder ab. Für die in Wartholz Bleibenden fand eine kleine Abendgesellschaft statt, zu der zwei Schauspieler geladen waren. Zur Unterhaltung aller »*spielten Weis. & Theophil eine Szene von Weil, betitelt ›Eierspeis‹*…« – Weis. steht für Weiser. Es scheint sich dabei um denselben Mann zu handeln, den Erzherzog Carl Ludwig einen Tag zuvor mit zwei Söhnen besucht hatte. Wahrscheinlich hat sich der Schauspieler mit der kleinen Vorführung für die Ehre des erwiesenen Besuchs bedankt.

In der Eintragung vom **9.7.1888** kann man lesen, dass man in der Freizeit schon damals gerne Sport betrieb. Erzherzog Carl Ludwig besaß einen eigenen *lawn tennis*-Platz, einen Rasen-Tennisplatz, auf dem sich Familienmitglieder, Gefolgsleute und Gäste Matches lieferten. »*(Ich ging zum) Lawn-tennis-Platz, wo MTh, Mitzi, Gfin Zichy u. Gf Cavriani Lawn-tennis spielten, ich dann auch etwas*. Es begann bald wieder zu regnen (das Sommerwetter war damals wie heute unberechenbar, der Juli 1888 war verregnet und kalt), *die anderen spielten dann weiter, Ferdinand ging hinauf zu seiner Clavierstunde, u. ich las im französischen Buch François Joseph weiter*…« Bei dem Band handelt es sich vermutlich um eine auf französisch erschienene Biographie Kaiser Franz Josephs. Bücher über ihn waren auch schon zu seinen Lebzeiten häufig, sodass man den Band, ohne den Autor zu kennen, nicht zuordnen kann.

Die folgende Bemerkung vom **14.7.1888** lässt erahnen, wie viel Vorbereitung es damals benötigte, einen Gast höflich im Haus aufzunehmen, selbst wenn er nur für ein paar Stunden blieb. »*Ich sah das Zimmer an, wo der kleine Carl früher wohnte, der seit gestern in das Schreibzimmer der Margarethe bewohnt wurde. Dort wird die Bothschafterin Prinzessin Reuß absteigen, wenn sie übermorgen zu uns kommt*…« Um der Ehefrau des deutschen Botschafters eine kleine Raumfolge in der Villa zur Verfügung stellen zu können und diese vorab reinigen zu lassen, wurde das Baby Carl für mehrere Tage in das Schreibzimmer seiner (abwesenden) Tante verlegt. Prinzessin Reuß blieb übrigens nur über Tag. Ihr Gastgeber Erzherzog Carl Ludwig fand es aber selbstverständlich, ihr für diese kurze Zeit ein Appartement zur Verfügung zu stellen, damit sie sich jederzeit zurückziehen, ausruhen und frisch machen konnte.

30.7.1888, Geburtstag Erzherzog Carl Ludwigs. »*Nach 7 Uhr aufgestanden, MTh gratulirte mir, die Erste* (als erste)… *ich machte Toilette und las in einigen Jahrgängen meines Journals* (Tagebuchs) *vom 30. Juli. Nach 9 Uhr kamen MTh, die Kinder u. der kleine Carl, von der Kindsfrau getragen und Mitzi, jede mit einem* bouquet *für gratuliren. Ich erhielt auch einige große bemalte Teller, welche in die Halle* (gehören) *oder zu den anderen auf die Frühstücksterrasse aufgehängt werden sollen. Es kam kurz darauf auch Otto an aus seiner gegenwärtigen Station bei Göding, wo er zur Regimentsconcentrirung ist. Große Freude, ihn hier zu sehen. Dann frühstückten wir alles zusammen im Rauchzimmer. Nach 10 Uhr Hochamt in der Kapelle mit Volkshymne und darauf Te Deum* (… laudamus = Dich Gott loben wir, ein Lobgesang). *Nach dem Gottesdienst empfing ich die Herren und Damen vom Haus des Bezirkshauptmanns von Neunkirchen und Bezirksrichter von Gloggnitz zusammen, dann Herrn Arnstein aus Stuppach, Prof. Wihrich, Pater Andreas, vor diesem auch die Gemeindevertretung von Reichenau mit dem Bürgermeister Leiter an der Spitze, dann Miss Bride* (englische Gouvernante der zwei jüngsten Töchter) *u. einige von der weiblichen Dienerschaft. Schließlich sah ich den Secretär, mit dem ich eine Menge Telegramme als Antwort auf Gratulationen besorgte… Franzi hatte den Wiener Frühzug verfehlt u. kam dann erst gegen ½ 12 Uhr hier an. Ich war mit ihm einige Zeit; er und Otto sind in meinem Schreibzimmer abgestiegen* (noch eine Umsiedlung für Gäste), *weil sonst kein Platz für die anderen, weil wir heute Isabelle* (Ehefrau Erzherzog Friedrichs) *mit ihren Kindern und Gefolge erwarten. Nach ¼ 2 Uhr fuhren MTh u. ich im ersten Wagen u. uns* *nach im 2. Wagen Mitzi, Franzi, Otto, Miana, Elisabeth, Gf Pejacevich u. Gfin Zichy auf den Bahnhof, wo schon der Zug von Semmering herab in Sicht war. Wir gingen dem letzten Waggon entgegen, aus welchem Isabelle mit ihren 2 Kindern u. Gfin F... ausstiegen. Wir fuhren alle nach Wartholz, MTh führte Isabelle in das für sie bestimmte Zimmer, das neben Mitzi, welches sonst Otto bewohnt u. Miana. Isabelles Kinder in das für sie bestimmte, in das Schreibzimmer der Margarethe. Nach ½ 3 Uhr war* diner *zu 22 Personen in MThs Schreibzimmer. Währenddem spielte auf der großen Terrasse vor der Villa die Musik des Regiments Deutschmeister. Dieselbe spielte auch noch einige Zeit nach dem* diner, *u. wir saßen u. standen dabei auf der Terrasse vor unseren Zimmern. Es war prachtvolles Wetter. Dann wurde auf den* lawn-tennis *Platz gegangen, wo MTh, Mitzi, Ferdinand u. Gf Herberstein* lawn tennis *spielten. Später auch Franzi u. Gf Cavriani. Otto mußte gegen ½ 5 Uhr leider wieder wegfahren, um morgen wieder in seiner Station bei den Manövern zu sein, Franzi hatte ihn auf den Bahnhof begleitet...«*

Diese Eintragung gibt das Geheimnis preis, wie sehr Erzherzog Carl Ludwig seinen Sohn Otto, den Vater Carls, liebte. Das beginnt mit der Bemerkung »*Große Freude, ihn hier zu sehen*« und endet mit der Feststellung, dass er »*leider wieder wegfahren*« muss. Seinen ältesten Sohn Franz Ferdinand hatte er längere Zeit nicht gesehen, und es freute ihn natürlich auch, ihn bei sich zu haben. Er hatte an diesem Tag allerdings einen für den Vater unverzeihlichen Fehler begannen, indem er den Frühzug verpasste. Pünktlichkeit bedeutete Erzherzog Carl Ludwig viel mehr als die sprichwörtliche Zierde der Könige.

Einen Tag nach ihrem Vater feierte Miana, die zweitälteste Tochter Erzherzog Carl Ludwigs, Geburtstag. »*Nach ½ 8 Uhr aufgestanden, sehr schönes Wetter, dann nach 9 Uhr frühstückte ich mit ihnen* (der Familie), *vorher gratulirte ich der Miana... es frühstückten auch MTh, Isabelle u. deren Kinder mit. Ich übergab mit MTh der Miana unsere Geschenke; unter einigen anderen Gegenständen eine Drehorgel, die mehrere sehr schöne Stücke spielt...«* In Zeiten ohne

Radio, Fernseher und elektronische Geräte musste man für die musikalische Untermalung selbst sorgen. Die Orgel war eine Bereicherung für die gesamte Familie, auch wenn man sie selbst betätigen musste, um musikalisch unterhalten zu werden. Das Drehen übernahmen meist die Kinder, am späteren Abend tat das Erzherzogin Marie Theresia.

Am **5.8.1888** verließ Marie Josepha mit Carl, der viele Monate bei seinen Großeltern gewesen war, die Villa Wartholz. »... *(morgens) nahm ich thee in meinem Schreibzimmer u. ging zum kleinen Carl hinauf, sah auch Mitzi, wir dann beisammen unten im salon, Mitzi, der Kleine, Ferdinand, Miana, Elisabeth, Gfin Pallavicini u. Gfin Zichy, zuletzt kam auch MTh, u. Mitzi fuhr nach ¼ 9 Uhr im ersten Wagen mit Gfin Pallavicini und darauf im zweiten Wagen der Kleine mit Kindsfrau u. Kindsmädchen auf den Bahnhof. Es thut mir recht leid, daß Mitzi u. der Enkel fort sind* ...«

Drei Tage später reisten Erzherzog Carl Ludwig und seine Ehefrau Marie Theresia ab. Das Ehepaar hielt sich vom **8.** bis **23.8.1888** in Bayern auf, besuchte Museen, Schlösser, Ausstellungen und Verwandte. Am **24.8.1888** waren sie wieder in Reichenau an der Rax, um in der Villa Wartholz mit den Kindern den Geburtstag Marie Theresias zu feiern. Der Tag begann mit einem gemeinsamen Frühstück, der Übergabe der Blumenbouquets und einer feierlichen Messe in der Hauskapelle. Anschließend fanden sich die ortsansässigen Honoratioren ein, um der Erzherzogin zu gratulieren. »*Nach ½ 9 Uhr* (abends) *gemeinschaftliches souper, während welchem die Militärmusik mit Streichinstrumenten spielte* (und noch bis Mitternacht weiter). *MTh, Ferdinand, Miana, Elisabeth, die Damen u. die 3 Herren* (Gefolgsleute) *tanzten auch öfter. Ich tanzte auch eine Quadrille mit, die sich dann in Touren u.* ronds (Tanzfiguren) *verlängerte. Vorher erschien auch Gf Pejacevich als Dame angezogen mit Ferdinand tanzend u. machte auch sehr graciose* (graziöse) *Complimente vor MTh u. mir. Überhaupt tanzte er sehr hübsch. Es war sehr heiter, man unterhielt sich sehr gut, u. die Musik spielte überhaupt sehr gut.*« Die letzte Bemerkung zählt sicher zu den größten Überraschungen in den privaten Tagebüchern eines Habsburgers: Bei fortschreitend guter Stimmung erschien ein Mann der Gefolgschaft als Dame verkleidet und tanzte mit einem Sohn des Erzherzogs. Das in einer Zeit, als Travestie selbst am Theater als anstößig und unanständig empfunden wurde. Die Kaiserfamilie war, wie noch in etlichen Eintragungen zu lesen sein wird, viel offener und toleranter, als man gemeinhin annimmt.

Ende August fuhren Erzherzog Carl Ludwig und seine Frau für drei Tage nach Berlin. Sie waren von Kaiser Wilhelm zur Taufe seines fünften Sohnes eingeladen, der Oskar genannt wurde. Bei der Rückreise nach Wien trafen sie während eines Halts in Mähren überraschend einen Sohn. **1.9.1888** »*Otto fanden wir auf dem Bahnhof von Brünn, wir stiegen deshalb dort alle aus, u. MTh u. ich stiegen dann vor Abgang des Zuges in unsere Salonwagen. So blieben wir mit Otto allein bis nach Wien. Er fuhr dann weiter nach Persenbeug…*« Zur Freude seiner Eltern fuhr Otto sogar bis Wien im Zug mit. Er reiste von dort nach Schloss Persenbeug, um Bauarbeiten zu kontrollieren. Dabei ging es ihm nicht nur um das Verschönern von Salons, er ließ überall auch die modernsten technischen Geräte und Apparaturen installieren. Wenn er neu baute, sah die Architektur manchmal so modern aus, als wäre sie 50 Jahre später entstanden (siehe Abb. 42 und 43).

Ab **6.9.1888** fanden bei Wieselburg in Niederösterreich Kaiser-Manöver statt, die offensichtlich recht stressfrei und gemütlich waren. »*Das Manöver leitete der Corpscommandant FML König. Ich saß manchmal auch ab, nahm auch etwas Imbiß, Ferdinand ritt mit Gf Coreth zuerst fort, um das 4. Dragoner Rgmt. aufzusuchen, in welchem Franzis Escadron commdrt.* (kommandiert) *ist; sie fanden ihn nicht. Darauf fuhr Ferdinand mit Gf Cavriani dahin; sie fanden ihn dort u. blieben dort einige Zeit. Ich ritt weiter mit Gf Coreth zu einer anderen Höhe, auf welche* (ich) *von einigen Landwehr B… begleitet* (wurde) *u. einer Militär Musik, die den Stürmermarsch spielte. Dem Kaiser begegneten wir noch während des*

Manövers. Er sprach auch mit mir sowie Rudolph, der auch mit dem Kaiser ritt. Nachdem das Manöver zu Ende war, ritten wir nach Hause. Es war sehr heiß. Wir begegneten noch einmal Albert u. Wilhelm (Habsburger Verwandte), *als sie nach St. Leonhard zurückritten. Nachdem wir ungefähr eine halbe Stunde von St. Leonhard angeritten waren, kamen uns beide für uns bestimmte Wagen entgegen. Wir setzten uns hinein u. fuhren nach Wieselburg zurück …«*

Nach zwei Tagen Kriegsspiel verließen Erzherzog Carl Ludwig und sein Sohn Ferdinand das Manöver. Sie begaben sich nach Artstetten und von dort nach Persenbeug, um Otto vom Fortschritt der Bauarbeiten berichten zu können. **8.9.1888** »… *durch Marbach nach Persenbeug weiter ins Schloß. Dort stiegen wir aus, gingen in Ottos u. Mitzis Wohnung. Mittlerweile kam auch der Verwalter… dahin; Otto ließ ein Zimmer wieder neu ausstatten, halb täfeln, u. richtete es sehr geschmackvoll ein. Wir waren auch im Oratorium der Capelle, in den Fr…zimmern, im großen Saal; auch waren wir im Garten. Ich sah die Beschließerin, besuchte den Schloßcaplan in seiner Wohnung, Ferdinand u. ich nahmen Thé im großen Saal, der Verwalter saß dabei. Ich ließ mir die beiden Haflinger Ponys des Ottos u. seine Fohlen im Hof vorführen, gegen ¾ 6 Uhr sah ich den Franz Paschke, der früher als Jäger bei mir war, u. mein Förster in Rottenhof ist. Ich ließ ihm durch Alois, der von Matzlingen aus nach Rottenhof zu Fuß ging, sagen, er möge… nach Persenbeug herab kömmen, damit ich ihn sehe…«* Wie kompliziert es in einer Zeit ohne Telefon war, Treffen zu organisieren, kann man an diesen paar Zeilen erkennen. Der Sekretär musste eine lange Fußstrecke zurücklegen, um einen Förster zu einem Gespräch zu holen. Wenn man Glück hatte, hielt sich der zu Suchende zu Hause oder in der Nähe seines Hauses auf. Er konnte auch unterwegs oder unauffindbar sein. Erzherzog Carl Ludwig hatte aber Glück, und die Besprechung fand statt. Danach »*fuhr ich mit Ferdinand wieder nach Artstetten*«, einen Tag später zurück nach Wien.

11.9.1888 »*Gegen ¼ 2 Uhr kamen wir in meinem Haus in Wien an; dann hatte ich Friseur Brunner bei mir; währenddem* *kam Otto zu mir; ich zog mich* en parade (in Parade-Uniform) *um u. fuhr mit Ferdinand beim* grand hôtel *vor, um dem dort wohnenden Wales* (Fürst von Wales und nicht, wie immer falsch übersetzt wird, Prinz von Wales, der spätere König Edward VII. von England) *Besuch zu machen... zog mich in russische Uniform um u. fuhr mit Otto u. Ferdinand* (und Gefolgsleuten) *zum* diner *beim Kaiser... zu Ehren des Namenstags des Kaisers von Rußland. Wales mit seinem österreichischen u. englischen Gefolge war* (auch) *beim Essen...* (Alle Anwesenden) *u. der Kaiser tranken auf die Gesundheit des Kaisers von Rußland:* ›je bois à la santé de Sa Majesté l'Empereur de Russie, mon frère et ami, que Dieu le conserve!‹ (›ich trinke auf die Gesundheit Seiner Majestät des Kaisers von Russland, meinem Bruder und Freund, möge Gott ihn erhalten!‹) *Dann war einige Zeit* cercle (Konversation) *... Ich ging mit Ferdinand in den zweiten Stock in das Gastappartement neben der Terrasse ober der Bellaria. Dort zog ich mich in Uhlanen Uniform um u. rauchte, u. wir gingen dann hinab ins Burgtheater... Otto war abends mit dem Kaiser, Rudolph u. Wales nach Belovár* (Stadt in Nord-Kroatien) *gefahren, wo Manöver sein werden.«*

Ab **12.9.1888** waren Erzherzog Carl Ludwig und seine Frau für beinahe drei Wochen mit dem Kaiserpaar in Ungarn und Rumänien unterwegs. Am **30.9.1888** trafen sie in Reichenau an der Rax ein. »*Nach ½ 8 Uhr aufgestanden; es war bei Mürzzuschlag, nebeliches* (nebeliges) *Wetter... Wir kamen ¾ 9 Uhr Station Payerbach* (an dieser Bahnstation musste man aus dem Zug steigen) *an u. hatte da die Freude, Miana u. Elisabeth zu sehen... Mit MTh nach Hause gefahren, dort waren Franzi, Ferdinand, Mitzi, Margarethe, Gf Pejacevich...«* Der Grund, warum man von Rumänien nach Reichenau an der Rax fuhr, galt nicht der Erholung, sondern einer Feier, die an diesem Tag stattfand und an der auch der Kaiser und Kronprinz Rudolf teilnahmen. Am Abend fuhren alle von Reichenau nach Wien und besuchten eine Vorstellung im Burgtheater.

4.10.1888 »*Nach ½ 8 Uhr aufgestanden, trübes Wetter, aber ohne Regen… nach ½ 9 Uhr fuhr ich mit Franzi im offenen Wagen, Otto u. Ferdinand… vor den Haupteingang der Votivkirche. Es waren da mehrere Generale, Stabs- u. Subalternoffiziere versammelt, auch Rudolph, Nando, Albert, Fritz, Wilhelm u. Rainer, Miguel u. Philipp Coburg* (alles Verwandte und Offiziere). *Albert* (Feldmarschall Erzherzog Albrecht) *ging die Front der ausgerichteten Truppen ab. Darauf gingen wir in die Kirche… Der Feldbischof hielt die Feldmesse, worauf er dann das* Te Deum *anstimmte u. von der Militärmusik darauf die Volkshymne gespielt wurde. Darauf gingen wir aus der Kirche u. die ausgerückten Truppen defilirten* (marschierten) *vor dem Albert; darauf fuhren wir nach Hause. Es war das der Gottesdienst zu Ehren des Namenstages des Kaisers…*«

Dass der Namenstag Kaiser Franz Josephs in der Votivkirche gefeiert wurde, hatte mehrere Gründe. Dieses Gotteshaus war zum Dank dafür errichtet worden, dass der Kaiser ein Attentat im Jahr 1853 nur leicht verletzt überlebt hatte. Der Grundstein für die Kirche wurde 1856 gelegt, im Frühjahr 1879 wurde sie anlässlich der Silberhochzeit des Kaiserpaares feierlich der Öffentlichkeit übergeben. Am Tag dieser Eintragung war die Votivkirche also erst neun Jahre in Verwendung. Ein anderer Grund, warum die Messe in Anwesenheit von hohem Militär und Truppen hier gefeiert wurde, war ihre Bestimmung als katholische Garnisonskirche.

5.10.1888 »*… fuhr nach ½ 11 Uhr mit Ferdinand nach Schönbrunn, um da Albert von Sachsen zu besuchen, ich fand ihn, es waren gerade Otto u. Mitzi bei ihm…*« König Albert von Sachsen war ein mehrfach Verwandter Erzherzog Carl Ludwigs. Besonders nahe war er mit der Schwiegertochter Marie Josepha verwandt, die seine direkte Nichte war. So ist es also nicht verwunderlich, dass Otto und Mitzi sich noch früher als er als Besucher bei dem allseits beliebten Mann eingefunden hatten. König Albert von Sachsen galt als bester Freund Kaiser Franz Josephs. Beider Mütter waren Schwestern, Wettiner und Habsburger dieser Generation waren direkte Cousins.

8.10.1888 »*Otto ist gestern früh mit Rudolph nach Görgy...* (wohl ein Ort in Ungarn) *zur Bärenjagd abgereist... Vor 7 Uhr fuhr ich mit Mitzi u. Ferdinand noch in die Burg, wir gingen ins Burgtheater... Ferdinand kam* (nachts) *noch zu mir, er war heute früh nach Krems gefahren, um dort eine Wohnung für sich auszusuchen, wenn er im nächsten Winter dorthin in Garnison kömmt...*« Mit Beginn des Jahres 1889 kam auch der letzte und jüngste Sohn Erzherzog Carl Ludwigs in Garnison. Krems an der Donau liegt nicht allzu weit von Wien entfernt, auf der Strecke nach Persenbeug oder Artstetten.

9.10.1888 »*Nach ½ 1 Uhr Gabelfrühstück mit MTh u. den Kindern; Mitzi nicht* (sie war einige Zeit in Wien gewesen), *diese war Vormittags noch kurz bei mir, um sich zu verabschieden, weil sie mit Gfin Pallavicini ein paar Tage zu Stephanie nach Laxenburg fuhr...*« Kein Wort über den kleinen Carl, der mit seinen Kinderfrauen in Brünn verblieben war und wenig später nach Reichenau an der Rax übersiedelt wurde. Den geliebten Enkel alleine mit Gefolgsleuten in der Villa Wartholz zu wissen, gab Erzherzog Carl Ludwig genug Anlass, einen Tag später ebenfalls dorthin zu fahren. »*Er* (Carl) *ist etwas mägerer geworden, weil er wächst; sieht* (unleserlich) *etwas blasser aus, ist aber sehr munter; er war auch in der kleinen Fahrschule; er hat sich recht entwickelt, seit ich ihn das letzte Mal sah; große Freude, ihn wiederzusehen... Vor dem Gabelfrühstück, das ich mit Ferdinand allein im kleinen Salon neben meinem Schreibzimmer nahm, war ich oben beim kleinen Carl, nachdem er geschlafen hatte...* (Nach einer Ausfahrt mit Ferdinand) *zum Kleinen, spielte mit ihm, so wie auch am Vormittag u. las Acten dort. Es kam auch Ferdinand* (zu Carl)...«

11.10.1888 »*Ich wollte vor dem Frühstück, das ich mit Ferdinand im kleinen Salon neben meinem Schreibzimmer nahm, noch zum kleinen Carl; aber er schlief... dazwischen* (zwischen Gabelfrühstück und einer Besprechung) *sah ich einen Augenblick den lieben Enkel, bevor er in den Wagen getragen wurde, um mit der Kindsfrau u. dem Kindsmädchen auszufahren...* (Nachmittag) *Ich war dann* mit Ferdinand bei Carl, wir spielten mit ihm; er war sehr herzig u. lustig...« Doch währte die Glückseligkeit nicht sehr lange. Erzherzog Carl Ludwig musste zurück nach Wien, wo Arbeit und ausländische Staatsgäste warteten. Ein dichtes Kulturprogramm stand bevor, das mit einem historischen Theater-Ereignis in Zusammenhang stand. Das alte Burgtheater, das sich an der innerstädtisch gelegenen Seite der Hofburg am Michaeler Platz befand, sollte bald abgerissen werden, um Platz für neue Trakte mit Wohnungen und Kanzleien zu schaffen. Vor dem Abriss gab es eine feierliche Abschiedsvorstellung, an der zahlreiche Mitglieder der Kaiserfamilie teilnahmen.

Wien, **12.10.1888** »*Als man* (nach einem Abendessen in der Hofburg) *auseinander ging, begab ich mich in die Zimmer im II. Stock ins* appartement, *welches gegen den äußeren Burgplatz gelegen ist, zog mich dort um u. ging bald in den Salon vor der Loge des Burgtheaters. Da war auch schon Albert* (der Habsburger). *Dann kamen bald nach uns noch Albert v. Sachsen* (der Wettiner Cousin-König aus Sachsen), *Wilhelm, Ludwig, MTh mit Margarethe, Mitzi, Ferdinand, auch Stephanie, zuletzt der Kaiser mit Valerie* (seiner jüngsten Tochter). *Wir gingen hinab in die Loge. Der Kaiser setzte sich in seine Loge mit Albert v. Sachsen u. Valerie, in der Loge des Obersthofmeisters Fürst Hohenlohe saßen Mitzi, Margarethe u. Ludwig. Ich saß in der größeren Loge in der ersten Abtheilung mit Stephanie, Albrecht mit MTh in der II. Abtheilung. Wilhelm u. Ferdinand waren hinter uns. Es war die Schlußvorstellung im alten Burgtheater. Es wurde* Iphigenie *von Goethe gegeben, die Wolter in der Titelrolle ausgezeichnet. Es kamen später auch in die Loge Otto u. Rudolph, welche heute abends aus Leebenb... mit Wales* (dem Fürsten) *zurückkamen. Rudolph ging dann in die Loge des Kaisers* (um ihn abzulösen, denn der) *Kaiser u. Albert* (der König von Sachsen) *gingen mitten in der Vorstellung weg, weil letzterer noch abends nach Dresden zurückreist...*«

Zwei Tage später fand die feierliche erste Vorstellung im neuen Haus am Ring, dem heutigen Burgtheater, statt. Das Gebäude war zwischen 1874 und 1888 an der neu angelegten Wiener Ringstraße errichtet worden. Der Straßenzug befindet sich an der Stelle der alten Stadtmauer, die seit 1855 abgerissen war. Sie hatte die Stadt wie einen Ring umgeben – daher der Name der neuen Straße – und war mit ihren jahrhundertealten, eng gewordenen Durchlässen dem immer dichter werdenden Stadtverkehr ein Hindernis geworden. Vor dieser Mauer verlief seit jeher – ebenfalls in Ringform – ein freier, breiter Streifen, das sogenannte Glacis. Diese Zone, die aus Sicherheitsgründen jahrhundertelang frei gehalten worden war, gewährte Blick auf feindliche einfallende Truppen. Auf diesem ehemals unbebauten Streifen entstand ab den 50er-Jahren des 19. Jahrhunderts eine Prachtstraße nach französischem Vorbild, entlang der in den folgenden Jahrzehnten zahlreiche repräsentative Gebäude errichtet wurden. In erster Linie waren das offizielle Bauten, wie das (damalige) Kriegsministerium, das Kunst- und das Naturhistorische Museum, das Parlament, das Rathaus, die Universität, die Votivkirche, die Börse, aber auch die für die Wiener viel bedeutenderen Gebäude der Musik- und Sprechtheater, das Konzerthaus, die Oper und das Burgtheater. Aber auch Mitglieder des Kaiserhauses, der Hocharistokratie, des aufstrebenden Kleinadels und des Bürgertums setzten ihre privaten Paläste dazwischen, die bis heute an diese Epoche erinnern.[15]

Auch die Hofburg wurde in dieser Epoche umgebaut und gegen die Ringstraße geöffnet und erweitert. Sowohl für dieses Projekt, das sogenannte Kaiser-Forum, als auch für den Neubau des Burgtheaters im *barocken Stil* zeichneten die beiden Architekten Gottfried Semper und Karl von Hasenauer verantwortlich. Der Hinweis auf den barocken Stil für das Theatergebäude gibt das künstlerische Leitmotiv der Zeit wieder. Jedes Gebäude wurde im Stil einer früheren Epoche errichtet. Diese Modeströmung, die Kunst und Architektur betraf, wurde später *Historismus* genannt. Der Name bezeichnet die Rückbesinnung auf geschichtliche Vorbilder. Man setzte Bauwerke im Stil der griechischen Antike (das Parlament) neben solche, die aussahen, als wären sie gotisch (die Votivkirche, das Rathaus), aus der Renaissance (die Oper, die beiden Museen, das Universitätsgebäude) oder barock (wie das Burgtheater). Da in Wien die meisten dieser Gebäude entlang der Ringstraße entstanden, bezeichnete man die Kunstrichtung hier später auch als *Ringstraßen-Stil*.

14.10.1888 Nachmittags »*fuhr ich mit Otto beim König von Serbien gegen Abgabe unserer Karte vor sowie auch vor dem Hôtel Royal, wo Otto seine Karte für Don Carlos* (ideeller Thronprätendent[16] *von Spanien) abgab. Darauf fuhren wir beim Künstlerhaus vor, weil Otto die Ölskizzen dort sehen wollte, von denen er mit dem Secretär Watzl auch einige zum Ankauf notirte ...*«

Am Abend dieses Tages stand der zweite Festakt im neu errichteten Burgtheater bevor. »*Wir gingen in den Vorraum vor der mittleren Festloge. Der Aufgang ist sehr schön, auch in Stuck u. Marmor u. Gold verziert. Da waren Ludwig, Albrecht, Elisabeth* (eine Habsburger Cousine, nicht die Kaiserin), *Wilhelm, Rainers versammelt. Dann kamen auch Rudolph, Stephanie u. Wales. Endlich der Kaiser mit Valerie. Darauf gingen wir in die Festloge, wo man sich niedersetzte. Es begann die Eröffnungsvorstellung mit der Ouvertüre* Die Weihe des Hauses *von Beethoven. Darauf der scenische Prolog von vielen gesprochen, von Sonnenthal, der den Geist des alten Burgtheaters vorstellte, die Wolter vor dem Gesims die Poesie, die Thalia war die Hohenfels und die Gabillon war die* (der Rollenname fehlt, vermutlich eine andere Muse). *Nachdem diese ausgesprochen hatten, erschien als Tableau* (stehendes Bild) *das gesamte Künstlerpersonal des Burgtheaters in verschiedenen Costümen... Nach einer längeren Pause wurde* Esther, *Dramenfragment von Grillparzer, vorgestellt. Zum Schluß* Wallensteins Lager... *Der Saal macht einen brillanten Eindruck, ist sehr hell elektrisch beleuchtet; neue Decorationen, neue Costüme machten sehr vortheilhaften Eindruck...*«

Am Ende dieses Tages findet sich eine Bemerkung, die in Anbetracht des großen und historischen Theaterereignisses ungewollt komisch klingt, aber typisch für Erzherzog Carl Ludwig ist. »*Halb 11 Uhr kamen wir wieder nach Hause, ich nahm da Thee und kaltes*

Fleisch und Wein.« Einmal davon abgesehen, dass er täglich festhielt, wann er mit wem sein Essen nahm, finden sich häufig Zusatzbemerkungen für eingeschobene Imbisse. Er scheint ständig Hunger gehabt und zwischen Frühstück, Mittag- und Abendessen immer wieder Zwischenmahlzeiten genommen zu haben. Besonders stark kommt das zum Ausdruck, wenn er in Reichenau an der Rax unterwegs war. Dort kannte er alle Gasthöfe und Kaffeehäuser vom Einkehren während Spaziergängen und Ausfahrten. Aber auch bei Manövern dachte er viel ans Essen und führte für sich und seine Nächsten immer reich gefüllte Picknickkörbe mit. Obwohl der Erzherzog viel aß, blieb er zeit seines Lebens schlank, weil er auch sehr viel Bewegung machte. In Wien und Reichenau an der Rax ging er stundenlang spazieren, im Sommer schwamm er täglich (in Wien im Park von Schloss Schönbrunn, bei der Villa Wartholz hatte er einen eigenen Pool), ritt viel aus und spielte manchmal auch Tennis.

Am **18.10.1888**, also knappe dreieinhalb Monate vor dem Selbstmord Kronprinz Rudolfs in Mayerling, hielt Erzherzog Carl Ludwig einen Kurzbesuch des Neffen fest. »*Nach Tisch war ich mit MTh u. Ferdinand in meinem Schreibzimmer beisammen, da kam Otto, der mit Rudolph von einer Jagd im Thiergarten zurückkam; er war gestern Nachmittag mit Mitzi nach Laxenburg zum* diner *gefahren, sie übernachteten auch dort...*« Noch immer herrschte zwischen der Familie Erzherzog Carl Ludwigs und Kronprinz Rudolf ungetrübte Stimmung. Man traf sich zur gemeinsamen Jagd und zu gemeinsamen Essen.

Es folgten ein paar freie Tage ohne Verpflichtungen in Wien, die Erzherzog Carl Ludwig nützte, um nach Reichenau an der Rax zu fahren. Denn dort hielt sich noch immer der geliebte Enkel im Kreis seiner jugendlichen Tanten und seiner Kinderfrauen auf.
24.10.1888 »(Nach der Ankunft) *zog ich mich um in Civil, ging einen Augenblick auf die große Terrasse vor der Villa. Es war herrlich schönes Wetter, so angenehm mild die Luft. Ich ging dann zum kleinen Carl, spielte mit ihm längere Zeit, brachte ihm auch einige*

von den Spielwaren (die eigentlich für den Namenstag am 4.11. vorgesehen waren)... *Er sieht recht gut aus; ist lebhaft, herzig...«* Auch das gehörte zu den typischen Eigenschaften Erzherzog Carl Ludwigs, dass er beständig Geschenke für seine Frau, seine Kinder und den Enkel kaufte, sie aber häufig früher verschenkte, wenn sich ein guter Anlass bot.

25.10.1888 »*Nach ½ 8 Uhr stand ich auf, es war ein sehr schöner Morgen, aber kalt u. Reif; ich ging nach meiner Toilette zu Carl hinauf; nach ½ 9 Uhr Frühstück mit den drei Töchtern...* (später) *sah ich den lieben Enkel im Freien, auf einem Weg in den Anlagen im Wiegenwagen schlafend liegen; Kindsfrau u. Kindsmädchen bei ihm...«*

27.10.1888 »*Nach 8 Uhr aufgestanden, zum Carl; er ist so nett, es ist eine wahre Freude mit dem lieben Kind...* (Nachmittag) *Ich ging zu Carl, wohin auch Margarethe kam. Nach 6 Uhr MTh u. ich* diner *mit Kindern u. Gfin Stolberg (Gefolgsdame)... Nach Tisch beisammen. Währenddem kam Telegramm von Stephanie an MTh mit der Anfrage, ob sie mit Mitzi übermorgen hieher kommen könne...«* Während der kleine Carl wochenlang mit seinen Kinderfrauen im Haushalt der Großeltern in Reichenau lebte, hielt sich seine Mutter die meiste Zeit in Wien oder in Schloss Laxenburg auf, häufig in Gesellschaft von Kronprinzessin Stephanie, mit der sie gut befreundet war.

Am **29.10.1888** reiste Mitzi mit Stephanie aus Laxenburg an. Im Tagebuch findet sich keine Bemerkung, ob sie ihren Sohn Carl besuchte. Sie wird ihn zwangsläufig gesehen haben, weil sicher ihr Schwiegervater dafür gesorgt hatte. Der Reiz des Besuchs in der Villa Wartholz lag darin, mit ihrer Freundin Stephanie zusammen zu sein. In dieser Beziehung waren sich die beiden Frauen sehr ähnlich, denn auch die Kronprinzessin hatte nur wenig Interesse an ihrer kleinen Tochter, die damals fünf Jahre alt war. Am folgenden Tag reisten Mitzi und Stephanie zurück nach Laxenburg.

31.10.1888 Nachmittags nach ein paar Stunden Arbeit mit dem Sekretär »*... zum Kleinen hinauf u. mit ihm gespielt; er war so lustig,* *die drei Kinder* (Margarethe, Miana und Elisabeth) *kamen auch dahin…«* Nach dem Abendessen kam Mitzi von Laxenburg zurück, um sich auf einen Auftritt für das Namenstagfest ihres Schwiegervaters vorzubereiten.

4.11.1888 »*Nach ½ 8 Uhr aufgestanden, Toilette gemacht, zum Kleinen hinaufgegangen, dessen Namenstag auch heute sowie der meinige ist, zu MTh, die mir gratulirte, es kam der Haushofmeister zu mir, mir im Namen der Dienerschaft zu gratuliren, nach 9 Uhr kamen MTh u. die Kinder mit bouquets u. Geschenken* (Marie Josepha ist nicht erwähnt, sie schlief sicher noch), *es wurde auch der Kleine hergetragen u. wurde zum Frühstück gesetzt. Ich schenkte ihm einige Spielereien u. frühstückte mit MTh u. den Kindern wie gewöhnlich im kleinen Salon neben meinem Schreibzimmer. Während dem Frühstück kam Franzi aus Wien an u. frühstückte mit uns…«* Es folgte wie immer an Festtagen ein Hochamt in der Kapelle, danach stellten sich Honoratioren aus der Gegend ein, um persönlich zu gratulieren.

Aus Anlass des Namenstages fand ein kleines Fest statt, zu dem einige Verwandte geladen waren. Die Kronprinzessin war wieder dabei, aber auch etliche andere Gäste, die im Vorfeld die übliche Zimmer-Charade auslösten. »*Nach 3 Uhr fuhr ich mit MTh zum Bahnhof, Gfin Zichy uns nach, wir erwarteten da die Ankunft der Stephanie u. des Rainers u. der Marie. Mit Stephanie kam auch Otto an, der von Wien eintraf. Sie stieg mit ihrer Hofdame Gfin Széchenyi in Mödling auf den Eilzug. Miguel* (Bruder seiner Frau) *kam auch mit diesem Zug… In Wartholz erwarteten unsere Ankunft* (nach der Rückkehr vom Bahnhof) *die Kinder, darunter auch Mitzi u. die Herren vom Haus u. Gfin Schönfeld. MTh hat Stephanie in das für sie bestimmte Zimmer geführt, nämlich in die Wohnung der Elisabeth. Ich führte Marie Rainer in den ersten Stock in die für sie u. Rainer bestimmte Wohnung. Für Rainer das Zimmer, wo Otto gewöhnlich wohnt, Marie in der Wohnung der Mitzi, deren Schlafzimmer u. Schreibzimmer. Mitzi ist hinübergezogen in das Zimmer, das Carl in der letzten Zeit bewohnte* (aber nicht, um für kurze Zeit mit dem kleinen Sohn die Wohnung zu teilen, er war schon in Richtung der Wohnungen der Gefolgsleute verlegt) *in das Zimmer der Miss Bride... neben Gfin Stolberg; Hofdame Gfin Széchenyi in das Zimmer, welches sonst die Herren des Ferdinand bewohnten. Ferdinand in das Zimmer im II. Stock, welches sonst das Kammermädchen der MTh bewohnt... während dem Gabelfrühstück spielte u. nach dem Essen Musik des Regiments Deutschmeister...«*

Am Abend des Namenstages fand in der Villa eine Theatervorstellung statt, an der die Kinder des Erzherzogs, die Schwiegertochter und einige Gefolgsleute mitwirkten. *»Im ganzen wurde recht gut gespielt. Im ersten Stück besonders die Gfin Stolberg u. Mitzi sehr gut... Einige Zeit nach der Vorstellung wurde für alle Thee u. kaltes Fleisch servirt im Schreibzimmer der MTh. Dann spielte wieder die Musik, welche auch in den Zwischenpausen der Vorstellung gespielt hatte. Die Bühne war gleich nach der Vorstellung sehr rasch angenommen worden u. an der Stelle wurde jetzt getanzt; es war sehr animirt. Ich tanzte auch eine Quadrille mit Marie Rainer u. Rainer mit Gfin Coreth* (die Habsburger tanzten, wie schon früher erwähnt, mit ihren Gefolgsleuten – auch das war für die damalige Zeit ungewöhnlich und bislang unbekannt). *Die jungen Leute unterhielten sich sehr gut, besonders Stephanie, die sehr viel tanzte... Ich kam nach ½ 3 Uhr ins Bett. Otto ging gar nicht ins Bett, war nur auf Fauteuils gelegen im Schreibzimmer der Margarethe, da er nach 4 Uhr früh mit der Bahn nach Wien zurück fuhr...«*

Die vielen Gäste hatten einen (Schlaf-)Zimmermangel verursacht. Die Kinder hatten ihre zur Verfügung gestellt und schliefen in rasch errichteten Notlagern. **5.11.1888** *»Ich nahm Thee im kleinen Salon neben meinem Schreibzimmer, weil Franzi in letzterem schlief... ging, als Franzi wach war, in mein Schreibzimmer, blieb mit ihm einige Zeit... ließ auch noch Ordnung machen in meinem Schreibzimmer u. machte es auch selbst* (das Aufräumen), *Franzi zog hinauf in das Zimmer, das sonst Otto bewohnt. Ich ging auch zum Kleinen hinauf u. dann ins Zimmer, wo Stephanie wohnt...«*

Als die Gäste abgereist waren, begab sich Erzherzog Carl Ludwig wieder nach Wien, um Termine zu erledigen, aber auch um drei besondere Vorstellungen mitzuerleben. Er besuchte zwei Gastvorstellungen der damals weltbekannten, skandalumwitterten Schauspielerin Sarah Bernhardt. Sie war berühmt für ihren starken Ausdruck im Spiel und für ihre Sprechstimme, aber auch für exzentrische Auftritte und frei ausgelebte Liebschaften. Auch diese Theaterbesuche deuten darauf hin, dass die Habsburger viel offener und liberaler waren, als man bislang annahm. – Bevor Erzherzog Carl Ludwig am **12.11.1888** zurück nach Reichenau an der Rax fuhr, besuchte er ein Konzert, das von Eduard Strauß dirigiert wurde, und sprach im Anschluss daran mit dem Künstler.

14.11.1888 wieder in der Villa Wartholz. »*Nach… meiner Toilette ging ich zum lieben Enkel, der sehr herzig war, lachte; ich fand ihn im Bad, über das er glücklich war; auf dem Fatschtisch (Wickeltisch) wälzte er sich dann herum u. war sehr heiter…*« – **18.11.1888** »*Vor der Messe war ich auch schon bei Carl oben gewesen. Es kam heute zum Glück ein Zahn heraus; er hat erst zwei außer diesem…*« Carl war damals 15 Monate alt und hatte erst drei Zähne. Das beschäftigte den Großvater, der nun noch häufiger zu seinem Enkel schaute, weil er im Zug des Zahnens kränkelte und fieberte.

19.11.1888 »*… nach ¾ 6 Uhr ging ich zum Carl, er hat heute wieder einen Zahn heraus bekommen, nun hat er vier.*«

20.11.1888 »*… nach ½ 8 Uhr allein gefrühstückt, dann ging ich zu Carl hinauf, Mitzi kam auch dahin, auch Miana. Nach ¼ 9 Uhr fuhren MTh u. ich mit Mitzi zum Bahnhof* (sie hatte sich kurz in der Villa Wartholz aufgehalten und reiste nun gemeinsam mit ihrem Sohn Carl nach Brünn zu ihrem Ehemann). *Uns voraus Gfin Pallavicini u. Br Türkheim u. der Kleine mit der Kindsfrau. Kindsmädchen. Wir warteten noch einige Zeit auf dem Bahnhof, bis Mitzi, der Kleine u. Gefolge mit demselben abfuhren…*« Erzherzog Carl Ludwig war recht traurig, sich von seinem kleinen Liebling trennen zu müssen, es hielt ihn nun auch nicht mehr in Reichenau. Einen Tag später begab er sich nach Wien und stürzte sich in ein dichtes

Arbeitsprogramm. Zwischendurch erledigte er vorweihnachtliche Besorgungen. **30.11.1888** »*... nach ¾ 2 Uhr fuhr ich mit MTh zum Kunsttischler Felix in die Lerchenfelderstraße, um da eine Zimmereinrichtung für Persenbeug für Otto nach seinem Wunsche als unser Weihnachtsgeschenk zu bestellen...*«

Der älteste Sohn Franz Ferdinand wurde in dieser Zeit von Kaiser Franz Joseph von der Garnison in Enns an einen neuen militärischen Bestimmungsort versetzt. **5.12.1888** »*Es kam Franzi zu uns, um von uns noch Abschied zu nehmen, da er heute Nachmittag nach Prag, seine neue Garnison, reist...* (später) *sah ich einen Mann aus der Möbeltischlerei Felix, mit welchem ich die Möbelzeichnungen ansah u. danach für Otto die Möbel bestellte...*« Etliche Ausgänge galten der Suche nach Geschenken für den kleinen Carl. Als der Erzherzog-Großvater eine Menge Spielzeug beisammen hatte, schickte er ein Paket mit einem Brief an Sohn und Schwiegertochter nach Brünn, damit der Enkel alles sicher zu Weihnachten erhielt. Denn der mittlerweile Eineinhalbjährige durfte – wohl auf Anordnung seiner Mutter – für die Feiertage nicht nach Wien kommen. Er sollte auch dieses Mal mit seinen Kinderfrauen in Mähren bleiben.

Um den **18.12.1888** erkrankte Erzherzog Carl Ludwig an einer Grippe, die ihn tagelang ans Bett fesselte. Das machte ihn sehr unglücklich, da er kaum in der Lage war, Akten aufzuarbeiten, und er deswegen einen argen Rückstand befürchtete. Am **21.12.1888** ging es ihm noch immer recht schlecht, jedoch riss ihn ein Besuch aus trüben Gedanken. »*Vor 3 Uhr kamen Otto u. Mitzi aus Brünn u. gingen zu mir ins Schreibzimmer... Ich legte mich nach ½ 4 Uhr wieder ins Bett...*« Am **22.12.1888** konnte Erzherzog Carl Ludwig nach einigen Tagen, in denen er das Bett hüten musste, endlich wieder Akten bearbeiten. Unterbrochen wurde er bei dieser Arbeit von einigen Familienmitgliedern, die sich nach seinem Befinden erkundigten und ihm erste Weihnachtsgeschenke übergaben. »*Es kam auch Otto zu mir, der mir eine große Freude machte, indem er mir das von ihm angefertigte Pastellportrait des kleinen Carl* *schenkte. Es ist sehr hübsch gemalt u. ein sehr nettes Bild...«* (siehe Abb. 17). Dieses Geschenk, das noch einige Male erwähnt werden wird, verbesserte die Stimmung des Bettlägerigen. Er fühlte sich noch immer schwach und schlief morgens – gegen seine sonstige Gewohnheit – recht lange. **23.12.1888** »*Otto, ohne es zu wollen, weckte mich um ½ 10 Uhr auf«.* Um diese Uhrzeit war Erzherzog Carl Ludwig gewöhnlich zumindest seit drei Stunden unterwegs. »*Im Bett gefrühstückt, ich las Acten, etwas Zeitungen, stand Vormittags auf, sah die Kinder, auch Franzi, der dann mit Otto auf die Schweinejagd fuhr, er war gestern abends von Prag hieher gekommen. Nach ½ 12 Uhr ging ich in die Messe mit den 3 Töchtern, auch Mitzi war dabei. Vorher war Stephanie bei ihr gewesen. MTh war mit Miguel* (ihrem Bruder) *schon früh in der Messe in der Paulanerkirche. Nach ½ 1 Uhr Gabelfrühstück mit MTh, Miguel u. den Kindern, auch Otto u. Mitzi... Ottos u. Franzi speisten* (abends) *bei Rudolph...«* Da der Kronprinz mit seinen Eltern in einem sehr angespannten Verhältnis lebte, hielt er mit seiner »Zweitfamilie« Kontakt und traf sich in den folgenden Tagen häufig mit seinen Cousins Otto und Franz Ferdinand.

24.12.1888 »*Ich ging dann* (am Vormittag) *hinüber in die 2 rothen salons neben der Gallerie, wo ich die Weihnachtsgeschenke für MTh, die Kinder, für Ludwig u. die Herrn aufstellte u. ordnete. MTh that dann auch dasselbe für die Kinder u. Damen u. für mich. Nach 3 Uhr hatten wir den Christbaum für die armen Kinder, 4 Buben u. 4 Mädchen wie gewöhnlich im Schreibzimmer drüben«.* Alljährlich bestimmte der Pfarrer der nahe liegenden Paulanerkirche acht Kinder, die der Erzherzog am Weihnachtsabend mit Kleidung, Essen und Geld beschenkte. »*Nachdem ich in mein Schreibzimmer zurückgekommen war, las ich Acten. Bald darauf gemeinschaftliches* diner. *MTh u. ich mit Kindern, Herren u. Damen vom Haus, Gf Wurmbrand, Herr von Franzi, Br Türkheim u. Hofdame Gfin Pallavicini. Nach Tisch etwas beisammen u. dann auch in meinem Schreibzimmer. 7 Uhr kam Ludwig* (der jüngste Bruder), *u. wir gingen mit ihm in die salons zur Weihnachtsbescherung. MTh* *u. ich gaben ihm unsere Geschenke, ich der MTh, MTh mir u. wir den Kindern. Darauf kamen die Herren u. Damen* (Gefolgsleute) *herein. MTh beschenkte diese u. ich die Herren. Wir blieben eine Stunde beisammen. Otto schenkte mir schon am 22. im voraus zu Weihnachten das sehr hübsch von ihm gemalte Pastell-Portrait des kleinen Carl* (das ist die zweite Erwähnung)*, was mich ganz besonders erfreute. Nachdem die Herren u. Damen fort waren, gingen wir mit Ludwig in den* salon *der MTh, nahmen auch da Thee. Ludwig erzählte sehr viel u. war sehr unterhaltsam...«* Erst am späten Weihnachtsabend war die Familie unter sich und konnte nun privat feiern. Das ist etwas, das viele Menschen vergessen, wenn sie davon träumen, vermögend zu sein und viel Personal im Haus zu haben: dass man eigentlich nie alleine ist. Gefolgsleute und Bedienstete wohnten damals sogar im selben Haushalt und querten mehrmals während des Tages die Wege der Familienangehörigen.

25.12.1888 »*Nach 11 Uhr bis ¼ 1 Uhr hatte ich die 3 Weihnachtsmessen hier im Haus. MTh, Mitzi u. die 3 Töchter waren in die Burg gefahren, um dort dem Amte* (Hochamt) *beizuwohnen... Franzi war nicht beim Gabelfrühstück, gegen Ende desselben kam der Kaiser an. MTh sah ihn im* salon, *ich u. Mitzi kamen dann auch dahin. Der Kaiser war auch gekommen, um zu sehen, wie ich mich jetzt befinde. Er blieb einige Zeit mit uns zusammen, dann fuhr er weg... Nach ¼ 6 Uhr war gemeinschaftliches* diner. *Es kam auch Franzi, ohne mitzuessen auf einige Zeit dazu. Franzi u. Ottos speisten später heute bei Philipp Coburg...«*, wo sie – wie auch einen Tag später – ihren Cousin Rudolf trafen. »*Nach 6 Uhr speiste ich mit Miana u. Elisabeth im Frühstückszimmer, während MTh, Ottos, Margarethe, Ferdinand u. Franzi 7 Uhr zum* diner *bei Rudolph u. Stephanie waren. Ich entschuldigte mich gestern mittels* billet *an Rudolph, nachdem er mir eine Einladung zum* diner *geschrieben hatte, daß ich wegen Unwohlseins nicht kommen könne...«* Spät Nachts kehrten alle von der Einladung bei Kronprinz Rudolf zurück, nur Otto blieb bei seinem Cousin.

27.12.1888 Geburtstag und Großjährigkeit von Ferdinand. *»Nach ½ 1 Uhr Gabelfrühstück mit MTh u. den Kindern im Frühstückszimmer...* (etwas später) *kam Rudolph zu uns, der früher bei Ferdinand oben war, um ihm zu gratuliren. Er blieb längere Zeit bei uns, u. währenddem kam Sophie Alençon* (direkte Cousine, Schwester Kaiserin Elisabeths) *mit ihrer Tochter...«*

29.12.1888 *»¾ 6 Uhr fuhr ich Margarethe zu Ludwig zum* diner (in sein Palais am Schwarzenbergplatz); *Ottos waren schon voraus dahin gefahren, indem Mitzi die* honneurs *zum* diner *zu machen hatte.«* Da Erzherzog Ludwig Victor unverheiratet war, übernahm bei Empfängen meist seine Schwägerin Marie Theresia die Rolle der Gastgeberin. An diesem Tag machte das Mitzi, weil ihre Schwiegermutter krank und *»zu Bette war. Als wir bei Ludwig eintrafen, war der Kaiser kaum auch dort eingetroffen. Das* diner *war recht heiter, es wurde viel gesprochen. Franzi war auch dabei...«* In Anbetracht des nahen Selbstmords von Kronprinz Rudolf ist es wichtig, hinzuzufügen, dass er an diesem Essen bei seinem Onkel Ludwig Victor, den er sehr gerne hatte, nicht teilnahm. Die Anwesenheit seines Vaters beim Diner mag die Ursache dafür gewesen sein.

Den Sylvester-Abend 1888 feierte Erzherzog Carl Ludwig zu Hause mit einem Abendessen, an dem zu seiner großen Freude alle Kinder teilnahmen. Es wurde Champagner getrunken, mit dem auch Habsburger nur an Festtagen und zu besonderen Anlässen anstießen.

1889

1.1.1889 *»Ich zog mich in Parade-Uniform um u. fuhr zum Kaiser zur Neujahrsgratulation. Dort wartete ich im Vorsalon etwas, in dem* (da) *der Kaiser bei Rudolph war. Als er herabkam, ging ich mit ihm in sein Schreibzimmer u. blieb da etwas...«* Leider fehlt ein

Hinweis auf den Inhalt des Gesprächs mit dem Kaiser, das gewiss nicht angenehm war und wohl ausschließlich von Rudolf handelte. Erzherzog Carl Ludwig hat sicher versucht, zu beruhigen und zwischen Vater und Sohn zu vermitteln. Er mochte Rudolf sehr gerne. Anders als sein Bruder Kaiser Franz Joseph war er der jungen Generation ein aufmerksamer Zuhörer und unaufdringlicher Ratgeber. Kaiser Franz Joseph war zu sehr versponnen in seiner Welt und hat Probleme in der eigenen Familie nie wahrgenommen.

Nach der Zusammenkunft mit seinem Bruder begab sich Erzherzog Carl Ludwig nach Hause. *»Gegen ¾ 2 Uhr sah ich im Hof 2 Ponnys* (sic) *in einen Wagen gespannt, die herumgefahren wurden. MTh wollte dieselben ansehen, um sie etwa für Miana u. Elisabeth zu kaufen, welche 2 Ponnys als Weihnachtsgeschenk… bekommen sollten. Diese aber wurden nicht für geeignet befunden, daher wieder weggeschickt. Gf Schönfeld u. Franzi u. Otto waren auch dabei. Gf Cavriani* (Gefolgsmann) *hatte sie mir ge…* (wohl: empfohlen) *u. darauf hatte ich dieselben herkommen lassen…«*

Obwohl Erzherzog Carl Ludwig seinen Kindern die großzügigsten Geschenke machte, liebte er es, bei sich zu sparen. Am **2.1.1889** empfing er in der Früh *»den Wäschehändler Eberth wegen Veränderungen an Hemden«*. Das bedeutet nichts anderes, als dass er alte Hemden ausbessern ließ. Danach *»kam Nando* (ein Habsburger Verwandter) *zu mir, der heute früh hier eintraf, um Nachmittags mit dem Kaiser, Rudolph, Leopold von Baiern u. einigen anderen Herren auf die Jagd nach Steiermark zu fahren. Nando blieb längere Zeit bei uns; es kam auch Otto dazu, wir saßen im Frühstückszimmer, u. ich zeigte ihm auch im Schreibzimmer das Portrait des kleinen Carl* (die dritte[17] Erwähnung) *u. andere Bilder. Wir gingen darauf in die Gallerie u. in die* salons *hinüber. Ich wollte Mitzi rufen, damit Nando sie sehe. Sie war aber noch zu Bett… gegen ½ 2 Uhr fuhr ich zur Bellaria, um Nando zu besuchen,* (der) *nicht da war, sondern beim Gabelfrühstück bei Rudolph…«*

Am **11.1.1889** besuchte Erzherzog Carl Ludwig Louise Coburg, Ehefrau von Prinz Philipp Coburg und Schwester der Kronprinzessin. »*Es war bei ihr auch Stephanie, die heute Vormittag aus Abbazia zurückkam. Es kam dann auch Philipp Coburg ins Zimmer. Ich blieb einige Zeit…*«

Am **19.1.1889** kam Otto aus Brünn, um einige Zeit mit Kronprinz Rudolf zu verbringen. Beim folgenden Eintrag handelt es sich um die letzte Erwähnung einer Zusammenkunft der Cousins vor dem Selbstmord des Kronprinzen. **20.1.1889** »*Nach Tisch einige Zeit beisammen gesessen, in mein Schreibzimmer dann, es kam auch Otto zu mir, der heute mit Rudolph auf der Jagd gewesen war. MTh kam auch zu mir ins Schreibzimmer, u. da blieben wir einige Zeit… Er fuhr auch heute abends nach Brünn wieder zurück…*« Das Zusammensetzen zu dritt im Schreibzimmer, also nicht in einem Salon oder in einem anderen gemütlichen Raum, lässt darauf schließen, dass Otto mit den Eltern über Rudolf und dessen familiäre Probleme sprach. Erzherzog Carl Ludwig hat das schlechte Verhältnis zwischen seinem Bruder und dessen einzigem Sohn sehr belastet. Er war aber zu höflich und zu sehr dem Kaiser ergeben, als dass er sich erlaubt hätte, in diesen Konflikt aktiv einzugreifen. Die geringe Eindringlichkeit des einen und die fehlende Bereitschaft des anderen, Verständnis für den Sohn aufzubringen, haben zu der sich anbahnenden bekannten Katastrophe geführt.

Am **24.1.1889** notierte Erzherzog Carl Ludwig, dass er im Park von Schönbrunn seinen Bruder Kaiser Franz Joseph, Kaiserin Elisabeth und deren Schwester Herzogin Sophie von Alençon im Park beim Spaziergang gesehen – *gesehen*, nicht gesprochen, im besten Fall aus der Ferne gegrüßt – hatte. Die Bemerkung ist aus mehreren Gründen interessant. Erstens ging das Kaiserpaar sonst nie gemeinsam spazieren, sondern immer nur, wenn Geschwister der Kaiserin dabei waren. Zweitens ist die Bemerkung ein Beleg dafür, wie wenig das Kaiserpaar von der sich zuspitzenden Situation des gemeinsamen Sohnes ahnte. Und auch Stephanie, die Ehefrau des Kronprinzen, nahm weiterhin am Wiener Gesellschaftsleben teil. Am **25.1.1889** besuchte sie u. a. eine Soiree bei einem Prinzen Croÿ, wie Erzherzog Carl Ludwig in seinem Tagebuch vermerkte.

Am **26.1.1889** kam Otto am Nachmittag aus Brünn zu einem Kurzbesuch nach Wien. Es muss ein warmer Januartag gewesen sein, da er seinen Vater im Garten fand, der auf- und abgehend Akten las. Otto blieb aber nur kurz und fuhr »*mit dem 5 Uhr-Zug nach Persenbeug weiter. Vor seiner Abfahrt war ich noch bei ihm in seinem* salon, *wo er speiste…*« Einen Tag später kam er von Persenbeug zurück, »*war auch noch etwas bei mir, bis er fortfuhr; er fährt noch heute abends wieder nach Brünn zurück. Ich zog mich dann um, nahm Thee u. fuhr mit MTh 20 Uhr in das deutsche Bothschaftshôtel* (das französische Wort *hôtel* entspricht im Deutschen verwirrenderweise einem Palais) *zu einer* soirée, *welche der Botschafter Prinz Reuß heute zu Ehren des Geburtstages des Kaisers Wilhelm gab. Es waren sehr viele Leute da, diplomatisches Corps, Minister, Hofchargen, Generäle, Künstler, Herren und Damen von Adel; kurz nach uns kamen Rudolph u. Stephanie… Wir erwarteten die Ankunft des Kaisers, die bald erfolgte… ¾ 12 Uhr kamen wir nach Hause. Wir waren von der* soirée *weggegangen, gleich nachdem Rudolphs, die nachdem der Kaiser weggefahren war, auch wegfuhren…*« An diesem Abend sah Erzherzog Carl Ludwig seinen Neffen Rudolf zum letzten Mal. Die Bemerkung über den gemeinsamen Auftritt des Kronprinzenpaares in Anwesenheit des Kaisers deutet ausschließlich darauf hin, dass alle einen Pflichttermin ableisteten.

Einen Tag später, am **29.1.1889**, bahnte sich im Jagdschloss in Mayerling die bekannte Tragödie an. Die in der Hofburg an einem Familiendiner teilnehmenden Verwandten ahnten nichts davon. »*… fuhr mit MTh vor ½ 6 Uhr zur Bellaria, gingen in den* salon *der Kaiserin. Da kam bald der Kaiser dahin u. dann nach u. nach die Personen, welche an dem Familiendiner theilnahmen. Vorher auch noch die Kaiserin. Es waren dabei Stephanie, Nino mit seinen 3 Söhnen u. seinen Töchtern, Caroline, Valerie, Albert, Elisabeth, Wil-*

helm, Rainers u. der Bothschafter Prinz Reuß mit seiner Frau. Da Ludwig nicht da war, bezeichnete ich den Gästen die Plätze, wohin sie sich bei Tisch zu setzen hatten. Es war auch Philipp Coburg u. Meran[18] *da. Vor Tisch kam die Mittheilung, daß Rudolph nicht komme, weil er unwohl in Mayerling sei...«*

Am nächsten Tag, dem **30.1.1889**, erfuhr der Kaiser vom Tod seines Sohns, er gab die schreckliche Meldung an seine Verwandten vorsichtig und in kleinen Stücken bekannt. »*... nach ½ 1 Uhr nahm ich mit Ferdinand Gabelfrühstück, währenddem kam Marg.* (Margarethe) *herein, die in der Burg bei Valerie* (Tochter des Kaisers und direkte Cousine) *war, wo sie Gabelfrühstück nehmen sollte mit der erschütternden Nachricht, daß Rudolph sehr schwer krank u. aufgegeben sei. Dies theilte ich der MTh mit, u. wir ließen 2 Wägen einspannen, um in die Burg zu fahren... Wir stiegen bei der Cabinetsstiege ab u. gingen gegen die Kammer vom Kaiser hin. Auf dem Gang begegneten wir FML Latour, der, nachdem wir ihn über Rudolph befragten, die entsetzliche Mittheilung machte, daß Rudolph todt sei. Wir ließen uns den Flügeladjutanten des Kaisers vom Dienst auf den Gang kommen u. sagten, er möge dann dem Kaiser melden, daß wir da waren. Wir gingen darauf zur Gfin Goëss*[19]*, die auch sehr ergriffen war u. heftig weinte. Wir erfuhren, daß Rudolph durch einen Herzschlag verschieden sei u. todt im Bett gefunden worden war. Wir ließen bei Stephanie auch sagen, daß wir da waren. Dann gingen wir noch durch das große* appartement *u. ließen in der Kammer der Kaiserin auch sagen, daß wir da waren. Dann fuhren wir nach Hause. Dort wurde uns gleich gemeldet, daß wir zu Ihm* (zum Kaiser) *kommen mögen. Wir fuhren darauf gleich wieder in die Burg u. gingen zum Kaiser hinauf, der uns tief erschüttert, weinend u. uns umarmend entgegenkam, wie immer mit großer Seelenstärke in seinem so tiefem Schmerze. Er führte uns zur Kaiserin, die uns zu sehen wünschte. Wir kamen in Ihren* salon, *sie war in Thränen aufgelöst u. umarmte so innig die MTh. Ich küßte Ihr die Hand, u. sie umarmte mich auch. Es waren auch da Valerie u. Sophie Alençon* (Schwester der Kaiserin). *Ludwig kam auch zur*

Kaiserin … wir hatten ihm durch unseren Lakai sagen lassen, um ihn vorzubereiten, daß Rudolph sehr krank sei. Darauf theilten wir ihm die erschütternde Nachricht mit. Er war so tief ergriffen u. weinte heftig. Nachdem wir längere Zeit bei Kaiser u. Kaiserin waren … gingen wir durch die Zimmer der Kaiserin von Ihr begleitet durch die des Kaisers u. verabschiedeten uns u. fuhren nach Hause … Ich ging in die Wohnung von Margarethe …«, die unter Schock stand und im Bett lag, da sie als Einzige der Familie dabei war, als das Unglück dem Kaiser und der Kaiserin gemeldet wurde.

Als Todesursache wurde zunächst allen, auch dem Kaiserpaar, plötzliches Herzversagen angegeben. Während Kaiser Franz Joseph und seine Frau am zweiten Tag nach dem Unglück die wahre Todesursache erfuhren, konnte man in der Öffentlichkeit noch einige Zeit den Herztod aufrechterhalten. Der Grund, warum es wichtig war, an dieser Todesursache festzuhalten, hängt mit der starken Religiosität der Kaiserfamilie zusammen. Selbstmörder durften weder ein christliches Begräbnis erhalten, noch in geweihter Erde bestattet werden. Mancherorts gilt das bis heute. Dieser Umstand macht alle Spekulationen um andere Todesursachen Rudolfs zunichte. Kaiser Franz Joseph wäre – so eigenartig das klingen mag – jeder Mord an seinem Sohn mehr willkommen gewesen als der Suizid. Wäre der Kronprinz einem Attentat zum Opfer gefallen (wie später seine Mutter Kaiserin Elisabeth oder der Erzherzog-Thronfolger Franz Ferdinand), hätte man kein Problem gehabt, ihn in einer katholischen Zeremonie beisetzen zu dürfen. Wie die folgenden Eintragungen und die Details der Begräbnisfeierlichkeiten zeigen, war man deswegen gezwungen, auf sehr vieles zu verzichten und die Beisetzung so klein und so unspektakulär wie möglich zu halten.

In der Familie Erzherzog Carl Ludwigs waren alle über den plötzlichen Tod Rudolfs aufgewühlt und geschockt. Am schlimmsten hatte es die älteste Tochter Margarethe getroffen. Sie war weiterhin *»im Bett, der Dr (Arzt) bei ihr, daher ging ich nicht hinein … Darauf kam ich in mein Schreibzimmer, MTh auch dahin, sie ging* *dann bald zu Bett, weil sie heftige* migraine *hatte. Ich speiste mit den 4 Kindern im Frühstückszimmer, blieb dann mit den Kindern längere Zeit in meinem Schreibzimmer beisammen, das so schmerzliche Ereignis begreifend…«*

31.1.1889 »*Nach 10 Uhr fuhr ich mit MTh in die Burg. Sie nahm Blumen mit, um sie auf das Bett des Rudolph zu legen; wir gingen in sein* appartement, *er lag in seinem Schlafzimmer im Bett wie schlafend, ganz unverändert. Während wir dabei knieten u. beteten, kam Stephanie. Wir sahen sie da zum ersten Mal. Sie weinte so bitterlich u. kniete sich mit uns hin. Dann gingen wir mit ihr in ihre Wohnung, wo wir mit ihr einige Zeit sitzen blieben. Valerie kam auch dahin. Ich ging fort u. ließ MTh dort, sah in Rudolphs Vorzimmer den Schriftsteller Hofrath Weiler u. den Philipp Coburg einen Augenblick. Ich ging auch zum Kaiser, dem ich über ein Telegramm sprach, das ich von Albert von Sachsen erhielt, welcher sich anfrug, ob er hieherkommen könne u. an welchem Tag die Beisetzung der Leiche sein werde. Der Kaiser befahl, daß ich ihm antworte, daß er keine Ausnahme für ihn machen könne, indem er zum Prinzip machte, daß bei dieser so schmerzlichen Angelegenheit keine Vertreter von ausländischen Höfen hier erscheinen mögen…*« Das war eine der Taktiken, um in Bezug auf die Beisetzung so geringes öffentliches Aufsehen zu erregen wie möglich. Als man die ausländischen Monarchen bat, nicht daran teilzunehmen, selbst wenn sie wie Wettiner und Wittelsbacher nahe Verwandte waren, hoffte man, das Interesse der Presse gering zu halten und von unangenehmen Fragen verschont zu bleiben. Wäre König Albrecht von Sachsen bei der Trauerfeier erschienen, dann nicht als Cousin des Kaisers, sondern als Vertreter seines Landes. Hätte man ihn zugelassen, hätte man keinen Grund gehabt, andere Herrscher abzuweisen. Wie aus der Formulierung für den Grund der Absage zu erkennen ist, »*daß bei dieser so schmerzlichen Angelegenheit keine Vertreter von ausländischen Höfen hier erscheinen mögen*«, glaubte Erzherzog Carl Ludwig zu dieser Zeit selbst noch an den Tod durch Herzversagen. Er erfuhr erst einige Tage später die ganze Wahrheit.

»*Bevor ich zum Kaiser hineinging, fand ich im Vorsalon meine 3 Söhne, Nando, Nino, Eugen u. Sigmund* (alle Habsburger Verwandte) *und sprach einige Worte mit dem Minister Gf Kalnoky. Dann ging ich nochmals hinauf in das Vorzimmer der Wohnung des Rudolph, um mich zu erkundigen, ob MTh noch bei Stephanie sei; sie kam bald heraus, ich begegnete der Margarethe mit der Gfin Stolberg auf der Stiege, dann ging ich noch zur Gisela* (der ältesten Tochter des Kaiserpaares) *mit den 3 Söhnen…*« Gisela war mit Prinz Leopold von Bayern verheiratet und wohnte mit Mann und Kindern in München. Als sie vom Tod ihres Bruders erfuhr, reiste sie sofort nach Wien, um ihren Eltern in dieser schweren Zeit beizustehen. Auch sie hatte wie der verstorbene Kronprinz ein besonders enges Verhältnis zu den Brüdern ihres Vaters.

Die folgenden Tage waren geprägt von Familienzusammenkünften. **1.2.1889** »*… fuhr nach 2 Uhr mit Miana u. Elisabeth in die Burg, MTh mit Miguel* (ihrem Bruder) *auch dahin, wir gingen zusammen in das* appartement *des Rudolph, wo wir vom Flügeladjutanten Major Gf Rosenberg empfangen wurden, u. im Speisezimmer etwas warteten, bis die Suite* (Gefolgschaft) *aus dem* salon *weggingen, wo die Leiche des Rudolph aufgebahrt ist. Wir gingen dann dort hinein, Miguel gab einen Kranz ab, u. beteten dann einige Zeit dort. Darauf ging ich zu Gisela hinab, die beiden Kinder ließ ich im Vorsalon, bei Gisela war auch MTh. Da blieb ich einige Zeit, MTh blieb noch länger dort, u. ich fuhr mit den Kindern dann nach Hause, ließ anspannen u. fuhr in einem 2sitzigen Wagen nach Schönbrunn, wo ich im Garten über eine Stunde spazieren ging…*«

Kaiser Franz Joseph und die obersten Kanzleibeamten hatten noch immer viel damit zu tun, verwandte oder befreundete Herrscher davon abzuhalten, zur Beisetzung Rudolfs nach Wien zu kommen. Ganz unmöglich war das im Fall der Königsfamilie von Belgien, der die verwitwete Kronprinzessin entstammte. **2.2.1889** »*… (ging) zum Kaiser hinein, er trug mir auf, daß ich oder Franzi wir uns mit dem… Prinzen Boudouin von Belgien* (ein 20-jähriger Cousin der Kronprinzessin, damals Thronfolger), *der heute Abend* *mit dem König u. der Königin von Belgien*[20] (Eltern Stephanies) *hier eintrifft, beschäftigen sollen, damit der Kaiser ihn namentlich nicht zu sich zum* diner *zu nehmen braucht...«*

Am 3.2.1889, also erst vier Tage nach dem Tod des Neffen, erfuhr Erzherzog Carl Ludwig die ganze Wahrheit. »*... nach ½ 2 Uhr sah ich den Gfen Josef Hoyos, der in Mayerling war, als der arme Rudolph endete. Er erzählte nur noch mehrere* details *über das schreckliche Ereignis.*« Zu diesen nicht näher bezeichneten Details gehörte sicher auch die Entdeckung, dass der Kronprinz bei seinem Freitod nicht alleine gewesen war, sondern dass ihn Baronin Mary Vetsera in den Tod begleitet hatte.

»*Nachdem ich Hoyos gesehen hatte, zog ich mich* en parade (in Paradeuniform) *an u. fuhr zur Bellaria, wo ich im großen* appartement *die MTh traf, welche da mit Gfin Zichy auf mich wartete, um mit ihr zur Königin von Belgien zu gehen. Wir fanden diese aber nicht zu Hause; MTh ging dann weiter mit Gfin Zichy, u. ich zum König von Belgien, der aber auch nicht zu Hause war. Ich fand Franzi u. ging von da mit ihm in das Vorzimmer der Radetzkyzimmer, wo Prinz Boudouin wohnt, ich fand diesen auch nicht.*« Erzherzog Carl Ludwig und seine Frau wollten den Kaiser in seiner Trauer entlasten und waren ständig hinter der belgischen Königsfamilie her. Mit wenig Erfolg, da man sie nie in ihren Zimmern antraf. Also hinterließen sie Karten und Einladungen. Die Belgier hielten sich aber ohnehin diskret im Hintergrund. Einen Teil der Zeit verbrachte das Königspaar, vor allem die Königin, bei der Tochter Stephanie.

Von der Hofburg »*fuhr ich nach Hause, zog mich um u. fuhr zu Marie Rainer*[21]*, bei der ich MTh, Wilhelm u. Rainer fand. Ich blieb einige Zeit da, es kam auch am Ende meines Dortseins noch Franzi dahin... Von da fuhr ich mit Franzi nach Schönbrunn. Unterwegs begegneten wir dem Ferdinand fahrend, der aus Schönbrunn zurückkam. Ich winkte ihm, damit er wieder umkehre u. uns nach fahre. Wir kamen beim Meidlinger Thor zusammen u. stiegen da aus, gingen im Garten herum u. bis zur Gloriette hinauf. Es war wunder-*

schönes Wetter, der Himmel wolkenlos. Die frische Luft u. der Spaziergang thaten mir so wohl. Gegen ¼ 6 Uhr kamen wir nach Hause. Ich ging in das appartement *gegen die Gartenseite hinüber, um zu sehen, ob alles in Ordnung ist für das* diner, *zog mich um u. um 6 Uhr kam der Prinz Boudouin her, u. MTh u. ich speisten mit ihm u. den Kindern im grünen Rauchzimmer drüben...«*

4.2.1889 »*Wir* (Erzherzog Carl Ludwig, seine Frau und alle Kinder) *fuhren zum Palais des Albert*[22], *stiegen dort aus u. gingen durch Augustinergang u. Trabantenstube ins Oratorium der Hofcapelle* (hier: die Kirche). *Da waren die meisten hier* (in Wien) *anwesenden Erzherzoge u. Erzherzoginnen. Es war Messe an allen 3 Altären u. wurde das* Miserere *von der Hofcapelle* (hier: Chor und Orchester der Hofburg-Kapelle) *gesungen. Ich war mit MTh, Mitzi, Franzi u. Margarethe im Oratorium neben dem des Kaisers. Nach der Messe ging ich zur Königin von Belgien, MTh mit Margarethe zu Elisabeth* (Tochter des verstorbenen Kronprinz Rudolf) *hinüber. Ich fand die Königin* (von Belgien) *zu Hause... Ich blieb bei der Königin länger sitzen, sie ist tief erschüttert, sehr ergriffen. Es kam dann auch der König dahin. Von da ging ich zu Gisela, bei der ich auch einige Zeit blieb. Endlich fuhr ich nach Hause, beschäftigte mich etwas* (mit Aktenlesen), *nahm Gabelfrühstück wie gewöhnlich mit MTh, den Kindern u. Miguel. Nachdem wir einige Zeit darauf beisammen waren, hatte ich den Friseur Brunner bei mir, darauf den Secretär, las dann Acten u. ging darauf im Garten herum, auch lesend u. las noch Acten in meinem Schreibzimmer, wo ich auch Thee nahm. Nach ¾ 6 Uhr fuhr ich zu Ludwig zum* diner. *Es speiste dort auch Prinz Boudouin, Franzi, Otto, Mitzi u. Ferdinand. Nach Tisch rauchten wir zusammen u. wir blieben noch etwas u. fuhren dann nach Hause... Vor Tisch sah ich heute noch den Schneider für Civilkleider Nowotny, um mir einen schwarzen Civilanzug machen zu lassen.*« Zeilen wie diese kann man nur in einem privaten Tagebuch lesen. In einem munteren Durcheinander wechseln große Ereignisse mit Alltagsgeschichten (Aktenlesen, Essen, Rauchen, Leute empfangen), die am Rande meist irgendwie mit den Trauerfeierlichkeiten zu tun hatten. Der Friseur kam, damit Erzherzog Carl Ludwig bei der Beisetzung am folgenden Tag den erforderlichen militärischen Kurzhaarschnitt hatte, und der Schneider, um für einen Traueranzug Maß zu nehmen, den der Erzherzog ein paar Monate bei privaten Anlässen tragen sollte. Wenn er öffentlich in Erscheinung trat, war er in Uniform mit Trauerflor.

5.2.1889 »*Leichenfeier in der Hofcapelle, wieder 3 Messen an drei Altären u. Miserere gesungen, danach einige Kurzbesuche bei den in Wien anwesenden Verwandten.*« Was unerwähnt bleibt: Mittlerweile hatte auch der Papst annähernd die Wahrheit über den Tod Kronprinz Rudolfs erfahren (als entlastenden Grund für den Selbstmord hatte man geistige Verwirrung angegeben, woraufhin man eine Art stiller Zustimmung zur kirchlichen Beisetzung erhielt). Die hohen Geistlichen Wiens, die sonst bei Feiern der kaiserlichen Familie immer dabei waren, durften aber an der Trauerfeier nicht teilnehmen.

»*3 Uhr... zog ich mich* en parade *um, nahm* bouillon (Suppe), *fuhr nach ½ 4 Uhr mit MTh zu den Capuzinern...*« Die Kapuziner sind ein in Österreich bis heute aktiver katholischer Orden, dem in der Wiener Innenstadt die gleichnamige Kirche und die darunter liegende Gruft gehört. Diese Grabstätte, die Kaiserin Anna, Ehefrau von Kaiser Matthias, zu Beginn des 17. Jahrhunderts stiftete, diente der Kaiserfamilie seit damals als Grablege. Erzherzog Otto, der letzte Thronfolger der österreichisch-ungarischen Monarchie, wurde dort 2011 mit seiner ein Jahr früher verstorbenen Ehefrau Prinzessin Regina von Sachsen-Meiningen beigesetzt.

»*Wir versammelten uns im Refectorium* (des Kapuziner-Ordens), *wo schon alle Erzherzoge u. Erzherzoginnen waren. Nach einiger Zeit des Wartens kamen der Kaiser mit Gisela u. Leopold v. Bayern* (seiner älteren Tochter und dem Schwiegersohn). *Zuletzt der König u. die Königin von Belgien. Nachdem der Leichenzug zur Reihe heranwuchs* (sich formierte), *gingen wir alle in die Kirche in die Bethstühle...*« Von der engsten Familie nahmen nur der Kaiser und seine Tochter Gisela mit ihrem Ehemann an der Trauerfeier teil.

Kaiserin Elisabeth und ihre jüngste Tochter Valerie waren nicht dabei.

Zwischen dem **7.2.** und dem **9.2.1889** wurde jeden Tag ein Requiem in der Hofkapelle zelebriert. Ab **8.2.1889** reisten die Verwandten ab, die aus Bayern und Belgien gekommen waren. Franz Ferdinand kehrte nach Prag zurück, Otto und Mitzi fuhren nach Brünn. Das Kaiserpaar verließ am **11.2.1889** mit der jüngsten Tochter Valerie Wien in Richtung Budapest, weil Kaiserin Elisabeth wohl nur in Ungarn »ihre Trauer ausleben« konnte.

Auch Erzherzog Carl Ludwig hatte Ablenkung nötig. Am **12.2.1889** fuhr er mit einigen Kindern zum Nordbahnhof, »*von wo wir mit dem Eilzug 8h 10 nach Brünn in einem Salonwagen fuhren... Wir nahmen auch Thee u. kaltes Fleisch, was wir mitgenommen hatten im Salonwagen. Es war der Salonwagen gut geheizt, draußen ziemlich kalt u. in Mähren viel Schnee... Wir trafen im Bahnhof Brünn ungefähr ¾ 11 Uhr ein, Otto erwartete uns. Ich fuhr mit ihm im ersten Wagen, u. im zweiten Ferdinand mit seinen beiden Schwestern. So fuhren wir zur Villa, die Otto bewohnt, in der Nähe des Schreiberwaldes. Mitzi erwartete uns im Haus, wir gingen in Mitzis Schreibzimmer, dann ging ich mit* Otto *im Haus etwas herum*«, um die neuesten Änderungen anzusehen. Danach stand als Programmpunkt der Besuch der wichtigsten Persönlichkeit bevor, die sicher der eigentliche Grund gewesen war, nach Brünn zu fahren. »(Wir gingen) *zum kleinen Carl, der recht gewachsen ist, seit ich ihn das letzte Mal sah, gut aussieht, sehr lustig, lebhaft u. herzig ist. Er hat auch im Sprechen Fortschritte gemacht u. läuft in der Gehschule fleißig herum. Ich brachte ihm eine Orgel* (ein kleines Harmonium) *u. ein Bilderbuch, was ihn sehr erfreute. Wir nahmen das Gabelfrühstück alle zusammen u. gingen dann alle zum Kleinen, mit dem Miana u. Elisabeth sehr eifrig spielten. Er läuft auch sehr rasch im Zimmer herum mit einem Tuch von der Kindsfrau gehalten, damit er auf dem* parquet (Parkett, Holzboden) *nicht falle.*« Bei dem Tuch wird es sich eher um ein längeres, breites Band gehandelt haben. Babys wurden in früheren Jahrhunderten, solange sie laufen lernten, mit Bändern gesichert, die von Eltern oder Kinderfrauen gehalten wurden. Wenn sie strauchelten, hob man das Band, um einen argen Sturz zu verhindern oder zumindest abzufedern.

»(*Später*) *gingen wir wieder herab, ich u. Ferdinand in das Zimmer des Otto u. die Mädchen zu Mitzi. Diese drei u. ich, wir richteten uns zum Ausgehen, wir gingen ein Stück in den Schreiberwald, kehrten aber bald dann, da der Weg wegen starken Schnees nicht so gut zu gehen war, um u. wieder denselben Weg zurück bis zur Villa. Es war sehr schönes Wetter geworden, sehr sonnig. Bevor wir ausgegangen waren, waren wir mit Otto u. Ferdinand die Stallungen u. die Sattelkammer ansehen, es wurden auch die Reitpferde herausgeführt, um sie besser zu sehen. Wir sahen auch die Wagenremise u. Geschirrkammer. Es ist alles sehr nett u. sehr gut gehalten. Bald nach dem Ausgehen gingen wir wieder zum Kleinen, wohin dann auch Mitzi u. die Mädchen kamen. Er war immer sehr lustig. Otto malte Nachmittag, u. Ferdinand spielte Clavier währenddem; er* (Otto) *hat jetzt recht gelungene Ölbilder in der Arbeit. Nach ½ 6 Uhr speisten wir alle zusammen u. ungefähr 7 Uhr fuhren wir, so wie wir vom Bahnhof gekommen sind, zu demselben; wir verabschiedeten uns früher von Mitzi. Die Hofdame Gfin Pallavicini hatten wir Vormittags in ihrem sehr hübschen* salon *besucht. Vom Otto nahmen wir Abschied auf der Bahn. Nach ½ 8 Uhr fuhren wir wieder von Brünn* (weg)... *Nach ½ 11 Uhr waren wir zu Hause...*«

Einen Tag später, am **13.2.1889**, nahm Ferdinand – als Klavierspieler der zweite künstlerische begabte Sohn des Erzherzogs –, den Dienst in der Garnison in Krems auf. »... *nach ½ 12 Uhr fuhr Ferdinand* (mit seinem Gefolgsmann) *fort auf den Franz Josephs-Bahnhof,* (um) *nach Krems weiterzufahren. Wir hatten alle von ihm im Haus Abschied genommen. Er ist zum Def... aus meinem Haus weggezogen, um seiner neuen Bestimmung entgegen zu gehen. Es that mir sehr leid, mich von ihm zu trennen...*«

Nach den etlichen traurigen Erlebnissen der vorangegangenen Tage verließ nun auch Erzherzog Carl Ludwig mit seiner Familie

Wien. Am **19.2.1889** traf er mit seiner Frau Marie Theresia und den drei Töchtern in Meran ein, wo alle Schloss Rottenstein bezogen. Abgesehen davon, dass der Erzherzog natürlich auch dort Akten bearbeitete, die zwischen Wien und Meran hin- und hergeschickt wurden, begann er sofort damit, das Studium der ungarischen Sprache wiederaufzunehmen. Hieran kann man erkennen, wie rasch sich Erzherzog Carl Ludwig auf seine neue Position als Erster Mann hinter dem Kaiser und auf einen neuen Wirkungsbereich in Ungarn vorbereiten musste. Selbstverständlich hatte Erzherzog Carl Ludwig wie alle seine Geschwister in der Kindheit und Jugend Ungarisch gelernt. Um aber Reden halten und Konversation machen zu können, bedurfte es eines größeren Wortschatzes und viel Sprechübung.

27.2.1889 »… *ich zog mich in Uniform um u. fuhr dann mit MTh u. den Kindern im 4sitzigen geschlossenen Wagen auf den Bahnhof. Kaum waren wir dort eingetroffen, kam der Zug an, in dem Albert u. Isabelle* (Habsburger Verwandte) *waren. Mit Isabelle Hofdame Gfin Sophie Chotek.*«

Das ist der für die Geschichte interessante erste schriftliche Hinweis auf Gräfin Sophie Chotek, die künftige Ehefrau des ältesten Sohnes von Erzherzog Carl Ludwig, damals Hofdame bei Erzherzogin Isabella. Bislang dachte man, dass Franz Ferdinand erst viel später mit ihr in Kontakt stand. Als Hofdame jener Habsburger Verwandten, die der Linie Erzherzog Carls entstammten und mit denen man besonders häufigen Kontakt hatte, war sie allen ab dem Zeitpunkt ihrer Einstellung bekannt. Gefolgsleute wurden in die Gesellschaft genauso miteingeschlossen wie die Verwandten. Egal ob sie mit ihrer Herrschaft zu Besuch waren oder ob man sie besuchte. Sie waren – im Tagebuch Erzherzog Carl Ludwigs in der Menge meist *Damen und Herren* genannt – bei allen Familientreffen dabei.

»*Wir gingen zu Fuß ins nahe gelegene hôtel Habsburger Hof, wo Albert u. Isabelle abstiegen… Nach 2 Uhr kamen* (sie bei uns) *mit Gefolge an… Nach 6 Uhr speisten wir alle zusammen auch mit unserem Gefolge, wir tranken zu Isabelles Gesundheit, da heute ihr Geburtstag war. Nach Tisch blieben wir alle beisammen. Isabelle blieb da noch etwas mit MTh u. dann fuhr sie mit Gfin Chotek (weg)...«* Am folgenden Tag reisten die Verwandten mit ihren Gefolgsleuten ins nahe gelegene Arco (am nördlichen Ende des Gardasees), wo sie Besitzungen hatten.

Es folgt am **2.3.1889** eine weitere, die eigentliche Überraschung: »*... gestern (kam ein) Telegramm von Franzi, daß er morgen früh zu meiner großen Freude hier eintreffen werde, da er für die letzten Faschingstage Urlaub hat. Nach 2 Uhr* diner *wie gewöhnlich, nach Tisch beisammen einige Zeit, ich erhielt Telegramm vom Ferdinand, daß auch er morgen hier ankommen werde, was mich auch so freute...«* Während die Söhne Otto und Ferdinand häufig ihren Eltern und Geschwistern nachreisten, liest man das von Franz Ferdinand sehr selten, eigentlich nie. Werten wir es zunächst als Zufall, dass er die Familie in Meran besuchte, während sich Gräfin Chotek in der Nähe aufhielt.

Einen Tag später unternahm Erzherzog Carl Ludwig mit vier Kindern – den drei Töchtern und dem ältesten Sohn Franz Ferdinand – einen Spaziergang durch Meran. Wenig später kam ein »*Telegramm von Ferdinand aus Brixen an, worin er mittheilt, daß er heute abends ½ 7 Uhr in Meran eintreffen werde... Ich fuhr mit Franzi um 6 Uhr auf den Bahnhof, um Ferdinands Ankunft zu erwarten... Es war eine große Freude für mich, meine beiden Söhne hier zu haben...«*

Ohne Genaueres über eine schon damals bestehende Beziehung zwischen Franz Ferdinand und Gräfin Chotek zu erfahren, gibt es weitere Anhaltspunkte, die einiges ahnen lassen. Denn Franz Ferdinand verließ in Meran manchmal die Familie für längere Zeit. Das war bei erwachsenen Kindern nicht unüblich, Franz Ferdinand war 26 Jahre alt und hatte eigene Interessen. Er war allerdings im Unterschied zu seinem Bruder Otto selten in Gesellschaft, sondern ein Eigenbrötler, der wenige Freunde hatte und in Meran sicherlich kaum Leute kannte. Was wäre näher gelegen, als zwischendurch einmal Gräfin Chotek zu besuchen? Selbstverständlich können wir uns nur auf Vermutungen stützen und auf das Indiz, dass sie sich in der Nähe aufhielt. Vielleicht war sie in Meran, vielleicht in Arco, vielleicht war sie an einen dritten Ort gereist, der irgendwo dazwischen auf der Strecke lag, an dem sich die beiden unbeobachtet treffen konnten.

Ein weiterer verdächtiger Umstand war die Abreise Franz Ferdinands, die ein paar Stunden vor der neuerlichen Ankunft Erzherzogin Isabellas in Meran stattfand. Sie kam nicht nur mit ihrem Mann Friedrich, sondern auch mit ihrer Gefolgsdame Gräfin Chotek und nahm diesmal sogar in Schloss Rottenstein Quartier. Da es keinen triftigen Grund für die Abreise Franz Ferdinands gab, mag es das schlechte Gewissen gewesen sein, das ihn wegtrieb, oder die Angst, sich mit Blicken oder Gesten vor den anderen zu verraten. Vielleicht gab es aber sogar einen dritten Grund. Denn aus Platzmangel konnten nur die Verwandten im Schloss untergebracht werden, während *»Gfin Zichy... mit Gfin Chotek ins* hôtel *Erzherzog Rainer* (zog), *wo für diese die Wohnung bestellt war...«* Das hätte Franz Ferdinand abermals eine Möglichkeit geboten, Gräfin Chotek in der Nähe im Geheimen zu treffen.

9.3.1889 »*Vor 1 Uhr fuhr MTh mit der Isabelle mit dem Gig (einem Wagen), ich mit Fritz in 2sitziger Kalesche nach u. uns nach Gfin Zichy mit Gfin Chotek auf den Bahnhof, u. mit dem 1 Uhr 10 Minutenzug fuhren sie in dem bequemen Salonwagen des Albrecht, dessen Innerstes wir früher ansahen, nach Wien ab, u. von dort fahren sie morgen nach Preßburg...*« In Wien wohnten Erzherzog Friedrich, seine Frau Isabelle und sein Vater Erzherzog Albrecht in der Albertina, in Pressburg hatte Erzherzog Friedrich einen weitläufigen Besitz und ein Palais in der Innenstadt. Der Salonwagen war sicher auch Privatbesitz dieses Habsburgerzweiges. Vermögende Familien konnten damals eigene Waggons haben und sie nach Voranmeldung bei der Bahngesellschaft an Züge anhängen lassen. Erzherzog Carl Ludwig verwendete bei Reisen innerhalb der Monarchie den kaiserlichen Salonwagen. Seine Frau und seine Kinder fuhren, wenn sie alleine unterwegs waren, in öffentlichen Wägen der Bahn.

Besonders interessant ist eine Bemerkung über eine Neuerscheinung im folgenden Absatz: »*Ich begann heute das Buch* Kronprinz Rudolph, sein Leben und Wirken *herausgegeben von Eugen Br d'Alban*[23]*, welches ich mir aus Wien kommen ließ, zu lesen...*« Dieses Buch ist in beachtlicher Geschwindigkeit erschienen, wenn man bedenkt, dass es innerhalb von zwei Monaten (so viel Zeit war seit dem Tod des Kronprinzen vergangen) geschrieben, gesetzt, korrigiert, gedruckt und gebunden worden war.

1.4.1889 »*(Ich) ging mit P. Andreas (dem Hausgeistlichen) in den Garten, schickte ihn ›in den April‹, es ist heute der erste, indem ich ihm sagte, daß wir in diesen Tagen nach Wien zurück müßten, was ihn trüb stimmte, weil er hier so gerne ist. Bevor er wegging, sagte ich ihm, daß es mit der Abreise nicht richtig sei, worauf er über die Täuschung sehr lachte... MTh war im Bett. Sie zeigte mir ein Telegramm an sie von Miguel, daß er heute Nachmittag hier ankommen werde...* (wir fuhren auf MThs Wunsch zum Bahnhof), *um dort die Ankunft des Miguel zu erwartet; statt ihm hatten wir sie dort gefunden...*« Auch das war ein Aprilscherz. Da sich in den Tagebüchern der anderen Jahrgänge keine diesbezüglichen Bemerkungen finden, wollte man sich in dieser Zeit wohl ein wenig von Trauer und Schmerz ablenken.

Ein paar Wochen später reisten Erzherzog Carl Ludwig und seine Frau nach Wien, wo man am **24.4.1889** eintraf und für ein paar Tage blieb, am **30.4.1889** weiter nach Reichenau an der Rax, um den Verwalter zu treffen, und einen Tag später zurück nach Meran. Knappe drei Wochen später begab sich das Paar auf Italienreise. Ab **20.5.1889** verbrachte man ein paar Tage in Schloss Pianore bei Herzog Robert von Parma. Er war – wie schon erwähnt – mit Marie Theresias Schwester Antonia verheiratet, die später die Schwiegermutter des nun 21 Monate alten Carl werden sollte. Seine künftige Frau Zita war noch nicht geboren. Sie sollte drei Jahre später in diesem Schloss in der Toskana das Licht der Welt erblicken.

Am **23.5.1889** setzte Erzherzog Carl Ludwig mit seiner Frau die Italienreise fort. Über Pisa, Bologna, Florenz, Bellaggio und Verona ging es zurück nach Meran, wo das Paar am **31.5.1889** eintraf. Eine Woche später fuhren beide zu einem Kurzaufenthalt nach Bayern, um Verwandte in Possenhofen zu besuchen, hauptsächlich aber die Nichte Gisela und ihren Mann Prinz Leopold von Bayern. Gisela war außer ihrer Großmutter Erzherzogin Sophie die innigste Bezugsperson Kronprinz Rudolfs gewesen und litt sehr unter dem Verlust des Bruders.

Am **13.6.1889** ging es zurück nach Wien. »*Vor ¼ 9 Uhr trafen wir auf dem Westbahnhof ein, u. ich fuhr mit MTh nach Hause. Da fanden wir Otto, Mitzi, Miana u. Elisabeth, die im Garten gewesen waren u. zu uns heraufkamen…*« Eine Woche später, am **20.6.1889**, fand die alljährliche Fronleichnamsprozession statt. Alle in Wien anwesenden Habsburger, die militärische Funktionen innehatten, nahmen daran teil. »*… zog mich in Parade-Uniform an u. fuhr mit Ferdinand in der großen* Gala-équipage *zur Bellaria, von da ins große* appartement, *ins Spiegelzimmer, wo schon Nando, Nino, dessen Sohn Franz, Fritz, Eugen, Wilhelm, Rainer u. Heinrich waren. Bald kam der Kaiser u. binnen kurzem wurde nach St. Stephan zum Amt u. Frohnleichnachsprozession gefahren. Ich fuhr mit dem Kaiser in seinem Wagen. Es war für mich ein sehr wehmüthiges Gefühl neben Seiner Majestät am Platz des Rudolph zu sitzen. Wie muß das für den Kaiser gewesen sein!*« Spätestens an diesem Tag übernahm Erzherzog Carl Ludwig öffentlich und für alle sichtbar die Stelle, die früher sein Neffe Rudolf innegehabt hatte. Es war in einer melancholischen Stimmung, die durch die Anwesenheit des noch schwerer betroffenen Bruders verstärkt wurde.

Am Nachmittag dieses Tages verließ Erzherzog Carl Ludwig Wien, um seinen Sohn Ferdinand nach Krems in die Garnison zu begleiten. Von dort fuhr er am **23.6.1889** weiter nach Artstetten und zum nahe gelegenen Besitz Persenbeug seines Sohnes Otto.

Dort traf er den Verwalter zu einer Besprechung und ging mit ihm durch »*die verschiedenen Zimmer u. Wohnungen. Seitdem ich das letzte Mal hier war, fand ich wieder einiges vor u. sehr hübsch eingerichtet. Otto hat viel Geschmack dafür...*« Bald danach verließ Erzherzog Carl Ludwig den Nibelungengau. Über Wien ging es nach Reichenau an der Rax, wo er am **27.6.1889** in seiner Sommerresidenz eintraf.

Am **5.7.1889** wurde der Aufenthalt in Wartholz durch ein freudiges Ereignis noch einmal verschönt. »*... nach 6 Uhr fuhr ich zum Bahnhof vor mit Miana u. Elisabeth, wo ½ 7 Uhr der Enkel Carl mit seiner Kindsfrau u. Kindsmädchen aus Brünn ankam. Es war große Freude, ihn wiederzusehen. Er wurde mit den beiden Frauen in einen viersitzigen geschlossenen Landauer gesetzt, u. ich fuhr mit den Kindern voraus nach Hause, er nach. MTh war zu Pferd auf den Bahnhof gekommen u. begrüßte ihn da. Ich blieb dann mit den Kindern bei ihm im Zimmer oben, Margarethe kam auch dazu. Er nahm auch eine Suppe, war sehr herzig u. gesprächig...*«

Zwei Tage später, am **7.7.1889**, reiste Carls Vater an, um mit der Familie den elften Geburtstag seiner jüngsten Schwester Elisabeth zu feiern. »*Nach ½ 9 Uhr fuhr ich zum Bahnhof, um Ottos Ankunft zu erwarten. Vor dem Eintreffen des Früheilzuges, in welchem er war, kam ein Vergnügungszug an, der nach Mürzzuschlag ging u. vollgepfropft von Leuten war. Ich fuhr mit Otto nach Hause. MTh u. die 3 Töchter kamen uns vor dem Hause entgegen... ich frühstückte noch etwas mit Otto u. den 3 Töchtern auf der Terrasse...* (es folgte eine Spielstunde des Vaters und Großvaters mit Carl). *Ich war dann mit... Otto im Stall, dann auf der Schwimmschule u. schwamm mit ihm. Die Luft war warm, das Wasser eher kühl, es war eine angenehme Erfrischung.... nach ¼ 5 Uhr fuhren wir wieder ins Höllenthal, was Otto so sehr wünschte... ich (fuhr) mit meinen 4 Kindern im Jagdwagen. Elisabeth auf dem Bock. Es ist heute ihr Geburtstag, wir gratulirten ihr vor dem Frühstück, bei dem auch Carl mit uns ganz vernünftig* (gemeint ist: wie ein Erwachsener) *auf der Terrasse* *saß…«* Am Nachmittag verließ Otto die Familie und reiste über Wien zurück nach Brünn.

In der Villa Wartholz genoss Erzherzog Carl Ludwig mit seinen jüngsten Kindern und dem Enkel die Sommertage. **8.7.1889** »*Frühstück mit den Kindern wie gewöhnlich, es kam später auch Carl auf die Terrasse u. saß bei uns…* (später) *war ich mit Margarethe in meinem Schreibzimmer, las dort aus dem franz. Buch, ich ließ Carl zu mir dahin herabkommen. Margarethe spielte mit ihm u. ich auch…*« Zwischendurch fanden immer wieder Termine in Wien statt. Der Erzherzog nahm für die Fahrt meist den Früheilzug, leistete in der Stadt oft eine staunenswerte Anzahl von Besprechungen ab, um so bald wie möglich wieder in Reichenau an der Rax zu sein. **10.7.1889** »*Ich fuhr mit dem ½ 5 Uhr Zug wieder zurück* (nach Wartholz). *Es war in Wien eine große drückende Hitze u. sehr warm im Waggon… Als ich nach Hause kam, ging ich gleich zu Margarethe* (sie war krank und hatte starke Kopfschmerzen), *die ich, um sich auszuruhen, im Bett fand, ging zu Carl hinauf, dem ich Spielereien brachte, die ich* (zwischen den Terminen) *heute in Wien gekauft hatte…*« Der kleine Carl muss eine stattliche Anzahl von Spielsachen besessen haben, die ihm alleine sein Großvater schenkte.

Ab Mitte Juli war ein Gast in der Villa Wartholz. Ein mit Erzherzog Carl Ludwig befreundeter Universitätsprofessor hielt sich, wie beinahe jeden Sommer, für ein paar Tage dort auf. Er kannte den Erzherzog seit über 20 Jahren, aus der Zeit, als er noch mit seiner zweiten Frau in Graz im Palais Khuenburg lebte. Damals hatte er ihm mehrmals pro Woche Vorlesungen in Geschichte gehalten. Erzherzog Carl Ludwig schätzte diesen gebildeten Mann sehr, mit dem er sich befreundete und den er im Sommer privat zu sich einlud. **19.7.1889** »*Nachdem ich mit der Toilette fertig war, ging ich zu Prof. Weihs… u. holte ihn* (aus seinem Zimmer) *ab, damit er zu uns auf die Terrasse sich setzen sollte… Es waren dort MTh, die Kinder u. Carl; wir blieben längere Zeit zusammen sitzen. Nach 9 Uhr traf auch der Sohn des Prof. Weihs Dr. Otto Weihs* (er war Arzt), *der*

Assistent beim Hofrath Gustav Braun ist, ein, welchen ich einlud, aus Wien zu kommen, damit er seinen Vater hier sehe. Er kam ganz aus Überraschung für ihn u. blieb auch mit uns auf der Terrasse da sitzen, bis wir alle auseinander gingen u. er dann mit seinem Vater zusammenblieb… Gegen ¾ 8 Uhr soupirten wir alle; um 8 Uhr fuhr Dr. Otto Weihs auf den Bahnhof u. wieder zurück nach Wien. Es ist derselbe, welcher vor 2 Jahren in den Wochen der Mitzi (nach der Geburt von Carl) in Persenbeug war… Nach Tisch ging MTh mit Dr. Weihs zu Carl hinauf, weil ich wünschte, daß er ihn ansehe, nachdem er ihn nach seiner Geburt behandelte; ich kam auch dahin…« Da der Kleine putzmunter und gesund war, galt das aufgetragene Ansehen wie üblich mehr dem Herzeigen des Kindes.

Am **22.7.1889** folgte eine weitere Überraschung in Bezug auf literarische Schnellschüsse nach dem Tod von Kronprinz Rudolf. Mittlerweile war ein halbes Jahr seit seinem Selbstmord in Mayerling vergangen, und diesmal erschien ein auf Französisch geschriebener Band. Auch das war noch eine beachtliche Leistung. »*Ich begann, das Buch* L'archiduc Rodolphe, le Kronprinz-écrivain *par A. Bertha zu lesen, was mich sehr interessiert…*« Dieser Band befasst sich laut Titel mit dem schriftstellerischen Werk des Kronprinzen, vermutlich mit dem sogenannten Kronprinzen-Werk[24], vielleicht aber auch mit den kritischen journalistischen Artikeln.[25] Der Schriftsteller wird als *A. de Bertha* oder *Sándor de Bertha* bezeichnet. Die Abkürzung *A.* steht wohl für die deutsche Form des ungarischen Vornamens *Sándor = Alexander*. Da keiner dieser zwei Titel über Kronprinz Rudolf in der Österreichischen Nationalbibliothek aufliegt oder nicht für den öffentlichen Gebrauch aufgelistet ist, wird Kaiser Franz Joseph die Auflagen aufgekauft haben. Er hat das Erscheinen der Bücher so rasch nach dem Tod seines Sohnes sicher geschmacklos gefunden, wenn nicht sogar verräterisch, falls dieser Band ausschließlich das kritische journalistische Werk Rudolfs zum Inhalt hatte.

Am **23.7.1889** gab es ein Familienfest in der Villa Wartholz zu feiern, zu dem Erzherzogin Isabelle geladen war. Sie verbrachte die

Sommermonate mit ihren Kindern häufig auf dem nahe liegenden Semmering. »*Isabelle trank auf MTh u. auf meine Gesundheit, nachdem heute unser Hochzeitstag ist. Ich brachte der MTh auch heute ein Rosenbouquet u. sie mir Alpenrosen mit einer Busennadel* (wohl eine Krawattennadel) *darin… Nach 5 Uhr nahmen MTh, Isabelle, ich, die Kinder und die 3 Damen eine Jause auf der großen Terrasse vor der Villa. Dann wurde Carl hergeführt, damit ihn Isabelle sehe; er war recht herzig…*«

29.7.1889 Tag vor dem Geburtstag Erzherzog Carl Ludwigs. »*Nach ¾ 7 Uhr fuhr ich mit MTh u. Ferdinand, er kutschirte nach Gloggnitz zum Bahnhof, wo wir ausstiegen u. die Ankunft des Otto erwarteten, der mit dem Abendeilzug von Wien resp. Göding eintraf. Wir hatten über eine Viertelstunde bis zu seiner Ankunft gewartet. Wir setzten uns dann in das Coupé* (Abteil), *in welchem er war, u. fuhren mit ihm bis Station Payerbach…*« Auch das war eine Höflichkeit der Zeit, dass man manchmal Verwandten, die man erwartete, ein, zwei Bahn-Stationen entgegenfuhr, in den Zug stieg und mit ihnen weiterreiste. Erzherzog Otto verwendete nie den kaiserlichen Salonwagen, sondern öffentliche, allen zugängliche Zugabteile. Dass Eltern und Bruder mit ihm weiterfuhren und nicht er mit ihnen, hing damit zusammen, dass in einem Coupé alle Familienmitglieder Platz hatten, während man sich bei Wagenfahrten immer auf mehrere Fahrzeuge aufteilen musste. Am Bahnhof angelangt, fuhren »*MTh mit ihm* (Otto) *im Gig, u. ich mit Ferdinand in der Calesche nach Hause. Darauf soupirten MTh u. ich mit Otto u. Ferdinand im kleinen* salon *neben meinem Schreibzimmer; Margarethe u. Elisabeth waren dabei. Nach ¾ 10 Uhr fuhren MTh, ich, Otto u. Ferdinand in meinem großen Gesellschaftswagen wieder auf den Bahnhof Payerbach, um hier auszusteigen, wo wir die Ankunft des Franzi mit dem Abendeilzug erwarteten. Es regnete während der Herfahrt… Wir blieben dann noch längere Zeit abends beisammen, u. nachdem MTh u. Margarethe schlafen gegangen waren, blieb ich noch einige Zeit mit den 3 Söhnen. Ich ging erst nach Mitternacht zu Bett.*« Franz Ferdinand kam diesmal wie sein Bruder Otto überpünktlich und schon einen Tag vor dem Geburtstag des Vaters angereist.

30.7.1889 Geburtstag Erzherzog Carl Ludwigs. *»Diner mit allen Kindern u. den Damen u. Herren vom Haus. Carl saß auch dabei ohne mitzuessen (er hatte schon früher eine kindergerechte Mahlzeit erhalten) u. saß zwischen MTh u. mir; er war sehr herzig, schwätzte viel u. war sehr lustig. Ich glaube, die Paar Tropfen Champagner, die MTh ihm ins Wasser goß, haben ihn auch so aufgeräumt …«* So eine lustige Idee, wie ein paar Tropfen Champagner ins Wasser des Kleinen zu geben, war typisch für Erzherzogin Marie Theresia. Sie liebte Kinder und wollte dem nun fast zwei Jahre alten Kleinen andeuten, dass er an einem besonderen Tag ebenso wie die Erwachsenen Besonderes trinken durfte.

Einen Tag später verließen die zwei ältesten Söhne Reichenau an der Rax und fuhren zurück in ihre Garnisonen. Erzherzog Carl Ludwig reiste zwischen **3.** und **4.8.1889** nach Graz, wo er an offiziellen Feierlichkeiten teilnahm. In die Steiermark reiste er besonders gerne und immer mit einer gewissen Nostalgie, da er Mitte der 1860er-Jahre mit seiner zweiten, verstorbenen Ehefrau in Graz gelebt hatte, wo auch seine zwei ältesten Söhne Franz Ferdinand und Otto zur Welt gekommen waren. Von Graz aus ging es weiter zu einem Familienfest nach Salzburg, das am **5.8.1889** stattfand. Erzherzog Ludwig Victor, der jüngste Bruder, hatte nach Schloss Klesheim geladen. Einen Tag später fuhren Erzherzog Carl Ludwig und seine Frau zurück nach Wien. *»Nach ¾ 6 Uhr stand ich auf, das war auf der Fahrt zwischen St. Pölten u. Wien; 7 Uhr kamen wir in meinem Haus in Wien an; ich frühstückte dort in meinem Schreibzimmer, sah den Lechner vom Secretariat, schrieb einen Brief an den Kaiser… las Acten, fuhr nach ¾ 11 Uhr nach Schönbrunn zur Schwimmschule (Schwimmbecken) u. schwamm dort länger, was sehr wohlthuend war, Luft warm u. Wasser sehr angenehm«.* Erzherzog Carl Ludwig liebte es, zum Ausgleich für die viele Schreibtisch- und Lesearbeit Bewegung zu machen. Selbst nach einer mehrtägigen Zugreise (in der folgenden Nacht ging es noch weiter nach Reichenau an der Rax) fuhr er von seinem Palais in der Innenstadt nach Schloss Schönbrunn, um ein paar Runden im Schwimmbecken zu drehen. Wieder zu Hause angelangt, »*ging (ich) zu MTh u. sah bei ihr Kleiderstoffe an, aus denen sie einen aussuchte, um bei der Spitzer* (einer Schneiderin) *ein Kleid machen zu lassen für den Aufenthalt des Schah u. welches ich ihr zum Geburtstag schenke… Ich nahm dann Wein u. Schinken, darauf diktirte ich dem Alois* (dem Sekretär)*… dazwischen sprach ich mit dem Grafen Pejacevich* (Gefolgsmann) *im Hof meines Hauses… schrieb dem Ferdinand u. dem Ludwig. Dann las ich noch Acten unten im Garten. Nach 6 Uhr speiste ich dort allein. Bevor MTh u. ich nach 8 Uhr auf die Bahn fuhren, kam sie noch in den Garten herab, u. ich war noch mit ihr… nach ½ 11 Uhr waren wir in Wartholz, es erwarteten uns Margarethe u. Mitzi, die vorgestern von Wien resp. Franzensbad* (Carls Mutter war auf Kur gewesen) *hier eintraf. Wir blieben mit ihnen etwas beisammen, MTh ging früher als ich ins Bett. Ich war etwas ermüdet von den 2 Nachtfahrten u. war nach Mitternacht zu Bett.«* Dass der 56-jährige Erzherzog nach zwei nächtlichen Zugsfahrten ermüdet war, ist umso verständlicher, wenn man weiß, dass in jenem Sommer besonders starke Hitze herrschte und es in den Zugabteilen mangels Klimaanlagen extrem stickig war.

Einen Tag später waren im Kreis der Kinder und des Enkels alle Strapazen wieder vergessen. »*Vormittag sah ich bei MTh auch Mitzi, war auch bei Carl oben* (er war mit seinen Kinderfrauen)*, während er speiste; nach unserem* diner *waren wir einige Zeit bei seinem auf der Terrasse…«* Und am **9.8.1889** »*Carl war heute auch bei uns auf der Frühstücksterrasse* (während seine Mutter noch schlief)*… Ich war auch heute gegen Abend bei Carl mit Mitzi zusammen u. spielte mit ihm…«* Sicher hat Erzherzog Carl Ludwig die Schwiegertochter auf dem Weg zum Kleinen aus ihrer Wohnung geholt und sie eingeladen, mit ihm den kleinen Sohn zu besuchen. Spätestens um diese Zeit war Erzherzog Carl Ludwig bewusst, wie wenig Beziehung Mitzi zu ihrem Kind hatte und wie wenig sie sich um ihn kümmerte. Er unternahm – wie später noch einige Male zu lesen sein wird – etliche Anstrengungen, um ihr den kleinen Sohn näherzubringen.

13.8.1889 »… *schrieb einen langen Brief dem Otto, las auch Acten u. ging einige Augenblicke zu Elisabeth, dann zu Carl, mit dem ich Bilderbücher ansah. Er war dabei sehr redselig. Heute Nachmittag war ich auch bei Mitzi oben, wo auch Margarethe war, u. wir suchten zusammen Bilderbücher aus, die ich dem Carl zu seinem zweiten Geburtstag am 17ten schenken will…*« Wie immer, wenn Mitzi im Haus war, verbrachte der Kleine die meiste Zeit mit den Kinderfrauen in seinem Zimmer und durfte kaum am Familienleben teilnehmen. Erzherzog Carl Ludwig, der das gar nicht mochte, besuchte Carl mehrmals täglich in seinem Zimmer. Wie in der Eintragung zu lesen ist, hat er die Schwiegertochter sogar dazu angeregt, Bilderbücher auszusuchen, weil sie sicher keine besonderen Vorbereitungen für den bevorstehenden Geburtstag Carls traf.

15.8.1889 »*Nach 8 Uhr aufgestanden, zu Carl hinauf; nach 9 Uhr Frühstück mit den Kindern im Rauchzimmer; es war wieder trübes Wetter, es kamen auch Mitzi u. Carl zum Frühstück u. frühstückten auch, er war sehr lustig…*« Eine seltene Bemerkung, die sicher einer Empfehlung Erzherzog Carl Ludwigs zu verdanken ist: Mutter und Sohn kamen gemeinsam zum Frühstück.

17.8.1889 Geburtstag des Enkels. »*Ich ging dann zu Carl hinauf, um ihm zu gratulieren, da sein Geburtstag heute ist. MTh war auch… bei ihm u. brachte ihm einen Affen aus Tuch gemacht, der ihn sehr erfreute. Zum Frühstück kam auch Mitzi mit Carl, u. da gaben ich u. die Kinder ihm unsere Geschenke. Es war schönes warmes Wetter heute… Nach 3 Uhr speiste ich mit Mitzi u. den Kindern auf der großen Terrasse vor der Villa, Carl war auch dabei u. saß auch in seinem Stuhl, wir tranken auch zu seiner Gesundheit Champagner, u. er bekam auch ganz wenig mit Wasser zu trinken, so wie an meinem Geburtstag. Gegen ¾ 5 Uhr fuhr ich mit Mitzi u. Carl, Miana auf dem Bock, im 2ten Wagen Margarethe u. Elisabeth u. im 3. die Kindsfrau durch Payerbach, beim Mühlhof vorbei durch Küb zum*

Gasthaus des Wegerer, früher Polleros; dort stiegen wir aus, Carl fuhr mit der Kindsfrau bald nach Hause, wir Andern nahmen dann Jause vor dem Gasthaus u. gingen dann den sehr hübschen Weg längs Feldern u. Wiesen in den Wald gegen Payerbach...« Da es sein eigener Geburtstag war, erlaubte diesmal sogar seine Mutter, dass Carl den Tag im Kreis der Familie verbringen und an einer Ausfahrt teilnehmen durfte.

Die Tage zwischen **22.** und **26.8.1889** verbrachten Erzherzog Carl Ludwig und seine Frau in Wien, da der schon früher erwähnte Besuch des Schah von Persien bevorstand.[26] Erzherzog Carl Ludwig nahm seine Pflicht als Gastgeber diesmal besonders ernst, da er den Kaiser nur wenige Monate nach dem Selbstmord seines Sohnes Kronprinz Rudolf so weit wie möglich entlasten wollte. Dem Schah zu Ehren gab es zahlreiche Gala-Diners und Empfänge. Zwischendurch besuchte er mit beigestellten Offizieren Ausstellungen, aber auch ein Gefängnis und eine Richtstätte, was ihn besonders interessierte. Der Schah hat in einem selbst verfassten Buch[27] die Eindrücke dieser und anderer Reisen durch europäische Länder festgehalten. Dieses Werk stellt bis heute eine sehr unterhaltsame Lektüre dar.

24.8.1889 »*Von ½ 2 Uhr an warteten wir auf die Visite des Schah bei uns* (zu einem Privatbesuch im Palais Erzherzog Carl Ludwigs); *er kam nach ¾ 2 Uhr... Er blieb einige Zeit bei uns im Holzsalon sitzen u. etwas rauchend. Er betrachtete einige Bilder mit lebhaftem Interesse. MTh photographirte ihn rasch, als er auf dem Balkon gegen den Garten stand. Dann fuhr er fort...«* Ein witziges Detail am Rande: Sogar in diesen Kreisen, in denen man gewohnt war, ständig mit Kaisern und Königen zusammen zu sein, stellte der Besuch des Schah eine Besonderheit dar. Die leidenschaftliche Hobby-Fotografin Marie Theresia konnte es sich nicht versagen, von ihm einen Schnappschuss zu machen.

Weiter im Tagesprogramm des **24.8.1889**. »*Dann zog ich mich in Parade-Uniform um u. nach ½ 6 Uhr fuhr ich mit MTh, uns nach Ferdinand mit Mitzi u. Margarethe... zur Bellaria. Wir gingen ins*

Spiegelzimmer, wo der Kaiser, der Schah, Wilhelm, Rainer, Marie Rainer, die Frau des Carl Stephan (alles Habsburger Verwandte), *der ältere Prinz von Siam u. der persische Gesandte sich befanden. Dann warteten wir einige Zeit, der Schah bat den Kaiser sich zu setzen, er war wohl recht müde…«* Noch eine komische Bemerkung zum Stehempfang vor dem Essen: Der Schah musste als Gast und höflicher Mann stehen, wenn der Kaiser als Gastgeber stand. Da aber auch Herrscher nur Menschen sind und der Schah von den vielen Programmpunkten ermüdet war, sprach er diese Bitte aus. Kaiser Franz Joseph und seine Brüder hätten sich nie erlaubt, eine solche »Schwäche« zuzugeben.

»*Dann gingen wir bald hinein zum* diner, *welches im großen Redoutensaal zu 130 Gedecken war. Der Schah führte MTh* (als Vertreterin der Kaiserin, die auf Reisen war), *der Kaiser Mitzi, ich die Frau des Carl Stephan, Ferdinand die Margarethe u. Wilhelm die Marie Rainer. Beim Essen saß der Schah in der Mitte. MTh rechts von ihm u. links von ihm der Kaiser; links neben ihm Mitzi, u. ich zwischen ihr u. der Frau des Carl Stephan. Der Kaiser trank auf die Gesundheit des Schah, worauf die persische Hymne gespielt wurde. Es spielte eine Militärmusik. Dann trank der Schah auf das Wohl des Kaisers, worauf unsere Volkshymne gespielt wurde. Nach Tisch war einige Zeit Cercle, darauf gingen wir in derselben Art, wie wir gekommen sind, wieder zurück ins Spiegelzimmer, worauf der Kaiser sich vom Schah empfahl u. wir mit ihm* (dem Kaiser) *fortgingen. Er ging in seine Zimmer, u. ich fuhr mit MTh nach Hause, die andern von unserem Haus folgten. Ich sprach da noch mit Gf Pejacevich, hatte mich umgezogen, blieb etwas mit Miana u. Elisabeth u. ging mit ihnen dann hinüber in das Zimmer zu Otto* (er war kurz zuvor von seinem Stützpunkt gekommen), *wo ich mit ihm dann einige Zeit blieb; dann Abschied von ihm genommen, er fuhr mit Miguel zu Ronacher u. dann reisten sie nach Ungarn ab…«* Prinz Miguel von Braganza, der Bruder von Ottos Stiefmutter Erzherzogin Marie Theresia, teilte viele Interessen mit seinem (Stief-)Neffen Otto. Die Freundschaft der beiden Männer, in die auch Kronprinz Rudolf miteingeschlossen war, hatte sich nach dessen Tod noch verstärkt. Miguel nahm bei Otto die Stelle des früh verstorbenen Cousins ein.

Nach dem Besuch des Schah in Wien gönnte sich Erzherzog Carl Ludwig einen Tag Erholung in der Villa Wartholz, um einen Tag später – das erste Mal seit dem Tod Rudolfs – zu offiziellen Terminen nach Budapest zu reisen. Am **8.9.1889** war er wieder in Wien, am folgenden Tag bei den Kaiser-Manövern in Mähren. Die Aufzeichnungen dieser Tage machen der österreichisch-ungarischen Armee wenig Ehre, sie sind allerdings sehr komisch zu lesen. Man würden denken, sie entstammten der Feder Roda-Rodas und nicht der des Kaiserbruders, der sich als rührender Vater im militärischen Getümmel auf nichts anderes konzentrierte, als seinen Zweitältesten zu finden. Roda-Rodas Schwank würde heißen *Den Otto konnten wir nicht finden.*

12.9.1889 »*Ich ritt mit Ferdinand* (der jüngste Sohn war seinem Vater zugeordnet) *durch das Dorf Lauterbach, wollte Otto mit seiner Escadron aufsuchen, ritt auch noch weiter hinaus zu diesem Zweck…* (jedoch:) *Den Otto konnten wir nicht finden; ich hatte auch deshalb den Ferdinand zu Ottos Regiment geschickt, welches ich nicht weit von uns wußte. Otto ist nämlich mit der Cavalleriedivision des Regiments Commandant Oberstk. Gf Auersperg bei der 4. Infanteriedivision. So ritt ich bei der Infanterie- u. Artillerie herum. Die Distanzen waren so groß auf dem Manöverfeld u. mehrere Truppenteile, wie mir schien, zu weit voneinander disponirt, die nämlich zusammengehörten, daß man wenig Überblick u. kein rechtes Bild vom ganzen hatte. Dann kam auch nach längerer Zeit Ferdinand wieder zu mir geritten. Wir ritten dann zusammen weiter, das Feuer wurde bald eingestellt, das Manöver war zu Ende. Es begann zu regnen. Wir kamen nach Hause…*«, wo sich am späten Nachmittag auch Otto einfand. Er hatte seinen Vater selbsttätig gesucht und schloss sich nun der Familie an. Weil Erzherzog Carl Ludwig nicht gleich wieder auf die Gesellschaft dieses Sohnes verzichten wollte, lud er ihn ein, die Nacht bei ihm und Ferdinand zu verbringen.

Kaum hatte Otto morgens das Quartier verlassen, vermisste ihn Erzherzog Carl Ludwig auch schon wieder. Es war der Vormittag des **13.9.1889**, die Übungen hatten bereits begonnen, und er wollte seinen Zweitältesten sehen. »*Ich fand endlich nach langem Herumsuchen den Otto in der Nähe von Aujezd mit seiner Escadron… Otto hatte gerade früher eine* attaque *auf Landwehrbataillon gemacht. Diese sah ich leider nicht… Ich blieb die längere Zeit bei Otto, saß auch da vom Pferd ab, nachdem auch die zwei Escadronen abgesessen waren. Ich gab dem Otto u. auch ein paar Officieren zu essen von dem mitgenommenen kalten Fleisch. Es war das Manöver bald beendet… Nach 1 Uhr waren wir zu Hause…* (einen Diener) *hatte ich mit Eßwaren aus meiner Küche zu Otto nach Lubna geschickt, wo er heute einquartirt ist, die vorige Nacht brachte er im Zimmer des Ferdinand hier zu, ritt aber zeitlich früh wieder in seine Station… Nach ¼ 4 Uhr wollte ich zu Otto fahren mit Ferdinand; wir nahmen aber den falschen Weg nach Lauterbach statt nach Lubna. In Lauterbach begegneten wir dem ältesten Sohn des Gfen F… Schönborn, der Freiwilliger im Regiment des Otto ist; ich frug ihn um denselben* (nach dem Weg), *er wußte nicht, wo er sei, er sprach seinen Major, auch dieser konnte keine nähere Auskunft geben. Wir wieder zum Pfarrhof angewiesen, wo das Brigade-Commando war. Wir fanden den General Major Baron Hügel, Brigadier des Regiments des Otto, der sah die Karte an, konnte uns aber nichts genaues sagen. So fuhren wir denselben Weg wieder zurück nach Leitomischl, gingen auch nach Hause zu Bn Dlauhowesksy, der geschlafen hatte, u. er gab uns den Weg nach Lubna u. diese Station an. So fuhren wir dahin, fanden… den Kaiser, der von Otto zurückkam. Ich v… ihn an… damit wir ja richtig den Weg fänden. So kamen wir endlich nach Bubna, wo Otto beim Schullehrer einquartirt ist… Wir blieben nicht lange da, nahmen den Otto mit u. fuhren nach Leitomischl zurück. Zu Hause souper mit Otto, Ferdinand u. Dlauhowesksy. Ich ging gegen 10 Uhr zu Bett. Otto fuhr nach Lubna zurück.*«

Nach zwei weiteren Tagen waren die Manöver beendet. Die Söhne Erzherzog Carl Ludwigs kehrten in ihre Garnisonen zurück, er selbst reiste weiter. Über Reichenberg, Carlsbad, Franzensbad, Marienbad und Pilsen ging es nach Budweis – in allen Städten hatte er offizielle Termine wahrzunehmen, er traf Politiker und besuchte soziale Einrichtungen und Ausstellungen. Am **23.9.1889** war er wieder in Wien, vier Tage später fuhr er von dort nach Reichenau an der Rax, wo noch sein kleiner Enkel war. »*Auf dem Bahnhof Payerbach erwarteten uns Margarethe, Miana u. Marie Josepha. MTh u. ich fuhren mit Margarethe u. Marie Josepha nach Wartholz, uns nach Miana, Ferdinand u. Gfin Zichy zusammen. Ich zog mich in Civil um u. ging zum kleinen Carl hinauf, den ich gewachsen fand u. der sehr lustig war…*«

29.9.1889 »*Nach ½ 8 Uhr stand ich auf, schrieb dem Ludwig einen Brief, ging zu Carl hinauf, frühstückte nach 9 Uhr mit den Kindern, auch Mitzi, die in Trauer gekleidet kam, u. mir mittheilte, daß ihr Onkel, der jüngste Bruder ihrer verstorbenen Mutter, Infant Augusto von Portugal, gestorben sei. Den Carl hatte ich hinab geführt u. hinab getragen zum Frühstück. Während desselben spielte er im Frühstückszimmer… Nach ½ 11 Uhr kam Otto an, u. wir blieben mit ihm längere Zeit beisammen. Ich kam erst nach Mitternacht zu Bett.*«

30.9.1889 »*Nach 8 Uhr stand ich auf, ging zu Miguel (der Schwager war am Tag zuvor angekommen), der noch zu Bett war, der MTh geht es heute besser* (sie lag mit Migräne zu Bett), *nach ½ 9 Uhr frühstückte ich mit den Kindern, auch Otto dabei, es kam auch Miguel dann, wir blieben einige Zeit zusammen, danach sah ich den Secretär… ging mit Otto zu Carl, um von diesem Abschied zu nehmen, nach 12 Uhr nahm ich Gabelfrühstück mit Otto, wozu sich auch MTh u. die anderen Kinder setzten. Ich zog mich dann in Uniform an… nahm Abschied von allen und fuhr* (nach Wien)*…*« Von dort reiste er am nächsten Tag weiter nach Innsbruck zu offiziellen Feierlichkeiten. Die Nacht von **3.** auf **4.10.1889** verbrachte Erzherzog Carl Ludwig in Salzburg. Weiter ging es über Wien zurück nach Payerbach, um einen Tag mit seiner Familie und mit Carl sein zu können. Zwischen **6.** und **9.10.1889** hatte der Erzherzog Termine und Veranstaltungen in Wien und in Niederösterreich, am Abend des **9.10.** findet man ihn wieder in Reichenau an der Rax.

12.10.1889 »*Frühstück mit den beiden Kindern (den zwei jüngsten Töchtern) nach ½ 9 Uhr auf der Terrasse vor dem Rauchzimmer. Es waren 22 Grad Wärme auf dem Thermometer in der Sonne. Miana führte den Carl zu mir ins Rauchzimmer, u. von dort ging ich mit ihm u. den beiden Kindern zu MTh, die noch zu Bett war. Der Kleine war dort sehr nett u. freute sich sehr, MTh zu sehen…*« Ein Apropos zum Rauchzimmer: Obwohl man damals noch nicht wusste, dass Rauchen Kleinkindern schadet, wurde in ihrer Anwesenheit nicht geraucht. In einem Rauchzimmer oder einem Rauchsalon hielt man sich vorwiegend nach einem Essen auf. Dorthin zogen sich die Männer zum Rauchen zurück, um mit dem Pfeifen- oder Zigarrenqualm die anwesenden Damen nicht zu belästigen. In England ist dieser Brauch bis heute üblich, sogar in eleganten Restaurants und Hotels trennen sich die Männer nach dem Essen von den Frauen, um in eigenen, abgetrennten Räumen zu rauchen.

Am **22.10.1889** reiste ein Teil der Familie von Reichenau nach Wien, weil Otto sich verletzt hatte und dort im Bett lag. »*… fuhr mit MTh, Mitzi u. Margarethe im viersitzigen Landauer u. uns nach die Gfinnen Stolberg, Pallavicini u. Zichy, zum Bahnhof u. mit* (dem) *Frühzug nach Wien… Zu Hause gingen wir gleich zu Otto; es wird heute die Geschwulst, welche er in Folge seines Falles auf der Jagd ober dem Knie erhielt, operirt werden; es geht ihm aber nicht übel. Ich blieb da etwas* (bei ihm; danach zu Besprechungen im Haus und) *zu Otto auch noch darauf…* (Nach dem Abendessen) *ging ich gleich wieder zu Otto, MTh, Margarethe u. Mitzi kamen dann auch dahin…*«

23.10.1889. Nach dem Frühstück »*… besuchte den Otto…* (es folgte das übliche Tagesprogramm mit Besprechungen und Terminen außer Hauses) *Nach 5 Uhr speiste ich mit Mitzi bei Otto, den ich schon früher vor Tisch bei mir sah…*« Sicher stammte die Idee, beim bettlägerigen Sohn zu speisen, von Erzherzog Carl Ludwig, wozu er auch die Schwiegertochter Mitzi einlud. Dieser Brauch war in der Familie üblich, um dem Kranken ein wenig Unterhaltung zu verschaffen. Die Bemerkungen zum Zustand und zu den Besuchen bei Otto nehmen in den folgenden Tagen ab, und man darf annehmen, dass es ihm bald besser ging.

Am **26.10.1889** fuhren Erzherzog Carl Ludwig und seine Frau zu einer Hochzeit von Verwandten nach Wiener Neustadt. Einen Tag später fand in Ungarn die Firmung der mittleren Tochter Miana und einiger Neffen statt. Das Fest dort zu veranstalten, war eine höfliche Geste dem Land gegenüber. Wie früher erwähnt, hatte der Kaiser seinen Bruder Carl Ludwig kurz nach dem Tod Rudolfs gebeten, sich künftig häufiger in Ungarn aufzuhalten und dort stärker am öffentlichen Leben teilzunehmen. Diesem Wunsch ist der Erzherzog mit zunehmenden sprachlichen Erfolgen immer häufiger nachgekommen, worüber in den Eintragungen der folgenden Jahre noch zu lesen sein wird. Am **30.10.1889** war man bei den Verwandten in Pressburg, das damals Pozsony hieß und zu Ungarn gehörte. Erzherzog Friedrich besaß dort das ehemalige Palais Grassalkovich. Er war in einer langen Reihe von stets wechselnden Besitzern dessen letzter Eigentümer bis zum Zusammenbruch der Monarchie.

31.10.1889 »… (mittags im Wiener Palais) *nahm Gabelfrühstück mit Miana u. Mitzi, MTh kam später auch frühstücken, ich las dann Acten, besuchte den Otto, der heute zum ersten Mal aufsteht… nach 4 Uhr aß ich noch etwas mit Miana im Frühstückszimmer, vorher kamen Miguel u. Otto zu mir u. setzten sich dann auch zu uns ins Frühstückszimmer… ¾ 5 Uhr fuhr ich mit Miana zum Südbahnhof, u. dann mit ihr mit dem Postzug nach Station Payerbach. Unterwegs las ich Acten… Miana, die etwas Kopf- u. Halsweh hatte, schlief währenddem sehr gut…*« Während Erzherzogin Marie Theresia zur Pflege Ottos in Wien blieb, reiste ihr Mann in die Villa Wartholz, wo sich der kleine Carl mit Kinderfrauen und seiner jugendlichen Tante Elisabeth aufhielt.

Am **1.11.1889** besuchte Erzherzog Carl Ludwig gemeinsam mit seiner ältesten Tochter einen kranken Schwager. »*... stand auf, ging zu Carl einen Augenblick hinauf, frühstückte nach 9 Uhr mit Margarethe, welche dann den Carl herabführte in meinen kleinen Salon, wo das Frühstück war...* (nach dem Gabelfrühstück fuhr ich) *mit Margarethe – es war trübes regnerisches Wetter – zum Bahnhof Payerbach* (von dort mit dem Zug nach Neunkirchen und dann mit dem Wagen nach) *Schwarzau ins Schloß, welches kürzlich Robert von Parma kaufte. Ich wartete da einige Zeit mit Marg. im Salon, bis Robert, wegen welchem ich kam, da er an Gelenksentzündung krank ist, mich sehen konnte. Ich ging dann zu ihm u. fand ihn schon in der Besserung, er liegt schon seit mehreren Tagen zu Bett, fühlt sich noch recht schwach u. kann nicht schlafen. Es kamen dann auch nach ihrem Spaziergang die beiden Schwestern Toni u. Anna. Erstere führte mich dann herum, um mir die verschiedenen Räume des Schlosses zu zeigen, so auch die Kapelle. Es sind große Zimmer, einige Salons mit Täfelungen, hübsch eingerichtet... Margarethe u. ich nahmen dann Thee mit Zugehör u. eine warme Fleischspeise...*« Auch das war eine Höflichkeit der Zeit, dass man Kranke, die wochenlang bettlägerig waren, zumindest einmal mehrere Stunden lang besuchte. Dass das Treffen in Schwarzau stattfand, das Herzog Robert von Parma kurz zuvor gekauft hatte, ist für die Biographie unseres erst zwei Jahre alten Hauptdarstellers Carl von eminenter Bedeutung. Das Schloss sollte im Jahr 1910 (Hochzeits-)Geschichte schreiben. Dort hat er 21 Jahre später Prinzessin Zita, die damals immer noch nicht geborene Tochter Herzog Roberts von Parma, geheiratet.

3.11.1889 »*... zu Carl hinaufgegangen, nach 9 Uhr mit Miana gefrühstückt, ins Rauchzimmer, später kamen noch Margarethe u. Carl...* (einige Diktate und zahlreiche gelesene Akten später im Tagesablauf) *Margarethe u. Carl waren währenddem bei mir im Schreibzimmer; sie spielten zusammen...*«

Am **4.11.1889** war der Namenstag Erzherzog Carl Ludwigs. Aus diesem Anlass reisten einige Parma-Verwandte von Schloss

Schwarzau an, die er bei seinem Besuch eingeladen hatte. »*Nach ¼ 10 Uhr kamen MTh, die Kinder, Carl, Anna u. Louise von Parma mit bouquets zu mir ins Schreibzimmer zum Gratuliren. Wir gingen dann alle zum Frühstück ins Rauchzimmer. Da kamen Franzi u. Otto von Wien, u. wir frühstückten alle zusammen…*« Danach fanden sich die Honoratioren von Reichenau und Umgebung ein, um dem Erzherzog persönlich zu gratulieren. Am Nachmittag unternahm man einen Familienausflug. »*… nach ½ 7 Uhr speisten wir alle zusammen, Carl war auch dabei, er erhielt Champagner (wieder von Marie Theresia in der üblichen Tropfendosis), was ihn sehr erfreute u. lustig machte; er war sehr heiter während dem ganzen diner…*«

5.11.1889 »*MTh, Anna, Mitzi, Ferdinand u. Miana hatten Lawntennis gespielt, Otto sah zu. Ich fuhr vor 5 Uhr mit Otto u. Ferdinand noch spaziren in die Prein bis zum Eggl-Wirtshaus, wo wir einkehrten… (nach der Rückkunft Akten aufgearbeitet, danach) Otto bei mir, ich ging mit ihm zu Carl hinauf, wo wir mit ihm spielten, er war sehr herzig, Mitzi kam dann auch dazu. Nach 8 Uhr soupirten wir alle zusammen… Otto war besonders heiter beim Essen, so daß Gf Schönfeld vor Lachen weinte…*«

Bis **13.11.1889** fanden in den Revieren Erzherzog Carl Ludwigs Jagden statt, an denen Gäste, Ehefrau und Kinder teilnahmen. Abends wurde meist musiziert und Karten gespielt. »*Nach ½ 5 Uhr kamen dann Margarethe u. Carl zu mir, auch später Ferdinand, u. ich las ihnen Briefe der Mama an Großmama vor…*« Die Mutter Erzherzog Carl Ludwigs und Kaiser Franz Josephs war Erzherzogin Sophie. Ihr hat die unwissenschaftliche Geschichtsschreibung – hauptsächlich im Zusammenhang mit den in den 1950er-Jahren gedrehten Sissy-Filmen – den Stempel der bösen Schwiegermutter aufgedrückt. Das war vor allem dramaturgisch bedingt: Damals brauchte man auf der Leinwand ein böses Gegengewicht zur niedlich aussehenden Romy Schneider. Heute wird die Geschichte für Filmdrehbücher genauer recherchiert oder, wenn man sie ändern oder »verbessern« möchte, als Fiktion deklariert.

Besagte Erzherzogin war im wirklichen Leben eine familienbezogene, warmherzige Frau und ihrer Nichte und Schwiegertochter Kaiserin Elisabeth eine fürsorgliche und liebende Schwiegermutter. Das konnte ich in etlichen Bänden unter Verwendung von Originaldokumenten aufzeigen und beweisen.[28] Erzherzogin Sophie hinterließ eine reichhaltige Korrespondenz an ihre Kinder, Eltern, Geschwister, an Verwandte und Freunde. In diesem Briefen berichtete sie – meist sehr unterhaltend – vom privaten Alltag der Kaiserfamilie, aber auch von tagespolitischen Ereignissen und von Treffen mit interessanten Persönlichkeiten ihrer Zeit. Erzherzog Carl Ludwig las seinen Kindern häufig daraus vor, was von ihnen nicht nur geschätzt, sondern sogar erbeten wurde.

»(Nach dem Abendessen) *spielte mit Otto, Mitzi u. Miana im kleinen salon neben unserem Schlafzimmer Whist, statt Otto dann auch Margarethe... (MTh war wegen Kopfschmerzen früh schlafen gegangen) um sie nicht durch Lärm aufzuwecken, ließ ich den Spieltisch in mein Schreibzimmer bringen. Mitzi u. bald darauf Otto gingen früher zu sich hinauf, Margarethe ging dann auch in Ottos Zimmer zu ihm, u. ich auch später dahin.*« Wenn Otto im Haus war, drehte sich alles um ihn. Die Geschwister und auch sein Vater wollten so viel wie möglich mit ihm sein. Er war eine Künstlernatur, verfügte über ein fröhliches Naturell und wusste jeden gut zu unterhalten.

Am **14.11.1889** verließen Otto und Mitzi Reichenau in Richtung Sachsen. »*¾ 8 Uhr fuhren sie zum Bahnhof Payerbach u. von da nach Wien. Heute Abends reisen sie auf Einladung meines Schwagers Albert von Sachsen nach Sibyllenort bei Breslau, Besitz des Albert, zu den Jagden...*« Bei *Schwager Albert* handelte es sich um den König von Sachsen, der ein direkter Onkel von Mitzi war. Dass er auch ein *Schwager* Erzherzog Carl Ludwigs war, hängt damit zusammen, dass der Kaiser-Bruder in erster Ehe mit einer Schwester des Königs verheiratet war. Sie hieß Prinzessin Margarethe von Sachsen, war bei der Hochzeit 16 Jahre alt und starb nach knapp zweijähriger Ehe während einer Reise im Palazzo Reale in Monza.

Vom **16.** bis **19.11.1889** war Erzherzog Carl Ludwig für Termine in Wien, am Abend des 19.11. traf er wieder in der Villa Wartholz ein. **21.11.1889** »*Ich ging* (am Nachmittag) *zu Carl hinauf, um ihn nicht zu mir herabkommen zu lassen, weil er etwas Schnupfen hat. Ferd. kam auch dahin*…« Zwei Tage später musste der Erzherzog zu Terminen nach Wien, wo sich auch sein Sohn Otto eingefunden hatte.

Am **24.11.1889** führte ein Tagesausflug mit einigen Familienmitgliedern nach Schloss Persenbeug. Zwei Gärtner, die Änderungen in den Anlagen durchführen sollten, begleiteten den Tross. Vom Westbahnhof ging es nach Kemmelbach, an der Anlegestation von Ybbs »*in 2 Booten nach Persenbeug hinüber u. vom Ufer in Ottos Wägen ins Schloß. Dort sahen wir noch einige* (neu hergerichtete) *Zimmer desselben an*… (Nach dem Essen ging ich) *mit MTh, Otto u. Ferdinand in den Garten, in die Stallungen des Otto, in ein Gebäude, welches Otto kürzlich ankaufte, welches früher eine Mühle war u.* (in dem) *nun eine Maschine ist, um Holzfasern zur Streue zu machen*…« Streu wurde damals in der Landwirtschaft vielfach eingesetzt. Die eigene Herstellung, die heute recht alternativ klingt, war wirtschaftlicher als der Kauf. Der Preis von Streu war hoch, da er hauptsächlich durch den damals mühsamen Transport verteuert wurde.

Am Abend dieses Tages fuhren alle zurück nach Wien, einen Tag später begleiteten Erzherzog Carl Ludwig und sein jüngster Sohn Ferdinand den ältesten Sohn Franz Ferdinand nach Prag, der als Major des böhmischen Infanterie-Regiments Nr. 102 in Hinkunft in Prag garnisonierte. Am **26.11.1889** wurde er öffentlich in sein Amt eingesetzt. Von Prag fuhr Erzherzog Carl Ludwig zurück nach Wien. Dort traf er auf den inzwischen aus Reichenau eingetroffenen Enkel, den er allerdings nur kurz sah, da er am selben Tag mit Gefolgsleuten zu seinen Eltern nach Brünn geschickt wurde. **30.11.1889** »*… ich ging… in mein Schreibzimmer, da frühstückte ich… Es kam auch Carl dahin, der auch dann wieder sehr erfreute durch sein heiteres Wesen u. sein herziges Spielen…* (Nach dem Gabelfrühstück ging ich) *zu Carl hinauf. Er wurde in den Landolet (einen Wagen) gebracht, in dem sich auch Gfin Pallavicini u. die Kindsfrau setzten. So fuhren sie auf den Bahnhof; ich mit Ferdinand nachgefahren. Auf dem Bahnhof im Salonwagen waren sie noch einige Zeit, bis zur Abfahrt des Zuges. Dann umarmte ich den lieben Enkel, den ich so recht in mein Herz geschlossen habe…«* Wie immer, wenn Erzherzog Carl Ludwig sich von seinem Enkel trennen musste, stürzte er sich in Arbeit. Zwischen **1.** und **8.12.1889** hielt er sich in Wien auf, danach verbrachte er noch einmal ein paar Tage auf seinem Besitz in Reichenau an der Rax. Am **17.12.1889** kehrte er für die bevorstehenden Weihnachtsfeiertage nach Wien zurück.

22.12.1889 »… *las Acten, sah den Franzi, der aus Prag ankam, mit ihm auch Otto bei mir* (er war den Abend zuvor angekommen); *sie gingen dann in die Messe in der Paulanerkirche…* (nach dem Gabelfrühstück ging ich) *dann bald im Garten auf u. ab Acten lesend, bis Mitzi u. Carl von Brünn ankamen. Ich ging mit ihnen zu Otto, wo wir länger blieben, auch Margarethe u. Miana. Otto hatte sich zu Bett gelegt; er ist verkühlt u. hat Fieber…* (abends kam der jüngste Sohn Ferdinand aus Krems an)… *Ich u. Margarethe, wir setzten uns dann zusammen in dem Salon des Otto, wo er* (Ferdinand) *soupirte…*« Ottos Salon hatte man wie schon häufig zum Speisezimmer erkoren, um ihm nahe zu sein, da er krank war und im Bett lag. Vielleicht hat man mit ihm durch eine offene Türe gesprochen, vielleicht hat er sich auch für kurze Zeit zu Vater und Geschwistern dazugesellt.

Am **24.12.1889** erhielten am Nachmittag wie alljährlich arme Kinder aus der Nachbarschaft Geschenke in Form von Kleidung und Geld. Danach fand das traditionelle Weihnachtsessen mit den Gefolgsleuten statt. »*Nach Tisch gingen wir gleich auseinander* (da es mehrere Kranke gab, die in ihre Zimmer zurückkehrten; mehr dazu im nächsten Eintrag). *Mitzi brachte Carl zu mir ins Schreibzimmer, wo er viel weinte, weil er von der Kindsfrau wegkam. Da suchten wir ihn zu beruhigen…*« Letzteres ist eine interessante

1 Erzherzog Carl Ludwig (2.v.r.) im Kreis seiner Brüder, von links nach rechts: Erzherzog Ludwig Victor, Kaiser Franz Joseph und Erzherzog Ferdinand Maximilian, späterer Kaiser Maximilian von Mexiko (1860er-Jahre)

2 Erzherzog Carl Ludwig im Zivilanzug (Foto aus den 1870er-Jahren). Er war der Großvater Kaiser Karls und ein leidenschaftlicher Familienmensch. Ab der Geburt seines ältesten Sohnes Franz Ferdinand im Jahr 1863 führte er bis zu seinem Tod im Jahr 1896 ein Tagebuch.

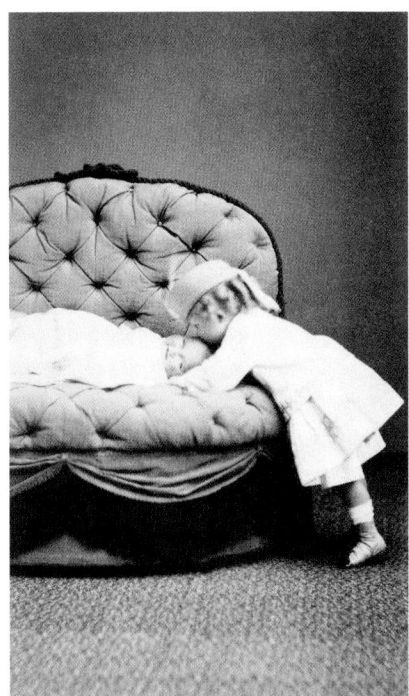

3 Erzherzog Carl Ludwig mit seiner zweiten Frau Prinzessin Maria Annunziata von Bourbon-Sizilien. Sie war die Mutter seiner vier ältesten Kinder. Auf dem Foto sind die Eltern mit den zwei ältesten Söhnen Franz Ferdinand und Otto zu sehen. Letzterer war der Vater des späteren Kaisers Karl.

4 Der eineinhalbjährige Franz Ferdinand küsst seinen kleinen Bruder Otto, der im April 1865 in Graz im Palais Khuenburg zur Welt kam.

5 Noch einmal das Brüderpaar Franz Ferdinand und Otto, Letzterer kutschiert ein Spiel-Gespann. Er sollte später ein Meister des Kutschierens werden und gewann sogar diesbezügliche Wettbewerbe.

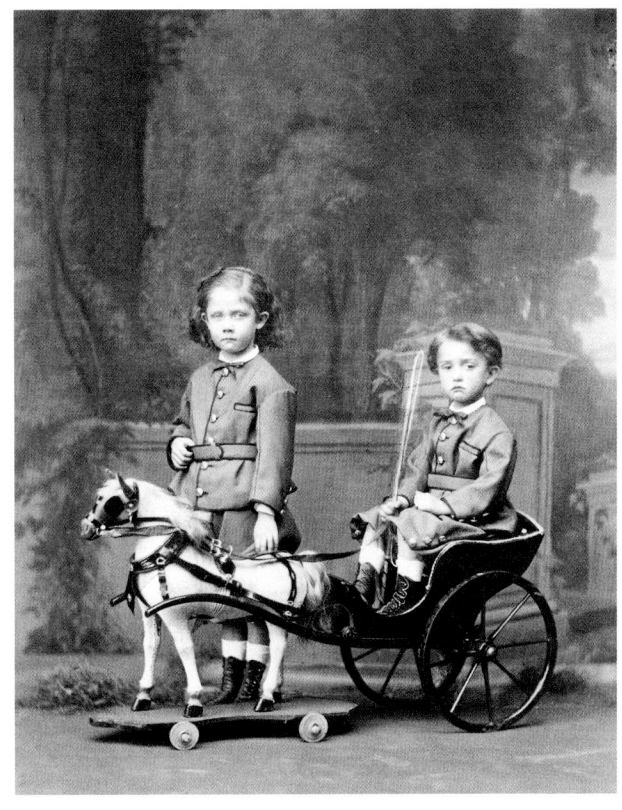

6 Ein beliebter Zeitvertreib der Epoche war das Kostümieren nach historischen Vorbildern. Erzherzog Carl Ludwig stellt Kaiser Ferdinand I. dar, Prinzessin Mary von Hannover Philippine Welser, Franz Ferdinand und Otto ihre beiden Söhne aus der Verbindung mit Erzherzog Ferdinand II. von Tirol.

7 Aus derselben Zeit, vielleicht sogar von derselben Veranstaltung, stammt das Foto Prinzessin Marie Theresias von Braganza, der dritten und letzten Ehefrau Erzherzog Carl Ludwigs, im Renaissance-Kostüm.

8 Verlobungsfoto Erzherzog Otto und Prinzessin Marie Josepha. Kaum jemand weiß, dass Otto für seinen Bruder Franz Ferdinand, der die Enkelinnen König Johanns von Sachsen bei einem Besuch unhöflich ablehnte, als Bräutigam einsprang. Um die Situation zu retten, bat Otto spontan um die Hand Prinzessin Marie Josephas.

9 Aus Anlass der Vermählung erhielt Otto von seinem Vater Erzherzog Carl Ludwig Schloss Persenbeug an der Donau zum Geschenk. Dort erblickte am 17. August 1887 Carl, der spätere Kaiser Karl, das Licht der Welt.

10 »Es war eine schwere Geburt, zuletzt mit der Zange mußte das Kind genommen werden … Ich sah den so netten theuren Enkel an – ein hübsches kräftiges Kind!« (Eintragung vom 17.8.1887)

11 Außenansicht des Tagebuchbands aus dem Jahr 1887. Erzherzog Carl Ludwig besorgte jedes Jahr dieselben kalenderartigen Tagebücher, die – oft von einem Jahr zum nächsten – etwas in der Größe variierten. Sie sahen immer gleich aus: in braunes Leder gebunden, verfügten über Metallverstärkung an den Ecken, Metallverschluss und die Initialen CL auf einer Wappenkartusche.

12 Erzherzogin Marie Josepha (Mitzi) mit dem Baby. »*Mitzi und den kleinen Carl gesehen, alle, Gott sei Dank, sehr wohl … Mitzi sieht vortrefflich aus, hat sehr guten Appetit, war schon im Garten … der Kleine hat sehr an Gewicht zugenommen, ich fand ihn auffallend stärker geworden seit meiner Abwesenheit …*« (Erzherzog Carl Ludwig war zwischenzeitlich bei Manövern)

13 Original erhaltene Wiege aus der Villa Wartholz (heute liegen Puppen aus der Zeit um die Geburt Kaiser Karls darin).

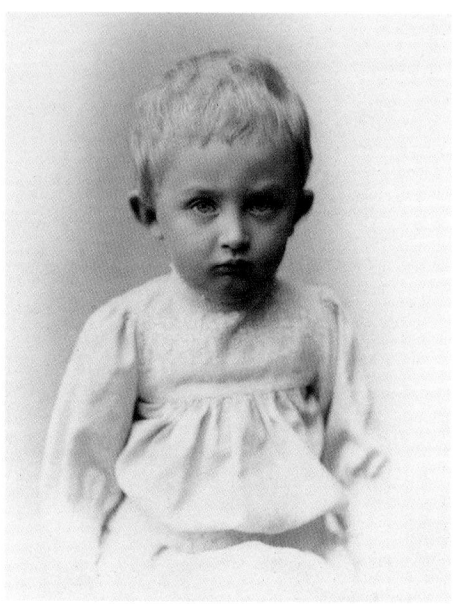
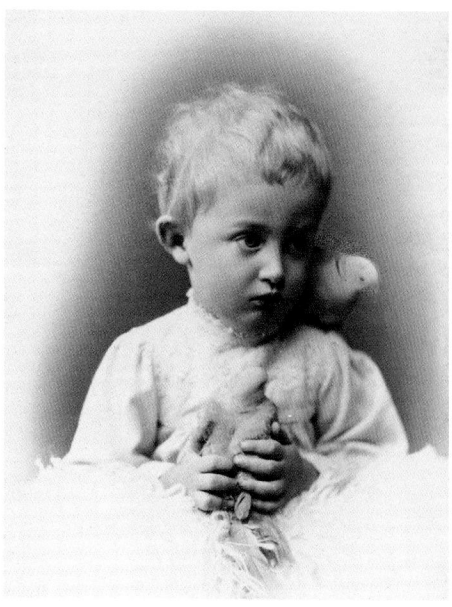

14/15 Der etwa einjährige Carl – zwei Fotos aus einer Serie, die der Kleine geduldig, aber mit wenig Freude ertrug.

16 Erzherzog Otto mit seinem kleinen Sohn Carl – beide »Männer« in Uniform

18 (rechte Seite) Ein historisches Foto aus dem Jahr 1889, aufgenommen in Meran: In der ersten Reihe sitzt Erzherzogin Marie Josepha mit dem kleinen Carl auf dem Schoß (2.v.l.), hinter ihr steht ihre jüngste Schwägerin Elisabeth, rechts vorne kauert Schwägerin Miana, diagonal links von Letzterer – getrennt durch ein Kind – befindet sich beider Mutter Erzherzogin Marie Theresia. Im Hintergrund steht (2.v.r.) Erzherzog Carl Ludwig, nur eine Person von seiner künftigen Schwiegertochter Gräfin Sophie Chotek entfernt (siehe dazu S. 109ff, Eintragung vom 27.2.1889).

17 »Es kam auch Otto zu mir, der mir eine große Freude machte, indem er mir das von ihm angefertigte Pastellportrait des kleinen Carl schenkte. Es ist sehr hübsch gemalt u. ein sehr nettes Bild …« (22.12.1888, erste von mehreren Eintragungen über das zum Geschenk erhaltene Bild)

19 Der etwa zweijährige Carl lehnt zärtlich an seinem Großvater Erzherzog Carl Ludwig. Er stützt sich an die Oberschenkel seines Großvaters, der mit den Fingern seiner linken Hand die Hand Carls berührt.

20 Diese Aufnahme, die ein paar Jahre später gemacht wurde, zeigt Carl, Erzherzog Carl Ludwig und einen Geistlichen. Der mittlerweile Fünf-, Sechsjährige schmiegt sich an den Großvater, man meint, um sich vor dem – vermutlich fremden – Besucher zu schützen (Foto: Erzherzogin Marie Theresia).

21 Wohl ein wenig später entstand dieses Foto im Familienkreis auf der Terrasse der Villa Wartholz. Wieder lehnt Carl an seinem Großvater, da sich an seiner anderen Seite ein (ihm) unbekannter Mann befindet (Foto: Erzherzogin Marie Theresia).

22 Erzherzogin Margarethe, die älteste Tochter Erzherzog Carl Ludwigs, mit ihrem Verlobten Herzog Albrecht von Württemberg im Juli 1892

23 Knapp vor der Verlobung seiner Tante Margarethe wurde Carls zukünftige Ehefrau, Prinzessin Zita von Bourbon-Parma, geboren (das etwa zweijährige Kind vorne rechts mit den dunklen Locken im Kreis von fünf Geschwistern). Vor ihr sitzt ihr Bruder Sixtus, rechts hinter ihr steht Xavier, jene beiden Brüder, die während des Ersten Weltkriegs durch die Sixtus-Affäre traurige Berühmtheit erlangen sollten.

24 Herzog Albrecht und Herzogin Margarethe mit den drei Söhnen Philipp Albrecht, Albrecht Eugen und Carl Alexander (1896)

25 Erzherzog Carl und sein Freund Prinz Johannes Lobkowitz. Carls dunkel unterlegte Augen deuten wohl auf eine Krankheit, was die Eintragung vom 6.5.1893 bestätigt: Er fuhr mit seiner Mutter zur Kur an die italienische Riviera.

26 Der knapp sechsjährige Carl mit Spielgefährten im Garten des fürstlichen lobkowitzschen Palais in Prag (Frühjahr 1893)

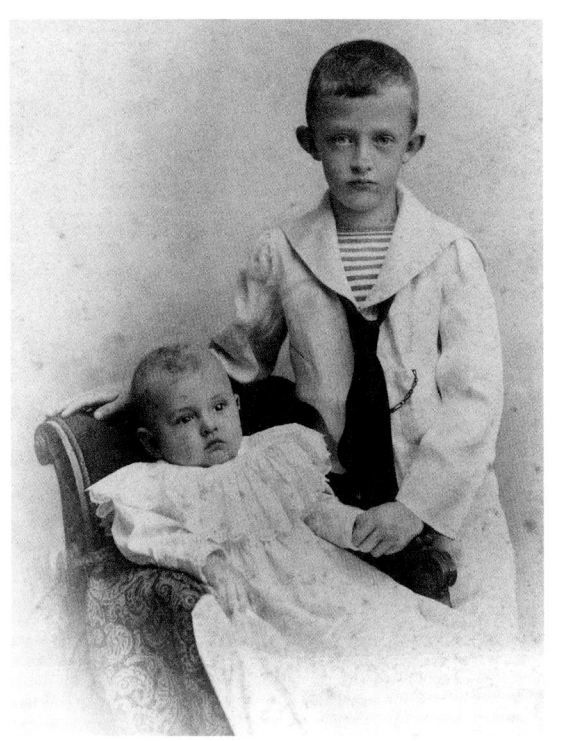

27 Im April 1895 wurde Carls einziges Geschwisterchen, sein Bruder Maximilian, geboren. Er war bald der absolute Liebling Carls, der ihm die Zeit, die er fast ausschließlich in Gesellschaft von Gouvernanten und Lehrern verbrachte, durch seine Anwesenheit versüßte.

28 Eine seltene Familienaufnahme: Carl mit seinen Eltern, Erzherzog Otto und Erzherzogin Marie Josepha, und dem etwa einjährigen Maximilian. Selten ist das Foto deshalb, weil beider Mutter – wie man im Tagebuch lesen kann – beinahe immer auf Reisen war und die Erziehung ihrer Söhne ihrem Mann und dem Personal überließ.

29 Porträt Marie Josephas aus späterer Zeit. Die Erzherzogin liebte es, Empfänge und Bälle zu besuchen. Sie besaß prachtvolle Roben und erlesenen Schmuck – wie hier das Collier, die Ohrgehänge und das Diadem mit großen Saphiren.

30 Kronprinzessin-Witwe Stephanie während eines ihrer häufigen Besuche in der Villa Wartholz. Rechts neben ihr steht Erzherzog Carl Ludwig, der wie alle Personen auf diesem Bild in die Kamera seiner Ehefrau schaut.

31 Als sich Erzherzog Franz Ferdinand 1895/96 für mehrere Monate im Vorderen Orient aufhielt, um ein schweres Lungenleiden zu kurieren, bat er seine Eltern, ihn dort zu besuchen. In schon damals touristischer Manier ist er als Pharao von Ägypten abgebildet.

32–34 Zur Freude Franz Ferdinands waren auch drei seiner Geschwister mitgereist, die sich ebenfalls als Pharaonen verewigen ließen: der jüngste Bruder Ferdinand sowie die Halbschwestern Miana und Elisabeth.

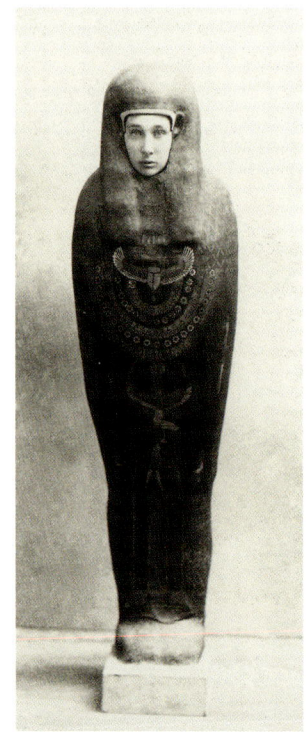

35 Eine der letzten Aufnahmen, die Erzherzog Carl Ludwig im Frühjahr 1896 in Kairo im Kreis seiner Familie zeigt. Der tiefgläubige Mann hatte an einer heiligen Stätte Jordanwasser getrunken, das verschmutzt war, und sich damit infiziert. Er starb wenige Wochen später, kurz nach seiner Rückankunft in Wien.

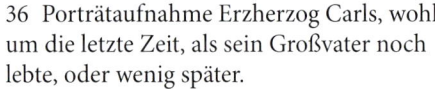

36 Porträtaufnahme Erzherzog Carls, wohl um die letzte Zeit, als sein Großvater noch lebte, oder wenig später.

37 Carl im Alter von etwa 12, 13 Jahren. Er besuchte damals für kurze Zeit als vermutlich erster und einziger Erzherzog das Schottengymnasium in Wien. Seine Eltern hatten das gegen den Willen Kaiser Franz Josephs durchgesetzt, um ihren Sohn an den Umgang mit fremden Menschen zu gewöhnen.

38 Porträt Erzherzog Ottos in Husaren-Uniform. Der Vater des späteren Kaisers Karl galt nicht nur als einer der am besten aussehenden Offiziere, er war auch ein begabter Fotograf und Künstler.

39/40 Wenn Erzherzog Otto hinter der Kamera stand, entstanden sehr zwanglose Aufnahmen seiner Kinder. Besonders auffällig ist, dass Carl immer ungezwungen und fröhlich in seine Kamera lachte.

41 (rechte Seite) Erzherzog Ottos Atelier in der Villa in Schönau an der Triesting. Am liebsten malte er Tiere und Landschaftsszenen, er ist aber auch der Urheber des Porträts von Baby Carl (Abb. 17).

42 (rechte Seite) In Schönau an der Triesting in Niederösterreich ließ Erzherzog Otto eine Villa errichten, die über ein besonders großes und damals in einem Privatbau unübliches Panoramafenster verfügte. Möglicherweise markiert es das Atelier, das er an allen Wohnsitzen einrichten ließ.

43 Ebenfalls sehr modern und besonders schlicht eingerichtet: das Bad Erzherzog Ottos in der Villa in Schönau

44 Salon Erzherzog Carls aus der Zeit, als er in Prag lebte und Staatswissenschaft studierte

45 Studie von Pferdeköpfen, Aquarell gemalt von Erzherzog Otto

46 Karikatur seiner selbst: »Ego!« (»Ich!«) – Erzherzog Otto im Jagdkostüm auf einem Pferd reitend. Die Zeichnung befindet sich auf einer Postkarte, die der Erzherzog einem seiner besten Freunde, Prinz Miguel von Braganza, dem Bruder seiner Stiefmutter, schickte.

47 Rasch skizziertes Porträt Kaiser Karls (signiert: v. Dobner). Es entstand 1917 oder 1918 während einer Militärmesse.

Bemerkung zum Mutter-Kinder-Verhältnis. Carl weinte nach der Kinderfrau, als ihn seine Mutter holte, da sie ihm nicht sehr vertraut war. Mitzi brachte den Kleinen zu Erzherzog Carl Ludwig, weil sie wusste, dass er am besten in der Lage war, ihn vom Schmerz abzulenken.

25.12.1889 »... *ging zu MTh u. zu Margarethe; diese hatte in der Nacht fast gar nicht geschlafen. Sie hat die nun hier epidemisch herrschende Influenza, welche verschiedene catharralische Erscheinungen hervorruft... Miana mußte bald* (vom Frühstück) *fortgehen, weil sie sich auch unwohl fühlte, sie übergab sich und legte sich auf MThs Bett. Ich sah auch Otto, der auch unwohl ist mit catharralischer Affection u. das schon seit ein paar Tagen. Nach ¾ 11 Uhr fuhr ich mit Mitzi u. Ferdinand in die Burg, wir gingen in das Oratorium in der Hofcapelle, um dort dem Hochamt beizuwohnen, das der Nuntius hielt... nach 5 Uhr waren bei uns zum* diner *Stephanie, Ludwig* (sein jüngster Bruder), *Franzi, Mitzi, Ferdinand u. Elisabeth. Otto hatte sich schon vorher zu Bett gelegt, um recht zu schwitzen, weil er noch immer etwas Fieber hatte...*« Erzherzog Carl Ludwig hat sich nach dem Tod seines Neffen Rudolf um dessen Witwe Stephanie angenommen und sie häufig zu gemeinsamen Essen und Familienfesten eingeladen. Sie bewohnte zwar nach wie vor ein Appartement in der Hofburg, wo auch ihre Schwiegereltern Kaiser Franz Joseph und Kaiserin Elisabeth lebten, sie hatte aber als verwitwete Schwiegertochter des Kaiserpaares nicht nur einen unsicheren, sondern eigentlich gar keinen Status. Das hing vor allem damit zusammen, dass sie nur ein Kind, eine Tochter, hatte, die zwar eine der ranghöchsten Erzherzoginnen, von der Herrschaft aber ausgeschlossen war, solange es männliche Habsburger gab. Die Anwesenheit Stephanies, ihrer Tochter und ihrer Gefolgsleute warf im kaiserlichen Haushalt ausschließlich Kosten auf, die sie nicht einmal »abarbeiten« konnte. Denn obwohl sie einer regierenden Familie entstammte, ihr Vater war König Leopold II. der Belgier, trat sie bei öffentlichen Auftritten nie in den Vordergrund, weil sie das nicht mochte. Vielleicht war sie unwillig, vielleicht aber auch scheu und unsicher. Leben in der Öffentlichkeit ist nicht jedermanns Sache, es hängt sehr von der Persönlichkeit des Einzelnen ab. Es war auch nicht jeder Habsburger Erzherzog dafür begabt. Zudem war Stephanie ihren Schwiegereltern ein ungeliebtes Anhängsel. Kaiserin Elisabeth konnte sie, wie hinlänglich bekannt ist, gar nicht leiden, und auch Kaiser Franz Joseph hatte kein besonderes, nicht einmal ein neutral freundschaftliches Verhältnis zu ihr. Immerhin aber war sie die Mutter seiner Enkelin Elisabeth, weshalb er sie zumindest als Schwiegertochter akzeptierte.

Im Haushalt Erzherzog Carl Ludwigs waren am **26.12.1889** alle Töchter grippekrank. »*Elisabeth (die jüngste Tochter) ist nun auch unwohl u. liegt zu Bett. Etwas Fieber, wohl auch Magen verdorben. War auch bei Margarethe, der es etwas besser geht u. bei Miana, die noch fiebert… nach ½ 11 Uhr im Frühstückszimmer den Prof. Schrötter, um ihn zu fragen über Mitzis Zustand, nachdem diese viel hustet u. der neulich zur Consultation zu ihr gerufen wurde. Er beruhigte mich, daß ihr Husten nicht von besonderer Bedeutung sei; sie soll sich aber doch in eine mildere Luft begeben… (während des Akten-Lesens im Schreibzimmer) war auch Carl bei mir…*«

27.12.1889 »*Gabelfrühstück mit Ferdinand u. Mitzi. Franzi u. Otto sind heute früh auf die Jagd gefahren in den großen Grund in der Nähe von Tulln… Ludwig war (nachmittags) bei MTh u. sah dort den Kleinen…* (Nach dem Diner) *ging ich bald zu Marg., Miana u. Elisabeth. Zu den beiden ersteren wiederholt (weil sie stärker erkrankt waren). Ich diktirte längere Zeit… war noch einmal zu Mitzi hinüber wegen des Kleinen, der etwas Fieber hat, weshalb MTh u. ich besorgt waren…*« Inzwischen war auch der kleine Carl krank geworden. Auf Anordnung des Großvaters wurde er in die Wohnung seiner Mutter gebracht. Die Großeltern waren über seinen Zustand – wie eigentlich fast immer – am stärksten beunruhigt.

Ab **28.12.1889** zählte auch Erzherzog Carl Ludwig zu den Grippe-Opfern. »*½ 8 Uhr wurde ich aufgeweckt, ich hatte in der Nacht wenig geschlafen, wohl etwas Fieber, ich habe auch die Influ-*

enza (der Arzt ordnete Bettruhe an). Dann ließ ich die für heute bestimmten Audienzen absagen, durch Ferdinand der Stephanie schreiben, daß ich nicht zu ihrem diner *heute kommen könne u. dem Ludwig, daß er die Actenexpedition (den Transport der Akten zwischen dem Palais des Erzherzogs und der Hofburg) übernehmen möge… Ich sah auch den Prof. Monti, den Mitzi zu Carl kommen ließ, der auch die Influenza, aber Gott sei Dank im geringen Grade, hat… Es kam auch noch abends Dr. Rollett zu mir, es ging mir schon besser, ich hatte nicht mehr so Augen- und Kopfweh; Dr. Monti war auch nochmals da, weil ich von ihm wieder Nachricht über den Kleinen wünschte. Es ging ihm besser, das Fieber hat abgenommen…«*

30.12.1889 *»… hatte früher Ferdinand bei mir, der dann für MTh, für mich, Otto, Mitzi u. für sich wegen Neujahrsgratulationen zu den verschiedenen Verwandten u. Bekannten herumfuhr. Ludwig kam auch zu mir u. blieb einige Zeit bei mir im Schreibzimmer… Ich ging* (abends) *mit MTh u. Adelgunde*[29] *(einer Schwägerin, die aus Schwarzau gekomen war) zu Otto, der im Bett liegt, er hat noch Catarrh u. hatte auch gestern Fieber. Mitzi war auch da, u. da blieben wir einige Zeit zusammen…«*

31.12.1889 Silvester oder Altjahrestag, und die meisten Familienmitglieder lagen noch immer oder schon wieder an Grippe erkrankt im Bett. Es handelte sich um die besonders hartnäckige Russische Grippe, die damals in vielen Ländern Europas wütete und der Hunderttausende Menschen zum Opfer fielen. *»… ich diktierte dem Alois sehr viele Telegramme für Neujahrsgratulationen, als ich noch im Bett war. Ich frühstückte im Bett, sah dann Ferdinand, der auch bei mir frühstückte, sah noch den Dr. Rollett, der vom Otto herüberkam, welcher jetzt wieder zu Bett liegt, indem er starken Husten u. etwas Fieber hatte. Nachdem ich aufgestanden war, während ich Toilette machte, kam der Kaiser hinüber in den Salon, ich machte mich schnell zurecht u. ging hinüber. Der Kaiser blieb einige Zeit da, er war gekommen, um uns zum neuen Jahr zu gratulieren, Ferdinand kam dann auch dazu, MTh konnte nicht kommen, weil sie noch zu Bett war mit Kopfschmerzen…«* Die etlichen

Grippekranken im Haus schreckten den Kaiser nicht davon ab, einen Besuch abzustatten. Im Gegenteil, es gehörte ebenfalls zu den Höflichkeiten der Zeit, sich bei Kranken, die einem nahe standen, nach ihrem Befinden zu erkundigen, auch wenn sie ansteckende Krankheiten hatten.

»... (abends) *kam Miana zum ersten Mal zu mir, es kam auch Franzi, ich war auch bei MTh u. speiste mit Mitzi, Ferdinand u. Miana im Frühstückszimmer... Bald nach dem* diner *gingen wir zu Otto u. blieben da längere Zeit. Es kam dann auch Franzi dahin, der auch da soupirte. Ich war dazwischen auch noch bei MTh, u. wir bleiben bis nach 11 Uhr bei Otto. Franzi u. Ferdinand gingen dann noch zu Margarethe u. ich ging bald schlafen.*«

Nun gibt es einen Sprung um ein Jahr, da der Tagebuch-Jahrgang 1890 fehlt. Man meint aber, ohne Unterbrechung weiterzulesen, da es an der Jahreswende 1890/91 ebenfalls Grippekranke im Haus gab. Der mittlerweile dreieinhalbjährige Carl gehörte auch wieder dazu. Diesmal war aber sein Großvater Erzherzog Carl Ludwig von der Krankheit verschont geblieben.

1891

1.1.1891 »... *war bei MTh u. bei Carl, der wegen Schnupfen u. Husten nicht zu mir herüber kommen kann u. mir einen Spruch zum neuen Jahr aufsagte...* (Paradeuniform angezogen) *fuhr nach ¼ 10 Uhr mit Otto u. Ferdinand in die Burg zum Kaiser, um Ihm zum Neujahr zu gratulieren...* (daheim) *nach 10 Uhr...*« Die Fahrt in die Burg mit Neujahrsgratulation und Heimfahrt unter einer Stunde bricht Habsburger Geschwindigkeitsrekorde: Kaiser Franz Joseph und seine Brüder waren berühmt für ihre rasch ablaufenden Diners, aber auch bei Besprechungen hielten sie sich kurz und nur an das Notwendigste. Wieder bei sich zu Hause in der Favoritenstraße »*empfing* (ich) *mit MTh, Mitzi, den 3 Töchtern u. Otto u. Ferdinand die Gratulation der Herren u. Damen vom Hause...*

(abends Familiendiner mit dem) *Kaiser, Stephanie, Valerie u. Franz, Wilhelm, Rainers u. ich, MTh, 4 Kinder u. Mitzi speisten mit. Der Kaiser saß zwischen Stephanie u. MTh... Es war recht animirte* (angeregte, bei Erzherzog Carl Ludwig aber immer auch: *heitere*) *Conversation*...«

Anfang Januar gab es zumindest vier Bettlägerige im Haus. Der kleine Carl, seine Mutter Mitzi u. zwei Kinder des Erzherzogs hatten Grippe. **4.1.1891** »... *mit den* (gesunden) *Kindern gefrühstückt, darauf mit ihnen zu Carl hinüber gegangen*... (nach dem Gabelfrühstück) *Mitzi ging zuerst zu Carl hinüber, dann MTh u. ich zuletzt. Er hatte Fieber u. stärkeren Husten, ersteres ließ aber abends nach*... (In der Nacht) *sprach ich noch die Kindsfrau bei Carl drüben, er schlief*...«

5.1.1891 »... *ließ mich erkundigen, wie es dem Carl geht; es geht ihm besser, er hat im ganzen nicht übel geschlafen. Nachdem ich mit den Kindern nach ½ 9 Uhr gefrühstückt hatte, gingen wir zu ihm. Er bleibt nach dem Ausspruch des Dr. Monti zu Bett, bis der Husten beendet ist. Monti sagt, daß Carl die Influenza hat*...«

6.1.1891 »... *zu MTh u. Carl, dem es wieder besser geht... Vor ½ 12 Uhr ging ich mit Ferdinand zur Messe in die Paulanerkirche. Otto war schon im Oratorium, als wir dahin kamen*[30]... *fuhr mit Ferdinand nach 5 Uhr zur Bellaria, u. wir gingen in den Salon der Kaiserin, wo der Kaiser sich schon befand. Es war Familiendiner hier, ich kam früher, um den Gästen ihre Sitzplätze anzuweisen. Nun kamen sie alle nacheinander. Zuletzt MTh u. Margarethe zusammen. Vorher schon Franzi allein u. Otto mit Mitzi*...« Weil Kaiserin Elisabeth auf Reisen und seine Frau noch nicht ganz wohl war, empfing diesmal Erzherzog Carl Ludwig die Verwandten – außer Habsburgern, Bayern, Coburgs trafen auch einige Familienmitglieder der *Cumberlands* ein. Das war ein Zweig der Hannover, die Besitzungen in Wien und im Salzkammergut hatten und die über Erzherzogin Sophies mütterliche Seite entfernte Verwandte waren. Die Cumberland-Straße in Wien, die man hier deutsch *Kumberland-Straße* ausspricht, die aber englische Wurzeln hat und eigentlich wie die bekannte Sauce *Camberländ* genannt werden sollte, erinnert an den ehemaligen Wohnort der Familie. Im ehemals gleichnamigen, weitläufigen Palais in der Penzinger Straße sind heute das Reinhardt-Seminar und die Botschaft der Tschechischen Republik untergebracht. Die nördlich zur Penzinger Straße parallel verlaufende Cumberland-Straße deutet wohl an, dass sich der Besitz früher viel weiter erstreckte.

7.1.1891 »*Carl… gut geschlafen, hat aber noch Husten… (nachmittags) ging ich in den Garten hinab, wo ich MTh u. Elisabeth Schlittschuh laufend fand…*« Der liebende Ehemann und Vater hatte für die zwei Damen im Garten seines Palais einen Eislaufplatz anlegen lassen. Der knapp unterhalb des Theresianums[31] liegende Besitz[32] reichte früher bis zur Argentinierstraße und war wesentlich weitläufiger als heute. Das Areal ist beinahe vollständig verbaut. Reste eines dreiflügeligen Gebäudeteils aus dem 18. Jahrhundert erinnern an die Zeit, als Erzherzog Carl Ludwig mit seiner Familie dort wohnte. Diese Flügel sind von der Favoritenstraße nicht zu sehen, da sie von einem jüngeren Vorbau verdeckt werden. Das neue Gebäude Favoritenstraße 7 ist an der Goldenen Kugel zu erkennen, die sich am oberen Teil der Fassade befindet.

10.1.1891 »*… ging mit Margarethe zu Carl hinüber, dem es immer besser geht; er verließ heute auch später auf einige Stunden das Bett. Ich sah auch dort Dr. Monti, der zum Carl kam…*«

13.1.1891 Während sich der Enkel langsam erholte, forderte die Grippe ein neues Opfer im Haus. »*… war bei MTh (die nun zu Bett lag) u. bei Carl, der schon auf war, bei seinem Frühstück…*«

16.1.1891 »*MTh ging Nachmittags (wieder) zu Bett, vorher sahen ich u. sie auch noch Otto, der aus Enns kam. Nach ½ 6 Uhr wurde gespeist. Ich mit den 3 Töchtern u. Otto, Gf Pejacevich u. den Damen. Franzi kam später auch noch. Nach Tisch kurz beisammen; ich ging mit den Töchtern zu MTh. Es waren auch Franzi u. Otto dort…* (früher) *war ich bei der Tanzstunde der Miana u. Elisabeth, wo auch Franzi u. Otto waren. Es ging sehr lustig zu…*« Die beiden ältesten Söhne waren angereist, da ein Tag später beim Kaiser in der Hofburg ein Empfang stattfand. Es war Fasching/Karneval, der in Wien seit Menschengedenken mit beinahe täglich stattfindenden Bällen und Belustigungen aller Art gefeiert wurde.

18.1.1891 »*Nach ½ 1 Uhr Gabelfrühstück, auch Ferdinand u. Otto dabei; MTh frühstückte auch mit u. ging dann bald zu Bett. Ich sah bei mir den Sohn des Br Dlauhowesksy, meinen Täufling…*« Wir kennen den Baron *Dlauhowesksy* von Langendorf von den Herbst-Manövern 1889. Erzherzog Carl Ludwig war bei der Familie einquartiert und weckte damals seinen Gastgeber auf, der ihm als Einziger den Weg zum Quartier seines Sohnes Otto beschreiben konnte. »*… war auch bei Carl, wo ich Mitzi fand, er stellt Bausteine auf, u. ich sah mit ihm Bilderbücher an. Nach ½ 6 Uhr speiste ich mit den 3 Töchtern, Mitzi u. den 2 Söhnen…*«

Am **19.1.1891** findet sich wieder eine Bemerkung zu Erzherzog Carl Ludwigs künftig umfangreicherem Aufgabenbereich in Ungarn. »*Nach ½ 11 Uhr sah ich den Archivar des Reichsfinanzministeriums Thalloczy bei mir, u. er begann heute seine Vorträge über ung. Staatsrecht, die er regelmäßig fortsetzen wird. MTh kam auch dazu…*« Die Vorträge, an denen häufig auch die Ehefrau Erzherzog Carl Ludwigs teilnahm, fanden mehrmals pro Woche statt, wenn es sich einteilen ließ, jeden zweiten Tag. Während Erzherzogin Marie Theresia schon wieder das Bett verlassen konnte, scheint der Enkel eine Woche später noch immer oder schon wieder krank gewesen sein und durfte das Zimmer nicht verlassen. **26.1.1891** »*… war auch bei Carl, dem es wieder besser geht mit Husten, welchen er wieder etwas hat…*«

Am **29.1.1891** begannen die Diener aus Anlass eines bevorstehenden Balls im Palais Möbel umzustellen. Alle Arbeit – Herumrücken, Verschieben, Dekorieren und Probedecken – dauerte vier Tage lang. Als aufmerksamer Gastgeber war Erzherzog Carl Ludwig, immer wenn er Zeit hatte, abwägend, überprüfend und perfektionierend dabei. Zwischendurch hatte er die üblichen Termine und er musste auch zum Zahnarzt. Oder besser: der Zahnarzt zu ihm. »*… zu mir kam Dr. Jarisch u. auch sein Assistent,*

Ersterer plombirte mir einen Zahn. Ich ging dann zu Carl hinüber, der heute in das Zimmer hinter der Wohnung der Mitzi umzog, welches das Fenster gegen den Hof des II. Hauses hat; das Zimmer neben seinem früheren, wo das Kindsmädchen war, wird als Damentoilette für den Ball hergerichtet…« Wie von früheren Eintragungen bekannt, musste der kleine Carl mit seinen Kinderfrauen wieder einmal in andere Räume übersiedeln, weil Gäste erwartet wurden.

Aus Anlass des bevorstehenden Balls am 2.2.1891 waren die zwei ältesten Söhne von ihren Garnisonen angereist. **30.1.1891** *»Gabelfrühstück nach ½ 1 Uhr mit den 3 Töchtern, Mitzi u. Otto; Franzi setzte sich dazu u. fuhr bald zu Cumberlands[33], wo er dann speiste… nach ½ 6 Uhr speiste ich mit den Kindern, auch Mitzi u. Otto dazu. MTh kam später nach, sie sprach früher mit P. Marschall. Nach Tisch blieben wir zusammen, MTh ging früher ins Bett, weil sie Kopfweh hatte von einem Fall, den sie heute beim Schlittschuhlaufen im Garten that. Otto schrieb Noten…«* Vom Sportunfall seiner Ehefrau abgesehen, der glücklicherweise keine argen Folgen hatte, ist der letzte Satz besonders interessant. Wohl ist bekannt, dass Erzherzog Otto malte und musizierte. Er spielte Violine, Klavier und wie damals einige andere Verwandte Zither. Nicht bekannt ist, ob er komponierte, worauf das Noten-Schreiben hindeuten könnte. Allerdings wäre es auch möglich, dass er Noten für sich oder andere kopierte oder ein Arrangement für eine veränderte Besetzung schrieb. Vielleicht hat er mit Freunden musiziert und dafür Noten vorbereitet.

Am **2.2.1891** fand unter zahlreicher Teilnahme näherer und entfernterer Verwandter der Ball im Palais Erzherzog Carl Ludwigs statt. Einen Tag später begannen die Aufräumarbeiten und Rückübersiedlungen, und die angereisten Kinder verließen Wien wieder. *»Bevor ich ins Theater gefahren war, nahm ich Abschied von Otto u. Mitzi, welche heute abends nach Abbazia fahren…«* Die Schwiegertochter begab sich wieder dorthin zur Kur, wie üblich begleitete sie ihr Ehemann, der diesmal sogar selbst ein paar Tage blieb. Ihren kleinen Sohn Carl ließen die Eltern zur Freude des Großvaters in Wien.

4.2.1891 »*Nach ¼ 1 Uhr sahen wir Dr. Monti u. gingen mit ihm zu Carl hinüber, der nun in Mitzis Zimmern wohnt. Ich ließ Monti kommen, damit er entscheide, ob Carl nun ausfahren könne, für was ich schon früher gewesen war. Nachdem er kaum mehr hustet, u. das beständige im Zimmer Sein nicht gut für ihn sein kann. Monti war auch damit einverstanden u. heute Nachmittag fuhr er dann seit längerem zum erstenmal aus…*«

Erzherzog Carl Ludwig leistete, wie immer, wenn er in Wien war, etliche Termine ab. Diesmal hatte er zahlreiche Audienzen für Politiker, Militärs, Wissenschaftler und Künstler und er besuchte Spitäler, Ausstellungen (er selbst bezeichnete sich als der *Erzherzog der Ausstellungen*), aber auch Künstler in ihren Ateliers. Letzteres tat er besonders gerne und meist aus eigenem Antrieb, da er sich wie sein Sohn Otto sehr für Malerei und Bildhauerei interessierte. Die Künstler wurden durch die Besuche natürlich sehr geehrt. Da Erzherzog Carl Ludwig keinen von ihnen kränken wollte, besuchte er sie in großer Zahl, einen nach dem anderen, was ihm den Spitznamen *Künstler-Erzherzog* einbrachte.

6.2.1891, vier Tage nach dem Ball: »*Nach ½ 6 Uhr speiste ich mit Miana, Elisabeth, Gfinnen Schönfeld, Stolberg, Br Mollard, Frau von Goldegg u. Gf Schaffgotsche (Gefolgsleute) in dem ersten Zimmer des Otto, wo früher unser Speisezimmer war, da das gewöhnliche Speisezimmer des Balles wegen* (noch) *mit Möbeln verstellt ist…*« Über die noch herrschende Unordnung im Haus war Erzherzog Carl Ludwig sicher recht unglücklich. Es wird gute Gründe von Seiten des Personals gegeben haben, warum die Arbeiten noch nicht beendet waren. Da keine Empfänge bevorstanden, war der Hausherr aber entspannt und gab sich mit der Notlösung zufrieden.

8.2.1891 Diner bei Verwandten »*Nachdem es* (dort) *sehr heiß war, u. MTh beim Sitzen auch stärkere Schmerzen am Fuße hatte, welchen sie sich auf dem Ball bei uns verletzte, da ein Herr* (beim

Tanzen) *sie umwarf, ging ich mit ihr in die Salons, später setzten wir uns...«* Erzherzogin Marie Theresia muss arge Schmerzen gehabt haben, wenn darüber sogar geschrieben wurde. Eigentlich verbat sie sich in der Öffentlichkeit, eine Schwäche zu zeigen. Vielleicht war es aber auch der rührige Ehemann, der ihr das Unwohlsein vom Gesicht ablas und ihr Ruhe verordnete.

Zwischen den Terminen und Veranstaltungen der folgenden Tage nützte Erzherzog Carl Ludwig wie immer jede freie Minute, um den Enkel zu besuchen und mit ihm zu spielen. Wenn die Zeit knapp war, fand der Großvater andere Lösungen, um wenigstens kurze Zeit mit dem geliebten Kind sein zu können.

17.2.1891 *»Behielt Carl, den ich nach dem Frühstück zu MTh brachte, noch länger bei mir, auch während der Friseur Brunner bei mir war...«*

18.2.1891 Nach dem Frühstück kam Otto »*zu mir, er kehrte heute aus Abbazia zurück u. frühstückte auch in meinem Zimmer... Nach ½ 6 Uhr speiste ich mit Miana u. Elisabeth, ging dazwischen zu Otto, um ihn zum Essen zu suchen, dann speiste ich weiter, Otto u. MTh kamen zum Essen nach...«* Bemerkungen, dass einzelne Familienmitglieder zum Essen gesucht und geholt wurden, finden sich häufig in den Eintragungen. Darüber wundert man sich, da man annehmen würde, dass die Mahlzeiten täglich zur selben Zeit aufgetragen wurden. Da jedoch jedes erwachsene Familienmitglied Aufgabenbereiche im öffentlichen Leben überantwortet bekommen hatte und zu den verschiedensten Zeiten unterwegs war, fanden die Essen statt, wenn die meisten – oder zumindest einige von ihnen – gleichzeitig zu Hause waren.

20.2.1891 Wie üblich um diese Jahreszeit gab es einige Kranke in der Familie, diesmal lag auch die Ehefrau. »*... nachdem ich bei MTh gewesen, u. nachdem die Kinder fort gegangen sind, ging ich bald zu Margarethe (sie lag ebenfalls mit Grippe) u. zu Carl, der wieder etwas Husten hat u. nicht zum Frühstück kam... ¾ 2 Uhr fuhr ich in die Burg u. besuchte die Gfin Goëss*[34]*, bei welcher ich längere Zeit blieb, es kam auch Otto später dahin...«*

21.2.1891 Besuch bei Sohn Franz Ferdinand in dessen Wohnung im Palais Modena. »... *fuhr gegen ¼ 9 Uhr zu Franzi, der heute früh aus Budapest, von wo er gestern abends abfuhr, ankam. Ich fand ihn zu Bett, weckte ihn auf, u. er erzählte mir sehr viel von seiner Reise nach Rußland u. seinen Aufenthalten in Petersburg u. Moskau...*« Diese Reise war lange und beschwerlich, so hielt Erzherzog Carl Ludwig die Ungewissheit über den Gesundheitszustand des heimgekehrten Sohns nicht aus. Er fuhr kurzerhand zu ihm, um sich persönlich nach seinem Befinden zu erkundigen. Da er an diesem Tag wegen zahlreicher Besprechungen nur wenig Zeit hatte und das Telefon noch nicht im Hausgebrauch war, wurde er »brutal« und weckte sein Kind auf. Um mehr Einzelheiten über die Reise zu erfahren, lud er seinen ältesten Sohn für später zum Essen.

Mittags: »... *Gabelfrühstück MTh, ich, Franzi, Otto, Margarethe, die zum ersten Mal seit ihrem Unwohlsein dazu kam, Miana u. Elisabeth. Es war sehr heiter... So blieben wir zusammen bis gegen ¾ 2 Uhr, Miana u. Elisabeth gingen schon früher fort, um auszugehen. Ich ging zu Carl, wo auch Franzi u. Otto u. dann auch MTh hinkamen...*« Am Abend traf sich die Gesellschaft noch einmal in derselben Besetzung. »*Nach 6 Uhr speisten ich, die 5 Kinder, die 4 Damen u. Gf Pejacevich zusammen, MTh kam auch bald zum Essen nach. Es war sehr lustig, Franzi erzählte sehr viel von seiner Reise, wir tranken auch mit Champagner zu seiner Gesundheit u. glücklichen Rückkehr aus Rußland...*« Sehr typisch ist Erzherzog Carl Ludwigs Reaktion auf die glückliche Heimkehr des Sohnes: Es wurde mit der Familie gefeiert und sogar mit Champagner angestoßen. Er und sein Bruder Kaiser Franz Joseph tranken das Luxusgetränk nur bei besonderen Anlässen.

24.2.1891 »*Nach dem Frühstück mit den Kindern, wobei auch Carl war (er hatte einen weiteren Rückfall gehabt, es ging ihm erst seit dem Vortag wieder besser)... schrieb ich im Frühstückszimmer einen Brief nach Abbazia. Ich behielt währenddem Carl noch bei mir, u. der P. Andreas kam auch, während ich am Ende noch schrieb.*

Carl wurde dann weggeführt, u. P. Andreas blieb bei mir...« Pater Andreas war der Hausgeistliche von Erzherzog Carl Ludwig, ein gebürtiger Ungar, der ihm und seiner Frau auch Ungarisch-Unterricht gab.

28.2.1891 *»... nach ½ 6 Uhr diner, MTh, ich, die 3 Töchter, die 3 Damen u. Gf Schaffgotsche (Gefolgsleute). Nach Tisch etwas beisammen, ich holte Carl dazwischen herüber in den Salon her, wo alle versammelt waren. MTh erhielt von Mitzi ein Telegramm, daß Br Türkheim, Herr des Otto, an Lungenentzündung hier erkrankt u. im Hotel Müller sei. Darauf schickte ich den Gfen Schaffgotsche dahin, um sich nach ihm zu erkundigen...«* Der Gefolgsmann erfuhr im Hotel, dass es Baron Türkheim sehr schlecht ging. Daraufhin besuchte Erzherzog Carl Ludwig den Kranken, um sich ein Bild von seinem Zustand zu machen. **29.2.1891** *»Nach ½ 12 Uhr fuhr ich mit MTh zum Hotel Müller am Graben u. ging mit ihr hinauf in den 2. Stock, damit wir uns erkundigen, wie es dem Br Türkheim heute geht. Es sprach dort mit uns auf dem Gang seine Cousine, die Bn Stahl. Wir gingen auch kurz ins Zimmer hinein, wo Br Türkheim liegt. Er sieht übel aus u. ist recht krank...«* Erzherzog Carl Ludwig oder seine Frau besuchten Baron Türkheim fortan täglich. Ab **4.3.** ging es ihm zwar etwas besser, er war aber körperlich so schwach, dass er erst am **11.3.** in ein anderes Quartier verlegt werden konnte. An diesem Tag übersiedelte er ins Palais Erzherzog Carl Ludwigs, wo sich die Familie um die weitere Versorgung des Gefolgsmanns kümmerte. In einer Zeit ohne Versicherungen und ohne Sozialnetz übernahm die Herrschaft die Krankenpflege, aber auch finanzielle Zuwendung, sogar auf Lebenszeit, wenn der Betroffene ohne Mittel war.

Am **5.3.1891** reiste Erzherzog Carl Ludwig nach Enns: dieses Mal, um seinen zweitältesten Sohn und die in der Garnison stationierten Offiziere zu besuchen. *»Nach ¼ 12 Uhr fuhren wir auf der Station Enns ein, wo mich Otto u. sein Regimentscommandant Oberst Bn Weigelsperg erwarteten. Ich fuhr mit Otto im geschlossenen Wagen mit sehr rasch gehenden russischen Schimmeln von ihm* *gelenkt… zum fürstenbergischen Schloß, wo Otto wohnt…«* Aus der Bemerkung zu den *rasch gehenden russischen Schimmeln* schwingt väterlicher Stolz auf den Sohn mit, der nicht nur gute Pferde hatte, sondern auch selbst kutschierte. Das war in einer Zeit ohne Automobile besonders nützlich und wertvoll.

Im Schloss »*stiegen wir ab u. gingen in seine* (Ottos) *Zimmer, nach kurzem Dortsein gingen wir in einen weiteren Salon, welchen sonst die Landgräfin Fürstenberg bewohnt…*« Keine bösen Mutmaßungen zum Lebenswandel Erzherzog Ottos: Bei der Landgräfin handelte es sich um eine ältere Dame, die nicht im Schloss lebte; die Wohnung war für die Dauer des Dortseins gemietet. *»… da speiste ich mit Otto u. Gf Schaffgotsche ein excellentes* diner, *der Koch des Otto war früher Koch bei Rudolph. Nach Tisch rauchten wir im Nebensalon, bald kam der Oberst Bn Weigelsperg zu mir, mit dem ich einige Zeit blieb… dann gingen wir die Küche ansehen, die recht gut eingerichtet ist, ich sprach da mit dem Koch, wir sahen auch die Stallungen an, die recht hübsch eingerichtet sind, hoch gewölbt. Die Pferde des Otto sind sowohl die Wagen- als die Reitpferde… Otto kutschirte uns dann in seinem* Phaëton (einem kleinen Wagen, den man selbst lenkte) *mit den 2 rasch gehenden russ. Pferden nach Ennsdorf…*« Am Abend dieses Tages kehrte Erzherzog Carl Ludwig zurück nach Wien.

Ein Apropos zum ältesten Sohn Franz Ferdinand: Er kam am **12.3.** nach Wien, direkt aus Pressburg, wo er bei Erzherzog Friedrich zu Besuch gewesen war. Dieser Habsburger Vetter war der Arbeitgeber von Gräfin Sophie Chotek, der späteren Ehefrau Franz Ferdinands. Er selbst war in dieser Zeit im nicht allzu weit entfernten Ödenburg/Sopron stationiert und es fand ein reger Besuchsverkehr zwischen den beiden Orten statt. Erzherzog Friedrich hatte damals sechs Töchter, und seine Frau schmeichelte sich, dass der 28-jährige künftige Kaiser Franz Ferdinand so häufig zu Besuch kam, weil er eine ihrer Töchter zur Frau nehmen wollte. Einmal davon abgesehen, dass seine Besuche Gräfin Sophie Chotek galten, war diese Kalkulation ziemlich kühn.

Denn selbst die älteste Tochter des Paares zählte damals erst elfeinhalb Jahre.

Am **22.3.1891** unternahm Erzherzog Carl Ludwig eine kurze offizielle Reise nach Abbazia, wo er unter anderem auch die dort zur Kur weilende Schwiegertochter besuchte. »*Nach 3 Uhr landeten wir im kleinen Hafen von Abbazia. Mitzi u. Grfin Pallavicini waren auf dem Molo, um meine Ankunft zu erwarten…*« **23.3.1891** »*… nach 1 Uhr speiste ich bei Mitzi drüben in ihrem Salon, mit ihr Gfin Pallavicini, Br Türkheim (der nach der schweren Krankheit ebenfalls dort zur Kur war) u. Gf Pejacevich… Wir gingen* (am Nachmittag mit Mitzi) *zuerst ein kurzes Stück auf den Weg am Strand, gegen Ika kehrten wir bald um u. gingen beim Hotel vorbei am schönen Weg am Strand bis zum Molo von Volosca. Es war noch besseres Wetter geworden wie Vormittags, wo es übrigens auch nicht so günstig wie gestern Nachmittag war. Man sah jetzt theilweise schöne Beleuchtungen auf den Bergen, die mit frischem Schnee bedeckt waren. Das Meer hatte auch eine hellere Farbe erlangt. Der Weg bietet sehr abwechslungsvolle Bilder…*« Romantische Schilderungen von Licht- und Mondstimmungen waren in der Familie sehr beliebt. Schon Erzherzogin Sophie schrieb in den Briefen an ihre Kinder darüber, ebenfalls ihr Sohn Erzherzog Carl Ludwig wie auch dessen Sohn Erzherzog Otto.[35]

Nach dem Ableisten der offiziellen Termine nahm Erzherzog Carl Ludwig am **24.3.** abends den Zug nach Wien, wo er am nächsten Tag in der Früh eintraf. Es war Osterwoche und Erzherzog Carl Ludwig wollte am folgenden Tag, es war Gründonnerstag, wie jedes Jahr an der Fußwaschungszeremonie des Kaisers in der Hofburg teilnehmen.

29.3.1891 Ostersonntag »*… zu MTh gegangen u. in den Salon, wo Otto sonst wohnt, um dort die Ostersachen, kaltes Fleisch, Eier, Wein, Brot u.s.w. anzusehen, ging zu Carl hinüber u. zeigte ihm auch diese Gegenstände, was ihn erstaunte* (= interessierte). *Dann führte ich ihn zu mir ins Frühstückszimmer…*« Danach fuhren alle zum Hochamt in die Burgkapelle, später »*war Gabelfrühstück mit*

MTh, Anna (einer Schwägerin) u. den 4 Kindern. Wir aßen dabei auch das geweihte Fleisch. Nachdem wir einige Zeit beisammen waren, u. MTh einige Gegenstände in ihrem Salon zusammen legte, damit wir dieselben aus Anlaß des Osterfestes erhalten, gingen Anna, MTh, ich u. die Kinder deshalb dorthin. Ich erhielt eine sehr zweckmäßige Maschine zum Theemachen... nachdem Carl aus dem Prater zurückgekommen war, ging ich mit den 3 Töchtern u. mit ihm in die Gallerie, wo früher die Kinder für Carl Ostereier u. ein paar Körbe mit Eiern sowie ein Heiligenbild versteckt hatten; er suchte die Sachen mit vielem Eifer u. war sehr glücklich darüber...«

30.3.1891 Ostermontag. »*Ich fuhr bald nach der Messe in die Burg u. ging zur kleinen Elisabeth, Tochter der Stephanie* (und des verstorbenen Kronprinz Rudolf), *der ich ein Osterei mit gezuckerten Früchten darin brachte. Es war auch ihre Gouvernante da, Madame Touzet u. der Obersthofmeister der Stephanie, Gf Bellegarde war auch da. Er reist morgen nach Gries* (in Südtirol) *zu Stephanie, um sie zu einer Reise nach Italien zu begleiten. Ich blieb etwas bei der Kleinen...«* Erzherzog Carl Ludwig nahm sich nach dem Tod seines Neffen Rudolf dessen Tochter, der *kleinen Elisabeth* (im Unterschied zu seiner Tochter Elisabeth), besonders an. Er besuchte sie häufig, wenn er in der Hofburg war. Das Mädchen, das damals 7 ½ Jahre alt war, tat ihm recht leid, da es fast immer nur in Gesellschaft von Gefolgsleuten war und sich auch ihre Großeltern, der Kaiser und die Kaiserin, kaum um sie kümmerten. Weihnachten und Ostern brachte er ihr Geschenke vorbei und blieb dann auch immer einige Zeit bei ihr. Zuletzt besuchte er an Feiertagen meist auch die frühere Gefolgsdame seiner zweiten verstorbenen Frau, »*Gfin Goëss, die nicht gleich zu Hause war; man holte sie aus der Hofcapelle. Ich ging ihr entgegen u. führte sie in ihren Salon, da blieb ich einige Zeit mit ihr u. fuhr dann nach Hause...«* Nach dem Gabelfrühstück mit den Kindern »*versteckten Margarethe u. Anna mehrere Bonbons u. Ostereier, welche vom gestrigen diner übrig blieben in der Gallerie. Ich ging dann mit ihnen, Miana, Elisabeth u. Carl dahin, die 3 Letzteren suchten dort* *die Gegenstände... Nachdem die Kinder jetzt fort waren, las ich längere Zeit Acten...«*

Wenn Carl bei seinem Großvater war, durfte er bei jedem Essen mit am Tisch sein. Ausnahmen waren, wenn er schlief – Erzherzog Carl Ludwig hatte bestimmt, dass er seinetwegen nie geweckt werden dürfe –, und er war von großen gesellschaftlichen Essen befreit, da man ihm das lange ruhige Sitzen bei mehreren Essensgängen ersparen wollte. **2.4.1891** »*Nach Tisch (mit etlichen Gästen) blieben wir beisammen einige Zeit, u. ich holte auch Carl zu uns her. Er war sehr lustig u. sprang viel herum...«* Erst als das Essen vorüber war, wurde der Enkel zu den Gästen geholt. Genauso hatte schon Erzherzogin Sophie mit ihren Kindern verfahren, als sie klein waren. Das geschah zum einen, weil man die Kinder gerne herzeigte, zum anderen aber auch – und das war beinahe der wichtigere Grund –, um sie schon im Kleinkindalter an den Umgang mit Erwachsenen und Fremden zu gewöhnen. So verloren sie die Scheu und lernten früh, sich ungehemmt zu benehmen und mit allen Konversation zu machen. Den Mitgliedern der Kaiserfamilie war es Pflicht und Höflichkeit, am Leben der anderen teilzunehmen und mit ihnen über alles sprechen zu können.

11.4.1891 »*Ich las dann nach den sehr langen Audienzen etwas Acten, ging zu Carl hinüber, fand auch Otto in seinem Zimmer, er war gerade aus dem Bad gestiegen. Carl kann jetzt nicht zu mir herüber kommen, weil er etwas Schnupfen u. die Mandeln angeschwollen hat...«* Der Kurzbesuch seines Vaters war dem Kleinen eine angenehme Ablenkung, denn er war krank und es war ihm wieder einmal strenge Bettruhe verordnet. Am **18.4.1891** »*... ging (ich abends) noch zu Carl, der bei seiner Nachttoilette war u. vor mir ins Bett gebracht wurde, er war sehr lustig u. herzig. Dann ging ich in mein Schreibzimmer u. las Acten...«*

Anfang Mai verließ Erzherzog Carl Ludwig Wien für ein paar Tage, um nach St. Jakob im Walde in der Steiermark zu fahren, wo er einen kleinen Forstbesitz hatte. Ab **6.5.1891** traf er mit seiner

Ehefrau Marie Theresia in Meran zusammen, ab **12.5.1891** findet man beide wieder in Wien.

13.5.1891 großes Familienfrühstück »*Zum déjeuner nach 9 Uhr waren bei uns der König u. die Königin von Dänemark, Ernst von Cumberland u. Thyra* (Ehefrau des Herzogs von Cumberland und Tochter des Königs von Dänemark) *mit ihrer ältesten Tochter u. ihrem ältesten Sohn, Gisela mit ihren 2 Töchtern, Stephanie, Ludwig u. unsere beiden Töchter. Nach dem déjeuner waren wir lange Zeit beisammen im Holzsalon, wir hatten im Roten Salon daneben gespeist, es kam auch Carl bald nach Tisch, weil man ihn zu sehen wünschte* …«

Am **14.5.1891** reisten Erzherzog Carl Ludwig und seine Frau zu offiziellen Terminen nach Prag, am **20.5.1891** waren sie wieder in Wien. Dort fand sich am selben Tag auch die Schwiegertochter Mitzi ein, die von ihrer Kur aus Abbazia zurückkam. Ihr Ehemann Otto war in Reichenau an der Rax zur Kaltwasser-Kur. Er wohnte während dieser Zeit in der Villa Wartholz. Dort traf am **22.5.1891** auch sein Vater ein, um mit dem Verwalter anstehende Arbeiten zu besprechen, aber natürlich auch um seinen Sohn zu besuchen. »¼ *11 Uhr* (nachts) *auf Station Payerbach eingetroffen u. fuhr mit Wagen von Fischer nach Wartholz. Otto ist hier, wohnt im 2.ten Haus, er gebraucht hier seit einiger Zeit die Kalt-Wasser-Cur. Ich sah ihn nicht, da ich ihm telegraphirte, daß er nicht wegen mir aufbleiben möge, weil er früh schlafen gehen soll u. früh aufstehen* …« Warum Otto während der Kur nicht seine Wohnung in der Villa verwendete, sondern im *2.ten Haus*, also im Gästehaus, wohnte, wird nicht erklärt. Vielleicht sollte er wegen der Kur ungestört bleiben. Vermutlich hängt das damit zusammen, dass man damals Kranken und Kurenden für die Dauer der Genesung absolute Ruhe und Abgeschiedenheit empfahl.

23.5.1891 »… *ich sah den Otto, der zu mir kam u. blieb einige Zeit da, während ich noch im Bett war* …« Otto hat sich also den Verordnungen der Zeit widersetzt und besuchte früh morgens seinen Vater, wohl aber, weil er sich in der Einsamkeit über die Gesellschaft freute. Einen Tag später, **24.5.1891**, nach dem Frühstück, »*ging zu Otto hinüber, der im Bett ist u. starke Halsschmerzen hat…*« Erzherzog Carl Ludwig telegraphierte der Schwiegertochter und bat sie, den Zug nach Reichenau zu nehmen und sich ein wenig um ihren kranken Mann zu kümmern. »*Mitzi kam zu mir, während ich Caffe nahm, sie traf Nachmittags mit Gfin Pallavicini hier ein, um zu Otto zu kommen. Ich ging dann mit ihr wieder zu ihm, blieb da etwas, ging danach zu mir in die Villa…* (nach dem Souper ging ich) *bald darauf wieder zu Otto, wo auch Mitzi war. Gfin Pallavicini spielte währenddem im Nebenzimmer Clavier…*« Das Idyll währte aber nicht lange.

25.5.1891 »*… ging ich in mein Schreibzimmer u. dann bald zu Otto, der schlief. Da blieb ich einige Zeit, ohne ihn aufzuwecken, bis es Zeit war zum Wegfahren* (nach Wien), *da weckte ich ihn einen Augenblick auf u. nahm Abschied von ihm u. fuhr zum Bahnhof Payerbach…*« Als Erzherzog Carl Ludwig in seinem Palais in Wien eintraf, fand er dort auch schon wieder Mitzi, die noch vor ihm von Reichenau an der Rax zurückgereist war. Auf sie warteten in Wien gesellschaftliche Verpflichtungen.

27.5.1891 »*… nach 1 Uhr speisten MTh u. ich mit Ludwig u. den 3 Töchtern im Gartenzimmer. Mitzi kam nach Tisch u. Carl während dem Essen. Mitzi hatte wegen des gestriges Balles länger ausgeruht…*« Das gereichte dem Enkel zum Vorteil. Da seine Mutter nach durchfeierter Nacht diesmal sogar das Mittagessen verschlief, durfte er daran teilnehmen.

29.5.1891 »*Nach dem Essen sah ich Mitzi im Garten, um ihr mitzutheilen, sie möge Carl morgen nach Wartholz schicken…*« Da sich Carls Mutter ohnehin nicht viele Gedanken um das Wohl ihres Sohnes machte, entschied Erzherzog Carl Ludwig, den Enkel nach Reichenau an der Rax zu schicken. Der Ort, an dem sich auch sein kranker Vater aufhielt, galt damals als Luftkurort und war daher für ihn, der häufig an hartnäckigen Verkühlungen litt, ein idealerer Aufenthaltsort als Wien. Einen Tag später fand die Übersiedlung statt. »*Nach 11 Uhr sah ich den Fürsten Rosenberg aus*

Klagenfurt bei mir, darauf ging ich in den Garten, um dort Carl noch zu sehen, der heute Nachmittag mit Kindsfrau u. Kindsmädchen nach Wartholz übersiedelt…« Was seine Mutter in den folgenden Tagen machte und wo sie sich aufhielt, ist in den Eintragungen nicht erwähnt. Erzherzog Carl Ludwig war um diese Zeit in Wien sehr beschäftigt. Gemeinsam mit dem Kaiser nahm er an Veranstaltungen und Empfängen für ausländische Gäste teil. Anfang Juni, vom **5.** bis **9.6.1891**, war er zu Jubiläumsfeierlichkeiten in Ungarn, ab **12.6.1891** wieder in Wartholz, wo inzwischen auch ein Großteil der Familie eingetroffen war.

14.6.1891 *»Nach Tisch ging ich herum auf der Terrasse im Garten, war im 2ten Haus… (im) Secretariat, im Stall, begegnete dem Carl vor der Villa u. ging mit ihm im Wald herum. Es kamen auch Miana u. Elisabeth dahin, wir waren auch etwas auf dem Turnplatz, wo Carl u. die Mädchen auf die Leiter stiegen. Miana u. Elisabeth gingen dann fort, weil sie mit Bin* (Baronin) *Maillard einen längeren Spaziergang machten, u. ich ging noch mit Carl zur Schwimmschule, dann zur Kindsfrau. Es kamen dann auch Otto, Mitzi u. Margarethe zusammen mir entgegen. Mitzi u. Margarethe waren dem Otto auf den Bahnhof entgegen gefahren u. hatten ihn hierher abgeholt. Er kam von Persenbeug resp. Wien…«* Einen Tag später musste er wieder zurück an seinen Dienstort nach Prag.

15.6.1891 morgens, *»… ging zu Carl in sein Zimmer, er wohnt jetzt im Zimmer zwischen dem Oratorium u. dem Schlafzimmer der Mitzi…«* Dieser knappe Satz weist auf eine Neuerung hin, die einer Idee Erzherzog Carl Ludwigs entsprungen war. Er hatte den Enkel in ein Zimmer neben dem Schlafzimmer seiner Mutter legen lassen, weil er hoffte, dass sich die beiden dadurch häufiger sehen würden. Carl war sehr glücklich darüber. Er genoss die Nähe zu seiner Mutter, die er nun – Tür an Tür mit ihr wohnend – viel spontaner besuchen konnte. **19.6.1891** abends *»ging ich zu Margarethe, die zu Bett schon war, zu Mitzi, die auch zu Bett war u. fand dort auch Carl…«* Zufrieden über den Erfolg, den die Übersiedlung bewirkt hatte, verließ der Erzherzog Reichenau, um sich drei

Tage in Wien aufzuhalten. Dort verabschiedete er sich von seiner Frau, die für einige Wochen zu ihrer Schwester Marie José nach Bayern fuhr.

Am **22.6.1891** erreichte er um 10.30 Uhr morgens Wartholz. »*Dort fand ich Miana u. Elisabeth u. vor der Villa den Carl; es begann zu regnen. Ich ordnete Sachen* (am Schreibtisch), *zog mich um, frühstückte noch einmal, ging zu Carl hinauf in sein Zimmer u. von da mit ihm zu Mitzi, die noch zu Bett war* (nach 11 Uhr)…« Da die Schwiegertochter wie meist lange und offensichtlich auch sehr tief schlief, vermochte der kleine Sohn bei ihr nichts auszurichten. Vielleicht hatte er sie in ihrem Zimmer besucht und sie hat es nicht gehört. Oder aber es war ihm verboten, die schlafende Mutter zu stören. In den folgenden Tagen frühstückte Erzherzog Carl Ludwig wie üblich mit Miana, Elisabeth u. Carl, während Mitzi noch schlief. Zum Mittagessen gesellte sie sich dann zur Familie, was wiederum bedeutete, dass Carl nicht dabei sein durfte.

Am **1.7.1891** musste sich Erzherzog Carl Ludwig von seinem Enkel verabschieden, der mit seiner Mutter und Gefolgsleuten verreiste. »*Nach 9 Uhr* (nach dem gemeinsamen Frühstück) *ging ich mit Carl in mein Schreibzimmer u. begann dann Ferdinand zu schreiben; dazwischen kam Mitzi zu mir, um mir zu zeigen den Korb mit Theemaschinen u. Zugehör, welchen sie aus England erhielt, den sie sich von MTh und mir als Geburtstagsgeschenk erbat. Nachdem sie mit Carl fortgegangen war, schrieb ich den Brief an Ferd. zu Ende. Nach ¾ 11 Uhr fuhr ich mit Mitzi u. Carl zum Bahnhof Payerbach, uns nach Gfin Stephanie Wenkheim mit der Kindsfrau… Mitzi fuhr mit Gfin Wenkheim bis Baden, machte einen Besuch bei einer Baronin Ap…, die sie von Abbazia her kennt u. fuhr dann auf die Weilburg, um Elisabeth zu besuchen u. dann nach Wien weiterzufahren. Carl fuhr mit der Kindsfrau nach Wien. Mitzi fährt morgen mit Carl zu Ludwig nach Klesheim, wo sie einige Tage bleiben u. von da reisen sie mit Bn Türkheim nach Sachsen; Mitzi zu ihrem Vater*…«

Erzherzog Carl Ludwig blieb noch kurz in Reichenau, fuhr dann aber auch nach Wien und von da nach Krems zu seinem Sohn Ferdinand, um ihn in der Garnison zu besuchen. Weiter ging es nach Mähren zu offiziellen Terminen und von dort zurück nach Wien, wo der Erzherzog am **20.7.1891** seinen Sohn Otto traf.

Am **22.7.1891** fand sich Erzherzog Carl Ludwig wieder in der Villa Wartholz ein, wo eine Woche später seine Ehefrau Marie Theresia von ihrem Aufenthalt in Bayern eintraf. Am Nachmittag desselben Tages kamen auch Mitzi und Carl mit ihren Gefolgsleuten aus Sachsen zurück. Am Abend des **29.7.1891** reiste der älteste Sohn Franz Ferdinand an. Erzherzog Carl Ludwig holte alle persönlich vom Bahnhof ab. Die zahlreich erscheinenden Familienmitglieder kamen seinetwegen, da am nächsten Tag sein Geburtstag war.

30.7.1891 »*Geburtstag mit allen Kindern…*« und der Tag begann recht heiter. Zwei Söhne des Erzherzogs trieben Späße miteinander, was die Vermutung bestätigt, dass Jugend zu jeder Zeit und aus jeder Gesellschaftsschicht gerne Unfug trieb. »*… ging vor 8 Uhr zu Franzi u. Ferdinand hinauf, sie begossen sich mit Wasser auf dem Gang vor ihren Zimmern, was sehr unterhaltend zuzusehen war… gegen ¼ 10 Uhr kamen MTh, die Kinder, Mitzi u. Carl mir zu gratulieren in das Schreibzimmer, brachten mir* bouquets, *Otto eine Mappe,* (um) *Photographien hineinzuthun, Ferdinand eine Busennadel, später auch noch eine Cigarrentasche… Darauf frühstückten wir alle, Carl war auch dabei…*«. Es folgten die Gratulationen der regionalen Politiker, der Honoratioren und zuletzt der Hausleute. »*… nach ½ 1 Uhr begann die Musik vom Rgmt Deutschmeister zu spielen, die* (dieses Mal) *MTh aus Wien kommen ließ… nach dem Essen spielte die Musik auf der Terrasse vor dem Haus, es regnete dazwischen auch, die Musik ging dann in den II. Stock in die Halle hinauf… Ich fuhr mit Franzi, Otto, der kutschirte, u. Ferdinand durch Reichenau… uns nach Mitzi mit Carl u. Miana im Landolet u. auf dem Bock Elisabeth…* (nach der Heimkehr nahmen wir) *Caffee. Otto fuhr mit Franzi früher zum Bahnhof fort, weil Ersterer über Wien nach Bruck zurückfuhr…*« Nach zahlreichen Stationen, die alle paar Monate wechselten, war Erzherzog Otto nun im nieder österreichischen Ort Bruck an der Leitha in Garnison stationiert.

31.7.1891 »... *ich ging mit Miana u. Elisabeth zu MTh, die noch zu Bett war, sah auch Carl dort ... Ich ging darauf mit den Kindern u. Carl zum Frühstück; er hatte schon früher gefrühstückt u. war nur dabei ...*« Da Carl noch ein Kind war, erhielt er sein Frühstück sofort nach dem Aufstehen. Die Erwachsenen nahmen ihres erst nach dem Besuch der heiligen Messe. Da seine Mutter noch schlief, war er wie üblich mit Großeltern und Tanten am Tisch. Während des Mittag- und Abendessens musste Carl nach wie vor bei Anwesenheit seiner Mutter zu den Kinderfrauen, da sie den mittlerweile beinahe vierjährigen Sohn in Gesellschaft Erwachsener noch immer nicht dabeihaben wollte.

8.8.1891 nach ein paar Tagen Regen und Kälte: »... *es war ziemlich gutes Wetter aber kühl; darum frühstückte ich mit den Kindern auch nicht auf der Terrasse sondern im Frühstückszimmer. Carl war da u. MTh kam auch dazu. Carl blieb dann etwas bei mir, nachdem die anderen weggegangen waren ...*« Das war ein beliebter Brauch: Solange der Großvater keine Termine hatte, blieb der Enkel nach dem Frühstück bei ihm im Schreibzimmer, spielte dort und durfte auch jederzeit sprechen und Fragen stellen. Carls Mutter hatte sich ein paar Tage in Wien aufgehalten, sie traf nachmittags wieder in Reichenau ein. Nach Aktenlesen und erledigter Schreibarbeit »*ging ich noch auf der großen Terrasse auf u. ab in Beusts Buch lesend, währenddem war ein Italiener mit einem Affen auf die große Terrasse gekommen u. producirte da denselben zur Freude der Miana u. Elisabeth u. des Carl, die auf den Balkons zusahen ...*« Abends reiste Professor Weihs für seinen alljährlichen Sommeraufenthalt in der Villa Wartholz an. Er kam, »*während wir beim* souper *saßen u. setzte sich dazu u. soupirte auch mit ... Interessante animirte* conversation. *So blieben MTh u. ich mit Weihs bis 10 Uhr zusammen, ich führte den Weihs hinauf in das für ihn bestimmte Zimmer im 2. Stock, da wo Ferdinand sonst wohnt ...*«

Am **10.8.1891** kam ein anderer Artist vorbei: »*Bald nachdem MTh u. ich gespeist hatten, producirte sich der Taschenspieler Gustav Adolf Fingerhut; er machte einige sehr frappante Kunststücke, sowohl mit Karten als mit anderen Gegenständen. Carl war auch dabei u. unterhielt sich sehr gut. Die Vorstellung dauerte ungefähr eine Stunde. Es war in der Halle, oben sah die Dienerschaft zu …*«

17.8.1891 »*… ging zu Carl hinauf, dessen Geburtstag heute ist, ging dann herunter u. sah ihn dann beim Frühstück, wo ich mit Miana, Elisabeth u. Marg. war. Bald kamen auch MTh u. Ferdinand, welche schon nach ¾ 5 Uhr in die Prein gefahren waren… MTh u. ich schenkten dem Carl Spielereien; wir blieben alle zusammen beim Frühstück bis nach 9 Uhr, wo wir in die Messe gingen; dahin kam auch Mitzi, Carl war auch im Oratorium* (er war früher mit einer Kinderfrau gekommen)*… Gegen ¼ 2 Uhr war das* diner. *MTh u. ich mit den Kindern, Mitzi auch mit Carl, die Damen… Gf Pejacevich, Gf Schönfeld u. Gf Schaffgotsche, Carl saß zwischen mir u. Mitzi bei Tisch. Nach dem Essen einige Zeit beisammen in der Vorhalle u. dann noch mit MTh, Mitzi, Margarethe, Ferd. u. Carl auf der Terrasse vor dem Speisezimmer …*«

24.8.1891 »*… gratulirte ihr* (seiner Ehefrau Marie Theresia), *es ist heute ihr Geburtstag, ging auch zu Miana u. Elisabeth u. zu Carl hinauf, begann dann zu frühstücken mit den Kindern, auch mit Mitzi, Carl war auch dabei* (mit Erlaubnis seiner Mutter durfte er diesmal sogar an der Geburtstagsfeier der Großmutter teilnehmen), *später kam noch MTh, die schon früher hier gefrühstückt hatte, u. wir gaben ihr alle bouquets, ich noch außerdem Geschenke, Carl sprach einige Verse als Gratulation für MTh, wir blieben so beisammen bis zum Hochamt, das nach 10 Uhr war…* diner *in der Halle auf der Gallerie oben* (mit einigen Verwandten Marie Theresias, die aus Schwarzau angereist kamen). *Carl war auch beim Essen u. war sehr lustig…*«

Vom **27.** bis **29.8.1891** befand sich Erzherzog Carl Ludwig auf einer offiziellen Reise in Oberösterreich. Am **30.8.1891** war er wieder in Reichenau an der Rax. Nach einem Mittagessen mit etlichen

Verwandten seiner Frau, an dem auch Carl teilnahm, »(ging ich) *in die Anlage... an derselben beim Spitz kam mir wieder Carl mit der Kindsfrau (entgegen) u. ging dann mit ihm alleine links ab zum Steg, der über die Schwarza führt, u. über denselben nach Reichenau zur dortigen Schwimmschule, wo wir uns kurz aufhielten. Es schwamm da gerade ein junger Mann; von da gingen wir bei der Kirche vorbei, über den Erlanger Platz, durch die Anlagen nach Hause, Carl in sein Zimmer...«*

Ab **1.9.1891** fanden bei Horn in Niederösterreich Manöver und eine Steeplechase statt. Letzteres ist ein extrem gefährliches Hindernisrennen für Pferde. Heute sind diese Rennen in vielen Ländern wegen der hohen Verletzungs- und Tötungsrate der Tiere verboten, aber es gibt sie noch immer. – Kaiser Wilhelm und der König von Sachsen nahmen an den Veranstaltungen als Zuschauer teil. Von den Habsburgern waren der Kaiser, sein Bruder Erzherzog Carl Ludwig und dessen ältester Sohn Franz Ferdinand dabei. Otto stieß am **7.9.1891** mit seinem Regiment dazu. Zwischen **9.** und **10.9.1891** fanden in Galgócz in Ungarn (nahe Tapolcsány, siehe dazu die Eintragung vom 22.9.1891) Kaiser-Manöver statt. Von dort kehrte Erzherzog Carl Ludwig nach Reichenau an der Rax zurück, wo er am **12.9.1891** eintraf.

13.9.1891 »*Nach 10 Uhr ging ich mit den Kindern in die Messe, auch Carl war im Oratorium, damit die Kindsfrau in die Messe gehen konnte, weil das Kindsmädchen nach Maria Schutz ging...*« Maria Schutz ist bis heute ein beliebter Wallfahrtsort in der Nähe des Semmering, der auf über 700 m Seehöhe liegt. Das Kindermädchen wird einen besonderen Grund gehabt haben, den Gottesdienst dort zu hören. Da die Kinderfrau auch in die Messe gehen wollte, begleitete Carl sie. Erwachsene und größere Kinder taten das täglich. Als Vierjähriger besuchte man meist nur an Sonntagen das Hochamt.

Am **16.9.1891** trat Erzherzog Carl Ludwig eine offizielle Reise nach Triest und Görz an. Dort nahm er am **18.9.1891** an einer Festveranstaltung teil, wo ihn ein Redner besonders beeindruckte.

»… der 87jährige Advocat Dr. Doria-Cipriani hielt stehend lesend einen von ihm verfaßten Vortrag über die Geschichte der Gründung u. Entwicklung der Görzer landw. Gesellschaft. Sehr merkwürdig (= bemerkenswert) *war es, daß der sehr alte Mann noch so rüstig war, um so lange sprechen zu können…«* Das Erreichen dieses Alters, 87 Jahre, war in der damaligen Zeit sehr selten. Zu Ende des 19. Jahrhunderts und lange in das 20. Jahrhundert hinein lag die Erwachsenensterblichkeit noch wesentlich niedriger als heute. Frauen wurden durchschnittlich ein paar Jahre älter als 40, Männer starben im Schnitt in den späteren Dreißigern.

Ab **22.9.1891** hielt sich Erzherzog Carl Ludwig mit seiner Frau und den Töchter Miana und Elisabeth in Ungarn auf. Er hatte kurz zuvor in Tapolcsány einen kleinen Besitz gekauft. Das war sicher eine Geste in Richtung Ungarn, da sein Bruder ihn gebeten hatte, sich häufiger in diesem Land aufzuhalten. In Hinkunft verbrachte Erzherzog Carl Ludwig bis zu seinem Tod im Jahr 1896 alljährlich einige Wochen auf diesem Besitz. Ab Herbst 1891 begann er, das dortige Schloss einzurichten. Kurz vor seiner Ankunft hatte es in der Nähe ein Unglück gegeben, bei dem mehrere Arbeiter verletzt wurden. Der Erzherzog und seine Frau besuchten die im Spital der barmherzigen Schwestern liegenden Arbeiter mehrmals während ihres Aufenthalts. Am **30.9.1891** war die Familie wieder in Wien.

5.10.1891 Ausflug nach Schloss Persenbeug, um einige der umgebauten und neu eingerichteten Räume zu besichtigen. Erzherzog Carl Ludwig und seine Söhne Ferdinand und Otto verließen Wien morgens mit dem Früheilzug. Von der Station Kemmelbach ging es weiter »*in dem 4sitzigen Wagen an das Donauufer von Ybbs u. mit dem Dampfpropeller* (eine Einrichtung zur Querung der Donau) *an das andere Ufer von Persenbeug* (dem Ort) *u. mit Wagen von Otto mit ihm nach Persenbeug* (zum gleichnamigen Schloss). *Da kamen uns auf der Treppe Mitzi mit Carl entgegen. Wir gingen mit ihnen in die Zimmer, wo ich, Ferdinand u. Gf Schaffgotsche wohnen werden. Es ist dieselbe Wohnung, in der meine Großmutter* (Kaiserin Caroline Auguste) *gewohnt* *hatte ... dann schrieb ich* (Briefe) ... *sah auch vorher mit Otto, Ferdinand u. Gf Schaffgotsche den großen Saal an, den Otto ganz täfeln ließ, der sehr schön geworden u. sehr gut eingerichtet ist, so auch noch andere Zimmer mit ihm angesehen, die er neu herstellen ließ, namentlich seine Wohnung u. das sehr hübsche Bad. Nach ½ 1 Uhr speisten wir zusammen, Mitzi, Otto, ich, Ferdinand, Gfin Pallavicini ... nach einiger Zeit sahen wir mit Otto die Küche an, gingen in den Garten an den Anlagen vorbei ...* (besichtigten die Ställe und) *nach dem Essen die Wohnung des Carl angesehen ... u. da bei ihm* (geblieben) *...«* Nach Fertigstellung der Umbauarbeiten verbrachte Mitzi mit ihrem Sohn einige Zeit in Schloss Persenbeug. Der vierjährige Carl war wie üblich die meiste Zeit in Gesellschaft seiner Kinderfrauen und durfte nicht einmal am Essen mit seinem Großvater teilnehmen. Erzherzog Carl Ludwig sah ihn erst am Nachmittag, als er ihn alleine in seinem Zimmer besuchte. Dabei scheint er ihm die Großvater-Enkel-Regelung in Erinnerung gerufen zu haben, der zufolge Carl ihn jederzeit in seinen Räumen besuchen durfte.

6.10.1891 »*Nach ½ 8 Uhr aufgestanden, war starker Nebel, während meiner Toilette kam Carl u. blieb längere Zeit auch während meinem Frühstück, welches ich im Schlafzimmer nahm. Carl ging auch öfters zum Ferdinand ins Zimmer hinüber, der sich auch um diese Zeit anzog ... Dann kam Mitzi, um mich zu sehen, u. ich folgte ihr danach in ihre Wohnung, wo ich bei ihr bis zu meiner Abfahrt blieb. Carl war auch einige Zeit da. Dann kam auch Ferdinand nach ...«*

Zwischen **7.** und **13.10.1891** hielt sich Erzherzog Carl Ludwig abermals auf seinem ungarischen Besitz auf, um im Schloss Umbauarbeiten zu überwachen. Am **14.10.1891** war er wieder in Wien, wo mittlerweile auch seine Schwiegertochter eingetroffen war. »*... es kam Mitzi zu mir. Sie traf von Persenbeug vor einigen Tagen hier ein, um Albert v. Sachsen* (ihren Onkel, den König) *in Schönbrunn zu sehen ...«* Carl war mit Gefolgsleuten in Schloss Persenbeug geblieben.

Zwischen **19.** und **22.10.1891** fuhr Erzherzog Carl Ludwig abermals auf seinen Besitz Tapolcsány in Ungarn. Diesmal begleiteten ihn seine zwei Töchter Miana und Elisabeth. Bei der Rückkehr in Wien fand er seine älteste Tochter Margarethe krank vor. Innerhalb weniger Tage verschlimmerte sich ihr Zustand derart, dass sie rund um die Uhr betreut werden musste. Die Krankheit wurde als *typhisches Fieber* bezeichnet, möglicherweise handelte es sich um eine Art Typhus. Erzherzogin Marie Theresia wachte ständig bei ihr. Sie schlief sogar nachts in ihrem Zimmer, um sofort auf Verschlechterungen reagieren zu können. Der beunruhigte Vater, der nicht helfen durfte – Krankenpflege bei Frauen war damals ausschließlich Frauensache –, lenkte sich ab, indem er Hunderte Telegramme über das Befinden seiner Tochter an Verwandte, Bekannte und Gefolgsleute schickte. Als sich der Zustand Margarethes fortschreitend verschlechterte, bat er die allernächsten Familienmitglieder, nach Wien zu kommen.

23.10.1891 »... *nach ½ 10 Uhr war ich in die Messe gegangen, Kinder auch, kam auch Otto dahin, der heute von Enns kam zu Folge meines gestrigen Telegramms bezüglich Margarethens Erkrankung...* (nach dem Essen) *ging ich zu Margarethe zum erstenmal...*« seit der Rückkehr aus Ungarn. Schwerkranke durften damals außer von den sie Pflegenden nicht besucht werden. Sie sollten nicht »aufgeregt werden«. Den heilenden Effekt von vertrauter Gesellschaft und Unterhaltung, die von der Krankheit ablenkte, hatte man damals noch nicht erkannt.

»*Ich fand sie* (Margarethe) *wohl schwach, aber ruhig, sie verstand mich gut, wenn ich mit ihr sprach, gab mir auch meistens richtige Antworten. Noch vor dem Frühstück sah ich die Ärzte... Abends sprach ich noch mit Dr. Rollett, u. etwas mit dem Probst Marschall auf dem Gang neben der Wohnung der Margarethe. Ferdinand* (mittlerweile war auch der jüngste Sohn eingetroffen) *u. Otto blieben dann noch mit ihm zusammen in Ottos Wohnung... Otto u. Ferdinand kamen* (später) *auch noch zu mir...*«

24.10.1891 »*Margarethens Zustand ist im Ganzen im Gleichen, nur delirirt sie mehr als früher. Otto sah ich auch u. sprach ihm meinen Wunsch aus, daß er Mitzi telegraphire nach Persenbeug, daß sie heute hierherkomme*... (*nach dem Essen*) *sah ich mit MTh zusammen die 3 Ärzte Kahler, Kaposi u. Rollett. Kahler erklärte den Zustand der Margarethe für noch gefährlicher als früher, darauf ging ich mit MTh zu ihr, war mehrere Stunden bei ihr u. im Nebenzimmer. Es kam auch Mitzi dahin, nachdem sie angekommen war. Marschall gab die letzte Ölung, wobei wir zugegen waren*... *Prälat Marschall betete auch die Sterbegebete*...« Margarethe war aber stärker als angenommen und überlebte die Nacht. Ihr Zustand wurde allerdings als äußerst instabil eingestuft und es bestand weiterhin akute Lebensgefahr.

25.10.1891 »*¼ 6 Uhr läutete ich... ging dann zur Margarethe hinüber, spracht auch mit Dr. Rollett, sah MTh, diktirte auch Telegramme* (*ärztliche Bulletins an den Kaiser und andere Verwandte*) ... *die Nacht verbrachte sie sehr unruhig*... *Nach der Messe las ich einige Zeit Acten, war auch noch bei Margarethe, sah dann den Ludwig im rothen Salon, es war auch Mitzi bei ihm, er kam heute früh von Klesheim, Otto war ihm zum Westbahnhof entgegen gefahren*... *ging in den Garten, wo ich noch Acten las, sah dann auch den Gfen Pejacevich*... *ging darauf zu Margarethe, wo ich längere Zeit blieb; sie delirirte viel u. heftig*... (*nach einem gemeinsamen Abendessen mit allen, die im Haus waren:*) *Ludwig zerstreute mich angenehm durch sein heiteres Gespräch. Nach Tisch ging ich wieder zu Margarethe*... (*dann alle zu ihr*) *wo P. Marschall auch war, es war telegraphisch der Segen des heil. Vaters, um den ich gebeten hatte, angekommen. P. Marschall sprach dazu mehrere Gebete, ich blieb mit MTh, nachdem die anderen weggingen, noch einige Zeit bei Margarethe. Es waren auch die 3 Ärzte wie gewöhnlich abends da, sie kommen jetzt 2mal, auch 3mal am Tag. Ich ging dann fort, ließ mein Bett in das Zimmer, wo Ferdinand wohnt, bringen, um da zu schlafen u. näher bei Margarethe zu sein. Neben mir im 2ten Zimmer* *schlief der Franzi* (er war als Letzter der Familie eingetroffen und teilte sich mit Vater und Geschwistern Schlafstellen in Zimmern, die nahe dem von Margarethe lagen)… *Ich legte mich 10 Uhr sehr ermüdet u. angegriffen zu Bett.«* Es sollte eine ruhige Nacht werden.

26.10.1891 Kaiser Franz Joseph kam zu Besuch, was er während der kritischen Zeit der Krankheit täglich machte. *»… der Kaiser rührte mich sehr, weil er sehr ergriffen war… Ich bin seit heute früh nicht mehr zu ihr hinein gegangen, um sie nicht allenfalls durch meine Anwesenheit aufzuregen. Es ist für mich natürlich ein großes Opfer, das theure Kind nicht zu sehen, aber wenn es zu ihrem Wohl ist, versteht es sich von selbst, daß ich es unterlasse…«*

27.10.1891 Weiterhin blieb der Zustand instabil und verschlechterte sich während des Tages zusehends. *»… die Nacht war bei unserer lieben Kranken ruhig verlaufen u. sie befindet sich relativ besser… Margarethe verfiel* (vormittags) *in einen längeren Schlaf, aus dem sie künstlich geweckt werden mußte, weil es mehr Schwäche u. Congestion gegen das Gehirn* (Gehirnschlag) *war. Sie wurde in nasse Tücher gewickelt u. mit Essig gerieben…«*

Am **30.10.1891** erfolgte ein neuer Rückschlag: *»Nach 4 Uhr wurde ich von der Kammerfrau der MTh geweckt mit dem Bedeuten, daß ich zur Margarethe hinüber kommen möge; sie hatte einen Collapsus, nämlich Nachlassen der We…, Stehenbleiben des Pulses u. kalt werden einiger Glieder; wir waren alle sehr besorgt. Es wurden alle Kinder gerufen. Es war da der Assistent des Prof. Kahler… es wurde auch geholt der Prälat Marschall u. die anderen Ärzte aus ihren Wohnungen. Dr. Kraus bewährte sich sehr als Hilfe. Der Margarethe wurde der Körper mit Wasser u. Essig gerieben, u. so wurde sie nach u. nach wieder belebt. Das waren sehr ergreifende Augenblicke u. wohl die höchste Gefahr für das Leben unserer theuren Margarethe…«* Dieser Zwischenfall war der letzte lebensbedrohende. Ab nun verbesserte sich allmählich das Befinden der Kranken, wenn auch die Stabilisierung nur sehr langsam voranschritt.

Da der Zustand am **2.11.1891** als gut bezeichnet wurde, durften mittlerweile die Geschwister einzeln die Kranke besuchen. Erzherzog Carl Ludwig verbrachte viele Stunden des Tages am Krankenbett der Tochter. Mit zunehmender Besserung im Befinden Margarethes konnte er sich wieder auf andere Dinge konzentrieren. Dann richteten sich seine Gedanken als Erstes nach Persenbeug, wo der Enkel mit den zwei Kinderfrauen wohnte. Er war diesmal auf Wunsch aller dort verblieben, da man ihm die Anwesenheit in der kritischen Zeit der Krankheit seiner Tante und ihren möglichen Tod ersparen wollte. »(Nach dem Krankenbesuch) *schrieb ich noch dem kleinen Carl einige Zeilen zu seinem übermorgigen Namenstag u. schickte ihm auch Spielereien zu dieser Gelegenheit...«*

4.11.1891 »*Franzi, Otto u. Ferdinand gratulirten mir zu meinem Namenstag, ich ging... in Margarethens Zimmer. Sie gratulirte mir, gab mir ein* bouquet, *das sie durch ihre Kammerfrau bestellt hatte. Sie ist heute ganz bei sich u. klar im Bewußtsein. Ich blieb längere Zeit bei ihrem Bett sitzen u. sprach auch etwas mit ihr. Es war ein sehr schöner sonniger Morgen. Dieses entschiedene Bessergewordensein in Margarethens Krankheitszustand war wohl das schönste Namenstagsgeschenk für mich...«*

3.12.1891 »*... ich schrieb der Mitzi (sie war wieder in Persenbeug) für Carl zum Nicolaustag 6ten December, unsere Geschenke zu schicken...«* Auch die Brüder Margarethes waren in ihre Garnisonen zurückgekehrt. Der Krankheitszustand ihrer Schwester galt Anfang Dezember als stabil, dennoch war sie auch nach zwei Monaten noch immer bettlägerig. Am **11.12.1891** schrieb Erzherzog Carl Ludwig in sein Tagebuch, dass Margarethe unter starken Nervenschmerzen litt.

Eine Woche vor Weihnachten traf Mitzi in Wien ein, um Weihnachtsbesorgungen zu erledigen. Carl blieb weiterhin mit seinen Kinderfrauen in Persenbeug. Er kam erst eine Woche später, am **23.12.1891**, nach Wien. »*... (zu Hause angelangt) ging ich zu Carl hinüber, der heute Nachmittag von Persenbeug kam; ich hatte große*

Freude, ihn wiederzusehen. Ich blieb etwas bei ihm, er nahm die Jause; Mitzi war auch da … (später) kam dann der Kleine auch zu mir herüber …«

24.12.1891 »*Beim Frühstück mit den Kindern nach ¾ 9 Uhr war heute auch Carl … ¾ 2 Uhr fuhr ich mit Miana, Elisabeth u. Carl nach Schönbrunn. Wir stiegen beim Meidlinger Thor aus, es war sehr schönes Wetter, sonnig, nicht zu kalt, u. wir gingen durch den Garten übers Parterre in die Menagerie, sahen da die Löwen an, afrikanische Ziegenböcke … Carl u. die anderen Kinder fütterten die Enten, wir gingen durch den botanischen Garten, in die Volière … von dort zum Hietzinger Stöckl, wo Carl u. Miana in den Wagen stiegen. Ich ging mit Elisabeth noch die Strecke bis zum Schönbrunner Schloß zu Fuß …* (nach der Heimkehr brachte ich) *meine Weihnachtsgeschenke für Margarethe hinüber in ihren Salon, wo MTh für sie den Weihnachtsbaum u. die Geschenke herrichtete. Ich ging dann ins Arbeitszimmer der Margarethe, wohin noch Otto, Mitzi, Ferdinand, Miana u. Elisabeth kamen. MTh … ließ den Weihnachtsbaum ins Schlafzimmer Margarethens hineinschieben, auch einen Tisch mit den Geschenken darauf. Wir gingen hinein u. beschenkten sie. Sie war sehr erfreut darüber, es war eine Überraschung für sie … Dann ging ich hinüber zu Mitzi, um zu sehen, daß Carl auch zu Margarethe kommen möge; sie kam auch mit ihm dann hinüber … darauf war in meinem rothen Audienzsalon der Weihnachtsbaum für Carl, den ihm seine Eltern gaben, beiden Töchtern* (überreichten wir) *unsere Geschenke vom Kleinen; er unterhielt sich sehr dabei. Von der Carola* (Ehefrau König Alberts von Sachsen) *erhielt er eine besonders hübsche Eisenbahn. Locomotive u. Waggons auf Schienen laufend. Erstere wird dazu aufgezogen …«*

25.12.1891 »*Frühstück mit den Kindern war nach 9 Uhr, Carl war auch dabei … Nach ¾ 2 Uhr fuhr ich mit Miana, Elisabeth u. Carl in den Prater durch die Praterstraße bis zum Lusthaus u. noch in die Allee rückwärts des Lusthauses, da stiegen wir aus, gingen eine kurze Strecke bis gegen den Arm der Donau, dann wieder umgekehrt beim Lusthaus vorbei, die große Allee heruntergegangen. Zwischen* *dem ersten u. 2. Rondeau stiegen Carl u. Elisabeth in den Wagen, weil ich dachte, daß es für ihn sonst zu viel sein könnte... (später) stieg Miana zu Carl ein, u. ich ging mit Elisabeth weiter bis zum Praterstern, da stieg ich mit ihr auch in denselben Wagen, u. wir fuhren nach Hause... Nach ½ 6 Uhr speiste ich mit den Kindern, Otto u. Mitzi auch dabei, MTh kam nach, Carl kam auch auf kurze Zeit...«* Als die Weihnachtsfeiertage zu Ende waren, schickte Mitzi ihren Sohn mit seinen Kinderfrauen zurück nach Persenbeug. Sie selbst reiste wenig später zu ihren Verwandten nach Dresden, ihr Ehemann Otto begleitete sie, musste aber Anfang Januar wieder in die Garnison nach Enns.

1892

Am **7.1.1892** traf Mitzi aus Sachsen ein und blieb eine Woche in Wien. **12.1.1892** *»Nach ½ 1 Uhr Gabelfrühstück, dazu kamen auch Otto u. Miguel. Nach demselben saßen wir zusammen einige Zeit. Ich ging auch hinüber zu Mitzi, wo MTh war; sie malten beide Blumen in Öl unter Anleitung der Lehrerin Homlosy...«* Am **14.1.1892** verließ die Schwiegertochter Wien. *»Mitzi sah ich noch in der Früh, sie fuhr nach 9 Uhr mit Gfin Pallavicini auf den Westbahnhof u. von da nach Persenbeug, um Carl wiederzusehen...«* Dort blieb sie eine Woche, um am **21.1.1892** – diesmal gemeinsam mit ihrem Sohn – nach Wien zurückzukehren. *»... ich blieb (nachmittags im Krankenzimmer Margarethes) bis 6 Uhr, ging dann zum Essen, bei welchem auch Otto war. Nach 7 Uhr kamen zu uns ins Frühstückzimmer Mitzi mit Carl. Sie waren von Persenbeug hier eingetroffen. Ich blieb dann einige Zeit mit den Kindern zusammen sitzen... Mitzi ging bald weg mit dem Kleinen in seine Wohnung, der bald schlafen ging. Dann kam sie wieder...«*
22.1.1892 *»Nach ½ 9 Uhr läutete ich, las etwas Zeitung, frühstückte im Bett* (der Erzherzog war verkühlt), *Miana u. Elisabeth frühstückten auch bei mir im Schlafzimmer, es kam auch Carl dahin*

zu mir, ich gab ihm Trauben zu essen, die ihn sehr freuten u. sehr gut schmeckten ... Dann kam auch noch Otto zu mir, er war heute beim Kaiser, um sich als Infantrist bei Ihm vorzustellen. Er wurde kürzlich in das Infanterie Regiment König Humbert von Italien versetzt, welches in Prag in Garnison ist u. kömmt daher dahin u. übersiedelt mit Mitzi u. Carl dahin auf den Hradschin...« Warum Erzherzog Franz Ferdinand, der früher in Prag in Garnison gewesen war, von dort wieder abgezogen und nach Ödenburg versetzt wurde, geht aus den Aufzeichnungen seines Vaters nicht hervor. In Hinkunft sollte Otto dort Dienst tun. Seine Wohnung erhielt er in der ehemaligen Habsburger Residenz auf dem Hradschin[36], dem Prager Burgberg.

24.1.1892 Nach Vormittagsaudienzen »*... las ich Acten, hatte während dem bei mir Carl, der früher mit Miss Bride[37], welche nun statt der Kindsfrau bei ihm ist, in Schönbrunn gewesen war, und Miana die mit ihm spielte. Später nahm ich Carl mit zu Margarethe hinüber, die sehr erfreut war, ihn zu sehen; sie machte für ihn einen* (unleserlich) *Hut, so auch für seinen Affen. Ich las währenddem auch dort Acten...«*

27.1.1892 »*Nach dem Frühstück mit den Kindern ging ich zu Margarethe hinüber, Carl war nur einen Augenblick bei mir, er mußte wieder in seine Wohnung hinauf, weil er Diarrhoe (Durchfall) hatte. Nachdem ich bei Margarethe war, ging ich auch kurz zu Carl...«* Carl ging es zwar bald besser, er musste aber auf Anraten des Arztes einige Tage im Bett verbringen. Außer ihm und Margarethe lag ab diesem Tag auch Miana mit Grippe im Bett.

1.2.1892 »*Zu MTh in der Früh u. dann zu Marg. u. auch zu Carl, der im Bett war, aber heute aufsteht... (Nach dem Frühstück) schrieb ich einiges für Otto auf für seine Ankunft u. Aufenthalt in Prag... Gabelfrühstück mit den Kindern, es kam auch Otto dazu. Nach dem Gabelfrühstück war Otto noch etwas bei mir, u. gegen ¾ 2 Uhr fuhr ich in die Burg zum Kaiser, weil ich mit Ihm zu sprechen hatte...«* Die Notizen für Otto, die Besprechung mit ihm und später mit dem Kaiser deuten darauf hin, dass Erzherzog Carl Ludwig Details für den Aufenthalt seines Sohnes in Prag festlegte.

Wenn bei seinen Kindern berufliche oder private Änderungen bevorstanden, agierte er immer als Vermittler zwischen dem Kaiser und ihnen.

Der **2.2.1892** beginnt mit einer nicht ganz verständlichen Geschichte über Dunkelheit: »*Ich wollte in der Früh vor dem Frühstück den Friseur Brunner bei mir haben, aber es war so finster, daß ich ihn nicht sehen konnte...*« Was mag bedeuten, dass der Erzherzog den Friseur *nicht sehen konnte*? War das sein persönlicher Eindruck? Oder konnte auch der Friseur ihn nicht sehen? War das Licht ausgefallen? Deutet das »aber« darauf hin, dass der Friseurtermin nicht zustande kam? Fragen über Fragen, die wir mangels Fortsetzung der Geschichte im Tagebuch nie klären werden können. – Ob frisiert oder unfrisiert, Erzherzog Carl Ludwig ging daraufhin auf jeden Fall »*zu MTh u. Marg. u. Carl, es geht im schon besser, er hat nur etwas Husten u. Schnupfen...* (später zur Taufe einer Enkelin des Kaisers in der Burg) *ich mit MTh u. unseren Kindern, der kleine Carl hat leider nicht kommen können wegen Unwohlseins...*« Dass der kleine Carl zum Familienfest eingeladen war, ist typisch für die Habsburger und vor allem für die Nachkommen Erzherzogin Sophies. Als Viereinhalbjähriger gehörte er zur »Gesellschaft«.

4.2.1892 »*Vor 8 Uhr fuhren Otto u. Mitzi zusammen und ihnen nach Br Türkheim u. Gfin Pallavicini zum Nordbahnhof u. von dort nach Prag... Dann ging ich zu Margarethe hinüber, auch zu Carl...*« An diesem Tag übersiedelten Otto und Mitzi an den neuen Standort Prag. Der kleine Carl durfte noch nicht mitkommen, weil er krank und bettlägerig war.

5.2.1892 »*... zu Carl gegangen, dem es schon besser geht, er hustet wenig mehr, wird auch wieder aufstehen, war aber noch zu Bett, ich telegraphirte im Namen der MTh der Mitzi nach Prag über sein Befinden...*« Dass er das Telegramm im Namen seiner Frau abschickte, hing sicher damit zusammen, dass sie bei allen Arztbesuchen dabei gewesen war und besser Auskunft geben konnte als er. Erzherzog Carl Ludwig hatte zu dieser Zeit etliche offizielle Verpflichtungen und war viel unterwegs. Nach einem längeren Termin in der Burg und anschließenden Audienzen stand an diesem Tag im Krankenzimmer Margarethes Großes bevor. »... *zog ich mich schnell um u. ging zu Margarethe, weil sie mir sagen ließ, daß sie aufsitzend im Bett sei. Sie war so im Bett schief, mit den Füßen heraus, um sich nach u. nach zum Verlassen des Bettes zu üben...*« Bis dahin war Margarethe vier Monate lang ausschließlich gelegen. Alleine die Vorbereitung zum ersten Aufstehen – nicht zum Herumgehen, das durfte sie erst zwei Wochen später – war ihrem Vater unendliche Freude und Erleichterung.

Der kleine Carl litt weiterhin an starkem Husten und Schnupfen und schlief viel. Am **16.2.1892** durfte er das erste Mal das Bett verlassen und ab diesem Tag wieder bei den Mahlzeiten dabei sein. Noch einen Tag später konnten die zwei Männer – Großvater und Enkel – den gemeinsamen »Arbeitsalltag« wieder aufnehmen. »*Gabelfrühstück mit MTh, die Kinder schon etwas früher, Carl war auch da, ich behielt ihn nach dem Frühstück noch bei mir einige Zeit in meinem Schreibzimmer, wo er spielte u. ich währenddem Acten las...*«

Am **18.2.1892** durfte Margarethe das erste Mal wirklich aufstehen, in ein anderes Zimmer gehen und sich für einige Zeit auf eine *Chaise longue* legen. Beim kleinen Enkel war die Genesung rascher vorangeschritten. Am **20.2.1892** fuhr Erzherzog Carl Ludwig das erste Mal mit ihm im Wagen aus »*Carl kam (zum Essen)... dann fuhr ich mit Carl in den Prater, wir stiegen beim I. Rondeau aus u. gingen die Allee hinunter gegen den Praterstern. Es war recht angenehme Luft, Carl machte (= ließ) ich früher einsteigen, ich ging noch eine Strecke weiter zu Fuß, stieg dann auch ein, u. wir fuhren nach Hause...*«

Die gemeinsame Zeit währte nicht mehr lange. Am **21.2.1892** mussten Großvater und Enkel voneinander Abschied nehmen. »*Nach 7 Uhr stand ich auf, es kam Carl zu mir, ich frühstückte, ging dann mit ihm zu MTh hinüber, sprach kurz auf der Stiege mit Br Türkheim (der Gefolgsmann seines Vaters war aus Prag angereist,* um Carl abzuholen) *u. vor ¾ 8 Uhr fuhr Carl mit Miss Bride u. Br Türkheim nach Prag zu seinen Eltern. Ich ging dann bald zu Margarethe, wo ich längere Zeit blieb…«* Nach der Abreise des Enkels konzentrierte sich Erzherzog Carl Ludwig noch stärker auf seine Tochter Margarethe, deren Genesung langsam, aber zügig voranschritt. Am **28.3.1892** begab sich der Erzherzog mit seiner Frau und den drei Töchtern für einen mehrwöchigen Aufenthalt nach Meran. Dort sollte Margarethe Kraft tanken und ihre Gesundheit wiedererlangen.

Kaum befand sich die älteste Tochter auf dem Weg der Besserung, erfuhr der Erzherzog, dass in Prag sowohl sein Sohn als auch der Enkel neuerlich erkrankt waren. **9.4.1892** »*Von Otto erhielt ich ein Telegramm, daß er seit 5ten die Masern habe.*« Masern waren und sind bei Erwachsenen eine gefährliche, mitunter lebensgefährliche Krankheit. Sie werden heute meist stationär behandelt. Inzwischen gibt es Impfstoffe dagegen, damals kannte man keine Gegenmittel. Ein Erkrankter lag oft lange Zeit und lief Gefahr, Lungen- oder Gehirnentzündung zu bekommen. Glücklicherweise sollten die Masern bei Erzherzog Otto in einer schwachen Form verlaufen, was man zu diesem Zeitpunkt aber noch nicht wusste. Erzherzog Carl Ludwig und seine Frau machten sich Sorgen und Gedanken über die Pflege des Sohnes und des Enkels. »*Von MTh* (die kranke Verwandte pflegte) *erhielt ich auch darüber Telegramme u. daß Carl eine Mandelentzündung habe. Ich telegraphirte gleich zurück an MTh, weil sie sich bei mir anfrug, ob nicht besser sei, daß sie nach Prag reise, worauf ich sie bat, es nicht zu thun u. Mitzi ohnehin dort sei. Ich telegraphirte auch Otto Bedauern über seine Erkrankung u. an MJosepha den Rath, wenn es nothwendig sei, für den Kleinen Dr. Monti kommen zu lassen, der Carls Natur schon kennt…*« Interessant ist es, wie sich das Ehepaar in Bezug auf die Krankenpflege in Prag beratschlagte und zu welcher Lösung man gelangte. Natürlich wussten beide, dass Marie Theresia die bessere Pflegerin des Sohns und des Enkels gewesen wäre. Dennoch entschied man, sich nicht einzumengen und die Schwiegertochter walten zu lassen. Dieser Beschluss fiel beiden sicher sehr schwer.

13.4.1892 »... *erhielt Telegramm des Dr. Monti (es fehlen einige Worte, sinngemäß geht es wohl weiter: dass Carl in) Prag leichten Typhus habe, aber keine Gefahr sei, da nachts gut, keine Diarrhoe kam. Bnin Mitis nahm früh u. abends 37 Grad das Fieber, Mittag 39. Der Dr. hofft, daß der Kleine in 14 Tagen geheilt sein werde. Von Mitzi erhielt ich auch ein Telegramm mit Bezug auf das des Monti u. daß Otto sich wohl befinde. Er hat die Masern rasch überstanden ...*«

In Meran schritt Margarethes Genesung zügig voran. Sie durfte bereits an Mahlzeiten und Gottesdiensten im Haus teilnehmen. Das beruhigte Erzherzog Carl Ludwig einerseits, andererseits grübelte er über die zwei Kranken in Prag. Mit Marie Theresia verließ er am **21.4.1892** Tirol in Richtung Wien, wo er am 22.4. eintraf. Vier Tage später findet man ihn in Prag. Er hat die kurze Zeit in Wien genützt, um einige offizielle Termine für Prag zu vereinbaren, damit sein Kommen nicht vordergründig dem Besuch der beiden Kranken galt. Er verhielt sich vorsichtig diplomatisch, weil er die Schwiegertochter nicht brüskieren wollte. »*Es erwarteten (am Bahnhof) meine Ankunft MJosepha mit Gfin Pallavicini u. Br Türkheim, Statthalter Gf Thun, der Divisionär FML Probst, in Vertretung des abwesenden Corps-Commandanten Gfen Grünne, der hiesige Platzcommandant u. der Generalstabschef des Corps Oberst Czibulka, der bei Franzi u. Otto war davor... Ich führte MJ zu ihrem Wagen, in dem wir auf den Hradschin, die Burg, fuhren zur Haupttreppe, auf welcher Otto mir entgegen kam. Wir gingen zusammen in Mitzis u. seine Wohnung, blieben da einige Zeit, dann ging ich mit ihm zum Carl, der zu Bett war, aber auch heute schon außer Bett gewesen ist, fand ihn natürlich matt nach der längeren Fieberkrankheit, mägerer geworden u. blasser, er war theilnehmend im Gespräch u. lächelte auch. Otto geht es recht gut nach seiner Masernkrankheit, ist auch mägerer geworden. Dann führte mich Otto in die für mich bestimmte Wohnung nicht weit von ihm, ich zog mich da um u. ging* *dann hinüber zu Mitzi…* (abends mit ihr ins Theater und nach der Heimkehr wieder) *zu Otto, der schon zu Bett war…*«

27.4.1892 »*… frühstückte allein, ging dann zu Carl. Ich sprach mit ihm u. er mit mir, er war recht frisch. Er gab mir einen Rosenkranz, den er selbst mit Glaskugeln einfädelte…* (nach Besprechungen) *ging ich zum Gabelfrühstück im Salon der Mitzi; wo schon Otto, Gfin Pallavicini, Br Türkheim u. Gf Schaffgotsche waren, die mit uns speisten. Otto… fuhr dann auf den Bahnhof, um nach Wien zu fahren, von wo er dann morgen nach Persenbeug weiter fährt…* (nachmittags Termine mit Politikern in Prag, dann zurück in die Burg) *Bald darauf ging ich zu Carl hinüber u. blieb da einige Zeit. Es war Mitzi dort, es kam darauf der behandelnde Arzt, ein hiesiger Doctor. Ich sprach mit ihm über Carls Gesundheitszustand, er ist recht befriedigt damit; Carl ist auch recht heiter…*« Nach zwei Tagen Aufenthalt konnte man die Situation im Krankenzimmer des Enkels als entspannt bezeichnen, und Erzherzog Carl Ludwig trat am **28.4.1892** beruhigt die Heimreise nach Wien an.

Ein kurzes Apropos, das in Zusammenhang mit der weiteren Lebensgeschichte des damals knapp fünfjährigen Carl steht: Eine Woche nach der Abfahrt des Großvaters kam am **9.5.1892** in der italienischen Residenz des Herzogs von Parma Prinzessin Zita zur Welt. Sie sollte achtzehneinhalb Jahre später seine Ehefrau werden.

Erzherzog Carl Ludwig kehrte am **12.5.1892** nach Meran zu seiner Familie zurück, um die Genesung und Behandlungen Margarethes zu überwachen. Wenn sich ihr Tagesablauf auch schon ein wenig normalisiert hatte und sie immerhin Besuche empfangen durfte, so wurde sie dennoch weiterhin im Rollstuhl herumgeführt. Im Unterschied zu heute wurden Patienten damals wochen- und wie Margarethe sogar monatelang bewegungslos gehalten, weil man dachte, dass sie aus Schwäche stürzen und sich schwer verletzen konnten. Schwach waren sie tatsächlich. Das wurden sie durch das lange Liegen. Heute weiß man, dass man die Muskulatur so rasch wie möglich trainieren und wieder aufbauen muss, da es je später desto schwerer fällt und desto länger dauert.

Während Margarethe noch einige Zeit in Meran bleiben sollte, fuhren Erzherzog Carl Ludwig, seine Frau Marie Theresia und die zwei jüngeren Töchter Miana und Elisabeth nach Wien. Ab **5.6.1892** hielt sich der Erzherzog in Ungarn auf. Über Pressburg reiste er am **6.6.** nach Ofen (das ist ein Stadtteil von Budapest, in dem sich die Burg befindet), wo er bis **9.6.1892** an offiziellen Veranstaltungen teilnahm. Über einen kurzen Halt am **10.6.1892** bei den Verwandten in Pressburg ging es am **12.6.1892** zurück nach Wien. Dort fand am **16.6.1892** die Fronleichnamsprozession statt, an der alle männlichen Habsburger teilnahmen. Otto reiste dafür eigens aus Prag an und kehrte am selben Nachmittag wieder dorthin zurück.

Am **21.6.1892** kam Erzherzog Carl Ludwig in seiner Sommerresidenz in Reichenau an der Rax an, wo schon Margarethe wartete. Sie war kurz zuvor aus Meran eingetroffen und durfte sich nun endlich alleine und ohne fremde Hilfe bewegen. Neun Tage später reiste der Erzherzog mit seiner Frau Marie Theresia zu einer Hochzeit nach Bayern. Eine Nichte, Tochter seines Cousins Herzog Carl Theodor in Bayern, heiratete am Tegernsee Herzog Wilhelm Carl von Urach. Am **4.7.1892** trafen Otto und Mitzi von Prag ein, um an dem Familienfest teilzunehmen. Über Salzburg, wo man einen Tag mit Erzherzog Ludwig Victor verbrachte, reiste man am **8.7.1892** zurück nach Wien. Einen Tag später findet man Erzherzog Carl Ludwig und seine Ehefrau wieder in der Sommerresidenz in Reichenau an der Rax, wo viel Jugend sie erwartete. »*Vor ½ 10 Uhr trafen wir Station Payerbach ein u. fuhren nach Wartholz. Dort fand ich die 3 Töchter u. den Carl, ich freue mich sehr, sie wiederzusehen. Ich fand auch Carl recht wohl. Ich ging mit den Kindern in mein Schreibzimmer, da blieben wir etwas zusammen. Miana u. Elisabeth gingen dann zum Unterricht, Carl auch bald in sein Zimmer…*« Während sich der Enkel schonen musste, hatte sein Großvater Termine und Besprechungen, die er im Sommer immer gerne mit Sport unterbrach: Diesmal schwamm er ein paar Runden im 17 Grad »warmen« Wasser. Danach »*ging ich* *etwas in den Wald in der Nähe der Villa, um dort den Carl aufzusuchen, er war dort u. spielte da. Ich blieb mit ihm etwas, Miss Bride war auch in der Nähe* ... (Mittagessen) *Nach Tisch waren wir einige Zeit in der Halle beisammen gesessen, ich ließ noch Carl dazu herabkommen* ... (Nach weiteren Terminen abends) *sprach ich noch mit Carl* ...«

Am **12.7.1892** wurde in der Villa Wartholz die Verlobung der ältesten Tochter Erzherzog Carl Ludwigs gefeiert. Margarethe hatte während ihres Aufenthalts in Meran den entfernten Cousin Herzog Albrecht von Württemberg getroffen, mit dem sie viel gemeinsame Zeit verbrachte. Er verliebte sich in sie und machte ihr auch bald einen Heiratsantrag.

Sie erbat sich für die entscheidende Antwort eine kurze Bedenkzeit, was einerseits mit ihrer noch angegriffenen Gesundheit zu tun hatte, andererseits wollte sie in dieser Sache natürlich auch den Rat der Eltern einholen. Da Margarethe – wie eigentlich alle Kinder des Erzherzogs – sehr an ihrem Vater hing, wollte sie auf jeden Fall seine Meinung dazu hören und erst nach seiner Zustimmung den Antrag annehmen. Mit der Familie der Herzogs von Württemberg waren die Brüder Kaiser Franz Josephs innig befreundet. Sie besaßen mehrere Residenzen auf dem Gebiet der österreichisch-ungarischen Monarchie, u. a. ein Schloss am Traunsee[38] und in Wien ein Innenstadt-Palais ganz in der Nähe von dem Erzherzog Ludwig Victors. In dem früh verkauften Gebäude befindet sich heute nach einigen Um- und Zubauten das Hotel Imperial.

Eine noch größere Nähe zur Familie der Herzoge von Württemberg bestand durch Verwandtschaft: Die Mutter Herzog Albrechts war eine Habsburgerin, eine Enkelin des Napoleon-Bezwingers Erzherzog Carl und Tochter Erzherzog Albrechts, nach dem ihr Sohn, der Bräutigam Margarethes, benannt worden war. Mit diesen Nachkommen, zu denen auch Erzherzog Friedrich gehörte, pflegte man besonders innigen Kontakt. Jeden Sommer unternahm man von Reichenau an der Rax Ausflüge in die Weilburg nach Baden, in die Sommerresidenz dieser Verwandten, oder auf den nahen Semmering, wo sich die Ehefrau Erzherzog Friedrichs gerne mit ihren Kindern aufhielt. In Wien war die Albertina die Residenz dieses Familienzweiges, in Arco in Südtirol eine schlossähnliche Villa, in Pressburg steuerte man gerne das Stadtpalais[39] Erzherzog Friedrichs als Zwischenstation bei Ungarn-Aufenthalten an. Aus bekannten Gründen hielt sich auch Erzherzog Franz Ferdinand gerne dort auf, wenn bei ihm die Verwandtenbesuche allerdings auch nur der Vorwand waren, die Hofdame Gräfin Sophie Chotek sehen zu können.

Einen Tag nach der Verlobung, am **13.7.1892**, wurde in der Weilburg in Baden mit den Habsburger Verwandten des Bräutigams gefeiert. Am **18.7.1892** fanden sich alle in Gmunden ein, wo in der Familienresidenz der Herzoge von Württemberg ein Fest gefeiert wurde. Am **21.7.1892** waren Erzherzog Carl Ludwig und seine Frau wieder in Wien, einen Tag später traf er in Reichenau an der Rax ein. »... (dort) *kamen uns Miana, Elisabeth u. Carl zum Wagen entgegen. Wir blieben etwas zusammen im Speisezimmer. Miana u. Elisabeth gingen zum Unterricht u. ich in mein Schreibzimmer, wo Carl längere Zeit bei mir blieb* ...«

Am **30.7.1892** fand der Geburtstag Erzherzog Carl Ludwigs im kleinen Familienkreis statt, da seine Söhne ihre garnisonfreien Tage für die Verlobungsfeiern ihrer Schwester Margarethe aufgebraucht hatten. Es folgte ein ruhiger Sommer mit recht ähnlich verlaufenden Tagen: Besprechungen mit Sekretären, Regionalpolitikern und Industriellen wechselten mit der üblichen Arbeit im Schreibzimmer, wo sich häufig der Enkel dazugesellte. Bei Schönwetter unternahm der Erzherzog lange Spaziergänge, zu denen ihn häufig Carl und manchmal auch die zwei jüngeren Töchter begleiteten.

Am **13.8.1892** begab sich Erzherzog Carl Ludwig auf eine mehrtägige Reise »... (nach dem Essen ging ich) *auf der großen Terrasse vor der Villa herum Acten lesen, später las ich auch dort* (Schriften vom Roten Kreuz), *ging diese lesend auch hinab auf die Wiese, wo*

Miana, Elisabeth u. Carl zusammen spielten; es war ein herrliches Wetter u. so angenehme Luft. Ich hatte meine Sachen zusammengepackt für die Wegfahrt, zog mich in Uniform um (weil er mit der Bahn in einer öffentlichen Sache unterwegs war) *u. nach 7 Uhr soupirte ich mit Miana, Elisabeth u. Carl zusammen. MTh kam auch noch u. soupirte auch…«*

Über Wien reiste Erzherzog Carl Ludwig mit seinem jüngsten Sohn Ferdinand vom **15.** bis **16.8.1892** nach Eger, um Margarethe zu besuchen. Seine Tochter absolvierte dort seit ihrer Verlobung eine Kur, um sich für die Hochzeitsvorbereitung und die anschließenden Feierlichkeiten zu stärken. Ab **17.8.1892** hielt sich der Erzherzog mit seinen Kindern in Bayreuth auf, um mit ihnen Aufführungen von Wagner-Opern zu besuchen. Über Linz, wo einige offizielle Termine stattfanden, ging es am **22.8.1892** über Wien zurück nach Reichenau an der Rax.

27.8.1892 »… (nach Tisch) *las ich Acten, schrieb auch dem Otto u. der Marie Josepha, ging mit Carl in den Anlagen herum u. las im Buch* (unleserlich). *Es kamen dann auch Miana u. Elisabeth dahin, sie spielten dann mit dem Kleinen auf der Terrasse Ballen* (Ball)*, u. nachdem er in sein Zimmer gegangen war, weil ich fand, daß es für ihn zu kühl wurde, spielten die beiden Mädchen zusammen Ballen…«* Sehr typisch ist die stete Sorge um die Gesundheit des Enkels und generell um die aller Kinder.

Seit **24.8.1892**, dem Geburtstag Erzherzogin Marie Theresias, hielten sich einige Parma-Verwandte sowie Kinder Herzog Roberts als Gäste in der Villa Wartholz auf. **1.9.1892** »*Zum Essen war auch Carl, er mit den 2 Kindern Adelheid u. Sixtus aß an einem Tisch…«* Bei der Gesellschaft des Enkels handelte es sich um seine künftigen Schwäger Adelheid und Sixtus, Geschwister des damals drei Monate alten Babys Zita. Letzterer verursachte während des Ersten Weltkrieges die verhängnisvolle, nach ihm benannte Sixtus-Affäre, die dem späteren Kaiser Karl viel Schaden zufügen sollte.

Dass die Kinder an diesem Tag nicht am selben Tisch wie die Erwachsenen essen durften, hatte einen sonderbaren Grund, der sich in der Habsburger Literatur häufig findet: »*weil wir sonst 13 an einem Tisch gewesen wären u. dies manchen Leuten unangenehm ist…*« In einem Brief Erzherzog Ludwig Victors, der in den 1860er-Jahren in der Villa in Ischl zum Essen geladen war, las ich eine idente Geschichte. Damals hatte die Kaiserkinder Gisela und Rudolf dasselbe Schicksal getroffen. Sie mussten als Essensteilnehmer Nummer 12 und Nummer 13 mit Plätzen am sogenannten »Katzentisch« vorliebnehmen. Erzherzog Ludwig Victor, der Kinder besonders gerne hatte und diese Anordnung als völlig überflüssig empfand, setzte sich als einziger Erwachsener zur Nichte und zum Neffen an den Tisch. Erzherzog Carl Ludwig und seine Frau, die das genauso wenig leiden mochten, konnten sich als Gastgeber nicht zu den Kindern setzen. Sie beließen also die zwei gesonderten Tische, da damals tatsächlich viele Menschen mit der Zahl 13 großes Unglück in Verbindung brachten. Die Folge dieser eigenwilligen Tischordnung, die einige Tage aufrechterhalten wurde, war, dass der Enkel in der Kindergesellschaft beim Essen unbeaufsichtigt war und zu viel aß. **5.9.1892** »*… ging dann zu Carl, welcher etwas unwohl war, sich den Magen etwas verdorben hatte…*«

Zwischen **6.** und **10.9.1892** hielt sich Erzherzog Otto in Reichenau an der Rax auf, wo er viel Zeit mit seinem Sohn und seinem Vater verbrachte. Am Abend des **10.9.1892** fuhr Erzherzog Carl Ludwig nach Wien, wohin am selben Tag auch Margarethe von ihrer Kur aus Eger zurückkehrte. Vom **13.** bis **16.9.1892** bereiste der Erzherzog Graz, Laibach, Villach, Klagenfurt und Judenburg, um als oberster Schirmherr des Roten Kreuzes an Übungen für den Kriegsfall teilzunehmen. Am **17.9.1892** war er wieder in Reichenau an der Rax, am **18.9.1892** reiste auch seine Schwiegertochter Mitzi an. Nach zwei Tagen in Wien erreichte Erzherzog Carl Ludwig am **20.9.1892** nachts wieder Reichenau an der Rax. Ab **22.9.1892** waren alle Kinder und der künftige Schwiegersohn Herzog Albrecht von Württemberg in der Villa Wartholz. Sechs Tage später reiste Professor Weihs aus Graz an, zu dessen »Überraschung« am **30.9.1892** wie alljährlich sein in Wien lebender Sohn eingeladen wurde.

Erzherzog Carl Ludwig war glücklich, so viel Familie und den Freund bei sich zu haben, weshalb er zur Unterhaltung häufig Musiker engagierte, die während des Essens, aber auch zwischendurch im Haus spielten. **29.9.1892** »*Es kam dann der Unteroffizier von den Deutschmeistern wieder, der auch vor kurzem da war, welcher so schön pfeift u. Clavier spielt… Ich ging noch zu Otto in sein Zimmer hinauf, er machte Toilette, u. ich öffnete ihm die Thür, damit er Pfeifen u. Spielen höre…*« Otto war sehr musikalisch und liebte Musik. Weil sein Vater das wusste, durfte er das kleine Privatkonzert nicht versäumen. Im Anschluss an die Darbietung begaben sich alle Kinder, Gäste und Carl zu einem Ausflug.

Am **3.10.1892** fuhr Erzherzog Carl Ludwig mit seiner Tochter Margarethe und dem künftigen Schwiegersohn Albrecht nach Wien, um den *Trousseau* (die Aussteuer) in Auftrag zu geben. Drei Tage später war er wieder in Reichenau, am **8.10.1892** fuhr er abends nach Wien und am **14.10.1892** mit dem Brautpaar wieder zurück in die Villa Wartholz.

Der **17.10.1892** sollte dem Erzherzog und seiner Frau lange Zeit in übler Erinnerung bleiben. An diesem Tag hatten sie die Parma-Verwandten in Schloss Schwarzau besucht und wurden am Nachmittag bei der Rückreise in der Nähe von Wiener Neustadt Opfer eines Unfalls. »*Bei einer Biegung des Wagens, von wo wir sollten zum Bahnhof gelangen, fuhr der Kutscher in einen Häu…graben, der mit Wasser gefüllt war. Durch den heftigen Stoß wurden ich, der Kutscher u. Lakai Antonini vom Wagen geworfen, MTh auch kurz darauf, sie kam mehr unter den Wagen u. ein Rad über ihr Bein, es geschah ihr zum Glück nichts Wesentliches außer blauen Flecken u. Hautabschürfung. Ich kam in dem Graben zu liegen, wußte im ersten Moment nichts von mir (er war durch den Aufprall kurze Zeit ohnmächtig gewesen), MTh u. Antonini hoben mich auf, ich stand auf. Der Kutscher hatte sich eine Weichtheilverletzung am Kopf zugezogen u. blutete stark. Wir nahmen* *den Kutscher mit, gingen, MTh, ich u. der Lakai eine große Strecke bis zum Bahnhof, dort fanden wir den Neustädter Bezirksarzt Dr. Mayer, den MTh dahin kommen gelassen hatte* ... (dass er) *den Kutscher ansehen möge, damit er in Neustadt bleibe u. dort gepflegt werde. Antonini ließen wir auch in Neustadt* ...« Obwohl sowohl Erzherzog Carl Ludwig als auch seine Frau verletzt waren, sorgten sie sich in erster Linie um die zwei anderen Verunfallten, den Kutscher und den Lakaien. Erzherzog Carl Ludwig hatte sich bei dem Sturz eine Gehirnerschütterung zugezogen und litt noch einige Tage an Kopfschmerzen. Besonders verwunderlich ist, wie wenig seiner Frau bei dem Unfall geschah. Denn die Räder von Kutschen waren damals schmale Holzreifen, die an der Außenseite mit Eisen beschlagen waren und die beim Darüberrollen jederzeit ein Bein brechen oder ganz abtrennen konnten. Der Stoff des Kleides und der Unterröcke wird als Schutz gedient haben.

Trotz der Kopfschmerzen, die dem Erzherzog von der Gehirnerschütterung geblieben waren und die er nur seinem Tagebuch anvertraute, fuhr er am nächsten Tag von Reichenau an der Rax nach Wien zu Terminen. Am **19.10.1892** musste sich Erzherzog Carl Ludwig von seinem Enkel verabschieden. Mitzi war gekommen, um Carl nach Prag zu holen. Er selbst verließ mit Marie Theresia am **20.10.1892** Wien in Richtung Ungarn, wo er sich bis **2.11.1892** auf seinem ungarischen Gut Tapolcsány aufhielt. Über einen kurzen Halt bei den Verwandten in Pressburg reiste das Paar am **3.11.1892** über Wiener Neustadt nach Reichenau an der Rax. Denn einen Tag später wurde in der Villa Wartholz der Namenstag Erzherzog Carl Ludwigs gefeiert, zu dem alle Kinder und diesmal auch zahlreiche Verwandte angereist kamen. Ab **10.11.1892** gab es einen längeren Wien-Aufenthalt mit Terminen, aber auch mit Einkäufen: **16.11.1892** »... (ich fuhr) *auf den Stephansplatz zum Gewölbe des Möbelfabrikanten Thonet, um dort kleine Sessel, Canapé u. Tisch als nachträgliches Namenstagsgeschenk für Carl auszusuchen* ...«

Zwischen **17.11.1892** und **5.12.1892** hielt sich Erzherzog Carl Ludwig in Reichenau an der Rax auf. Danach reiste er nach Wien, wo er u. a. seinen ältesten Sohn Franz Ferdinand betreute, der eine Geschwulst an den Lymphdrüsen hatte. Er sollte ein paar Tage später eine mehrmonatige Schiffsreise antreten, um die Welt zu umsegeln. Die Eindrücke, die er täglich niederschrieb und in Kopie alle paar Tage seinem Vater schickte, erschienen drei Jahre später als Buch unter dem Titel *Tagebuch meiner Reise um die Erde*.

Am **13.12.1892** trafen Otto und Mitzi aus Prag ein. Sie fuhren mit Vater, Stief-/Schwiegermutter und einigen Geschwistern (es fehlten nur Margarethe, die krank war, und Ferdinand, der später nachkam) am **14.12.1892** nach Triest. Man begleitete Franz Ferdinand zum Schiff, um sich von ihm für die lange Zeit zu verabschieden. Erzherzog Carl Ludwig wollte die Begleiter und die Besatzung kennenlernen, die mit seinem Sohn reisten. Nachdem er den Kapitän und die Mannschaft begrüßt hatte, besichtigte er die Kabinen. Abends fand an Bord ein festliches Diner statt.

Am **15.12.1892**, kurz bevor Franz Ferdinand die Weltreise antrat, traf gerade noch rechtzeitig sein jüngster Bruder Ferdinand aus Wien ein, um ihm gemeinsam mit Eltern und Geschwistern Lebewohl zu sagen. Erzherzog Carl Ludwig, der sich von seinen Kindern immer nur ungern und schon gar nicht für lange Zeit trennte, war in recht trauriger Stimmung. Es war ein »*Abschied, der mir sehr schwer wurde für die lange Zeit seiner Abwesenheit… Die ganze Reise dürfte wohl bei einem Jahr dauern. Franzi war auch sehr bewegt u. weinte viel sowie ich. Ich hatte ihm früher u. zu dieser Zeit viel und ernst zugesprochen. Dann kamen seine Geschwister u. Maria Josepha zu uns herab u. nahmen auch da Abschied von ihm… MTh u. ich, Otto u. Ferd., wir stiegen mit Franzi ins Boot u. stiegen mit ihm ins Schiff* Elisabeth. *Im Boot nahmen wir noch einmal Abschied von Franzi, er stieg hinauf ins Schiff u. wir fuhren zum* Greif (ein Schiff aus kaiserlichem Besitz, das Kaiserin Elisabeth auf ihren Reisen häufig verwendete). *Dann setzte sich derselbe bald in Bewegung u. auch das Schiff* Elisabeth. *Wir fuhren so längere Zeit* *ungefähr parallel zusammen bis über Capodistria hinaus. Es war spiegelglatte See, das schönste Wetter. Es folgten auch 3 Lloyddampfer mit vielen Personen darauf... Die beiden Schiffe gaben sich ein paarmal Salutschüsse, es spielten auf beiden Schiffen die Musiker die Volkshymne u. die Musik auf der* Elisabeth *auch den Radetzkymarsch. Die Mannschaften auf den beiden Schiffen schrien auch ein paarmal Hurrah!, von unserem Schiff aus wurde auch in unserem Namen mittels Flaggensignal* Lebewohl u. Glückliche Reise *telegraphirt... Wir sahen oft auf die* Elisabeth *hin, auch mit Perspektive u. winkten auch mit Sacktüchern u. sahen lang dem Schiff... nach, nachdem wir schon zur Rückkehr umgekehrt waren, bis es außer Sicht war. Die Abendbeleuchtung war wunderschön, der Himmel geröthet,* Miramare *glänzte besonders hervor...«* Das nahe Triest liegende Schloss Miramare[40] hatte einige Jahrzehnte zuvor sein Bruder Erzherzog Ferdinand Maximilian erbauen lassen. Dort nahm er im Frühjahr 1864 vor seiner Abreise nach Mexiko emotionalen Abschied von der Familie, denn alle wussten, dass man sich im Leben nicht wiedersehen würde. Ferdinand Maximilian sperrte sich vor der Abreise stundenlang weinend in eine Kabine ein, weil ihm spätestens dann klar geworden war, auf welches Abenteuer er sich einließ.[41] An diesen Abschied und an die letzten Tage mit seinem Bruder erinnerte sich Erzherzog Carl Ludwig in diesen Tagen, weshalb ihm die Trennung von seinem Sohn Franz Ferdinand so besonders schwer fiel.

Natürlich barg eine Weltreise zu Schiff Gefahren – das tut sie auch heute noch. Dennoch waren die damals für den Passagierverkehr eingesetzten Dampfschiffe wesentlich sicherer und vor allem viel schneller als ihre Vorgänger, die Segelschiffe. Infolge der technischen Entwicklung kamen weite Reisen damals in Mode. Niemals zuvor konnten Privatleute die Kontinente so rasch und so einfach bereisen. Man war berauscht davon, fremde Völker kennenzulernen, über ihr Aussehen, ihre Bräuche und über die unbekannte Flora und Fauna zu berichten. In der Kunst fand parallel dazu eine ähnliche Entwicklung statt. Maler bereisten die Welt, oft im Gefolge vermögender Privatreisender, und machten zeichnend und malend Bestandsaufnahmen alles Exotischen. Ein Farbenrausch herrschte auf den Leinwänden, der den Daheimgebliebenen Eindrücke des wilden, unbekannten Gesehenen übermitteln sollte. Denn der Fotoapparat, der zwar schon Reisebegleiter und beliebtes Darstellungsmittel geworden war, vermochte die Bilder noch nicht in Farbe wiederzugeben.

In Bezug auf die Privatgeschichte Franz Ferdinands ist dem Satz *»Ich hatte ihm früher u. zu dieser Zeit viel und ernst zugesprochen«* besonderes Augenmerk zu widmen. *Ihm ernst zugesprochen* kann nur bedeuten, dass Erzherzog Carl Ludwig seinem Sohn geraten hatte, die Reise zu unternehmen. Es ist durchaus denkbar, dass Franz Ferdinand seinem Vater von der Liebe zu Gräfin Sophie Chotek erzählt hatte, in die er – wie angedeutet – schon lange verliebt gewesen sein muss. Da eine Heirat nach Habsburger Hausgesetz[42] ausgeschlossen war, hatte man Erzherzog Franz Ferdinand bestimmt deswegen die Weltreise schmackhaft gemacht. Sicherlich hofften alle, er würde fern der Heimat seine Liebe vergessen. Dass nur wenig später die Trauung Margarethes stattfand, an der er als ältester und prominentester Bruder teilnehmen hätte müssen, bestärkt diese Vermutung. In einer Familie, in der man für die Feier von Geburtstagen und Namenstagen von Eltern und Geschwistern lange Strecken zurücklegte, ist sein Fehlen bei der Hochzeit der Schwester auffällig.

Erzherzog Carl Ludwig, seine Frau und seine Kinder blieben nach der Abreise Franz Ferdinands noch einen Tag in Triest. Der **16.12.1892** stand im Zeichen des verstorbenen Bruders Ferdinand Maximilian. Gemeinsam besuchte die Familie seine ehemalige Residenz Schloss Miramare. Erzherzogin Marie Theresia hatte von Triest aus ein Schiff genommen, ihr Mann war mit den Kindern im Wagen unterwegs. Für ihn war das ein Ausflug in die Vergangenheit, er war sehr sentimental gestimmt. Vermutlich war er seit der Abreise seines Bruders nach Mexiko im Jahr 1864 nicht mehr dort gewesen. Er ging alleine in die Kapelle, in der er sich lange aufhielt, Maximilians gedachte und für ihn betete. Danach besichtigten alle gemeinsam die Räume des Schlosses, die so belassen waren, wie Ferdinand Maximilian sie verlassen hatte. Nach einem Spaziergang durch die weitreichende Anlage kehrte man zurück nach Triest. »*Wir fanden auf dem Schiff MTh u. Otto, welche während wir die* (Wagen-)*Fahrt machten, mit der Dampfbarcasse fuhren u. auch auf dem Land waren, wo sie Fische kauften. Otto zeichnete auf dem Verdeck, wir machten bald Toilette, Otto in meiner Cabine u. nach 5 Uhr war das diner wieder in der Eßkabine…*«

Am Abend dieses Tages verließ man Triest mit dem Zug in Richtung Wien, da am nächsten Tag bei Erzherzog Wilhelm ein Diner stattfand, an dem auch der Kaiser teilnahm. Am **18.12.1892** kam Herzog Albrecht von Württemberg in Wien an, um Weihnachten mit Margarethe und ihrer Familie zu feiern »… *ich mit dem Brautpaar u. uns nach Otto u. Ferdinand in Ferdinands Wagen zum Palais des Albrecht* (dem Habsburger Großvater des Bräutigams)*, wo bei ihm diner war…*«

Einen Tag vor dem Weihnachten traf der geliebte Enkel mit seiner Gouvernante aus Prag ein. **24.12.1892** »*Ich war vor dem Frühstück mit den Kindern zu Carl hinaufgegangen, um ihn zum Frühstück zu holen; er frühstückte auch mit uns. Nach 9 Uhr gingen ich u. die Kinder auch MTh in die Messe*[43] *hier in die Kapelle, ich nahm auch Carl dazu mit…*« Danach nahm der Weihnachtstag den üblichen Verlauf. Am Nachmittag wurden wie alljährlich zuerst arme Kinder beschenkt, später fand die Bescherung der Haus- und Gefolgsleute statt, dann die der Familienmitglieder. Als Braut erhielt Margarethe für sie angefertigten Schmuck von Köchert, den der Juwelier selbst brachte. Ihr Vater schenkte ihr unter anderem ein Diadem, das seiner Großmutter Kaiserin Caroline Auguste gehört hatte und das er für die Tochter umarbeiten ließ. Diademe trugen ausschließlich verheiratete Damen. In alten und vermögenden Familien war es Brauch, dass die Braut ihr erstes zur Hochzeit als Geschenk erhielt. Es ist typisch für Erzherzog Carl Ludwig, dass er Margarethe das erste Diadem schenken wollte, denn als Habsburgerin bekam sie automatisch eines vom Kaiser zur Hochzeit geschenkt. Margarethe hat also ab Verheiratung zumindest zwei dieser Schmuckstücke besessen, wenn sie nicht noch ein drittes von ihrer künftigen Schwiegerfamilie erhielt.

26.12.1892 »*Nach ½ 1 Uhr Gabelfrühstück wie gewöhnlich mit MTh, Ottos, dem Brautpaar, Elisabeth, Miana u. Ferdinand; dabei geht es gewöhnlich jetzt, wo so viele sind, recht heiter zu…*« Erzherzog Carl Ludwig liebte es, wenn viel Jugend im Haus war, noch dazu an diesen Weihnachten, da sein ältester Sohn fehlte, weil er auf Weltreise war. Wenn Franz Ferdinand auch mehrmals pro Woche schrieb oder über einen seiner Gefolgsleute Nachricht geben ließ, so vermisste ihn sein Vater doch sehr.

Davon abgesehen war es Erzherzog Carl Ludwig sehr wichtig, seinen künftigen Schwiegersohn Albrecht so gut wie möglich kennenzulernen. Glücklicherweise verfügte er über einen liebenswerten Charakter. Der sorgende Vater prüfte ihn dennoch streng und genau, da er sich ein gutes Bild von dem Mann machen wollte, dem er seine Tochter übergab. Sie sollte nach der Heirat nicht nur das elterliche Haus, sondern sogar das Land verlassen. Als späterer Chef der herzoglichen Linie von Württemberg bezog Albrecht mit Margarethe Residenzen in und um Stuttgart. Sie wurden künftig genauso häufig wie die Haushalte seiner Kinder in Krems, Persenbeug, Brünn, Ödenburg und Prag besucht.

1893

3.1.1893 »*Carl hat starken Schnupfen, kam auch nicht…* (zum Frühstück; abends) *blieben wir einige Zeit zusammen im Rothen Salon, ich ging dann bald mit Otto, Ferdinand, Miana u. Elisabeth zu Carl hinauf, er war zu Bett, er ging abends früher in dasselbe, aber er hat kein Fieber, nur stärkeren Schnupfen…*« Wie beinahe an jedem Jahresbeginn hatte Carl die Grippe und musste liegen. Diesmal hatte es ihn unter allen Familienmitgliedern am stärksten erwischt, sein Großvater lag wegen einer Verkühlung etwas später, allerdings nur einen Tag.

Ab **15.1.1893** herrschte im Palais in der Favoritenstraße lebendiges Treiben – der Trousseau, die elterliche Brautgabe, Margarethes wurde in den Gartensalons ausgestellt und durfte von Verwandten, Bekannten und Freunden besichtigt werden. Zum Trousseau gehörten Gläser, Porzellan, Silber, aber auch Tisch- und Bettwäsche. Üblicherweise wurden alle Stücke mit den Initialen der Braut oder des Brautpaares oder mit einem Allianzwappen beider Familien versehen. Die Ausstellung besuchten »*die Württembergs, Rainers, meine Schwägerin Marie v. Toscana mit ihren 2 Töchtern, Albrecht, Ludwig u. später auch Tante Clementine Coburg... sie fuhren beim Gartentrakt vor, um dort in den Saal u. in die Salons zu gehen. Margarethe war dabei, als diese dort waren. Währenddem war Carl längere Zeit bei mir u. spielte da...*« Da man dem Enkel, der noch immer nicht gesund war, den Trubel der Trousseau-Schau ersparen wollte, kam er in die Obsorge seines Großvaters. Obzwar Erzherzog Carl Ludwig sicher gerne dabei gewesen wäre, um die Braut zu begleiten, hatte die Beaufsichtigung des kranken Enkels absoluten Vorrang vor allen Geselligkeiten.

17.1.1893 »*Heute war wieder ein sehr starker Besuch des Trousseau, meistens Leute, die zu Fuß hereinkamen... (ich) las Acten, es kam Otto zu mir, der heute Nachmittag von Prag eintraf... Carl war auch wieder bei mir, MTh kam dann zu mir, Otto mit ihr, ich ging dann mit ihm u. mit Carl hinüber zum Trousseau, welches Otto u. Carl ansahen...*«

Am **23.1.1893** fand die Brautsoiree Margarethes statt, einen Tag später in der Burgkapelle die Trauung. »*Stephanie mit ihrer Tochter u. Miana u. Elisabeth u. Carl waren oben im Oratorium, wohin der Kaiser gewöhnlich geht, u. in den 2 anderen Oratorien daneben waren die beiden Töchter der Gisela... (nach der Messe war Empfang im großen Appartement), da blieben wir stehen u. da gratulirten wir Eltern den Neuvermählten, dann die Majestäten... u. alle,* *die früher … im Oratorium waren, kamen auch zur Gratulation, darunter auch Carl, mit welchem sich der Kaiser viel beschäftigte u. er auch dem Kaiser immer nachging …*« Im Unterschied zu heute gab es damals keine Diners im Anschluss an die Hochzeit. Beim Empfang in der Hofburg hatten die Familienmitglieder die Möglichkeit, dem Brautpaar zu gratulieren. Meist waren nur die allernächsten Verwandten geladen und die Zahl der Anwesenden sogar in der Kaiserfamilie wesentlich niedriger als bei Hochzeitsfeiern unserer Tage.

Nach dem Empfang in der Hofburg fand im Palais Erzherzog Carl Ludwigs ein Essen im engsten Familienkreis statt. Danach begleiteten Eltern und Geschwister das Brautpaar, das sich in Margarethes neue Heimat, das Königreich Württemberg, begab, zum Westbahnhof. Man kann sich gut vorstellen, wie schwer sich Erzherzog Carl Ludwig von seiner ältesten Tochter trennte, die eine so bewegte Geschichte hinter sich hatte und – was er glücklicherweise nicht wusste – eine nicht weniger bewegte vor sich. Sie hatte ihre Mutter verloren, als sie ein Jahr alt war. Mit 21 Jahren erlitt sie eine lebensgefährliche Krankheit, die sie viele Monate ans Bett fesselte. Bei einer Kur in Meran verliebte sie sich in Herzog Albrecht von Württemberg, den sie ein Jahr später heiraten und mit ihm sieben Kinder haben sollte. Ein halbes Jahr, nachdem ihr letztes Kind, ebenfalls eine Tochter, Margarethe, geboren war, starb sie nach nur neunjähriger Ehe. Ihr Ehemann, der sie unendlich geliebt hatte, sollte sich nie wieder verheiraten.

Glücklicherweise ahnte das damals niemand. Nach dem Abschied von Margarethe stürzte sich Erzherzog Carl Ludwig wie immer, wenn er sich in einer emotional angespannten Situation befand, in die Arbeit. Nebenbei begann er in dieser Zeit, seine Besitzungen bewerten zu lassen, damit sie im Fall seines Todes gerecht an seine Kinder verteilt würden. Da sein ältester Sohn Franz Ferdinand das riesige Vermögen der Herzoge von Este geerbt hatte und zudem Kaiser werden sollte, machte er sich vor allem Gedanken um die ausreichende Versorgung seines zweiten

Sohnes Otto, der im Unterschied zu seinem ältesten schon eine Frau und einen Sohn hatte. **26.1.1893** »*... sah bei mir Otto mit Br Türkheim zusammen, mit ihnen über Vermögensangelegenheiten des Otto mich besprechend...*«

1.2.1893 »*... ging zu Carl, der noch bei seinem Frühstück war, ging dann mit ihm einen Augenblick zu Ferdinand, wo er* (Carl) *Abschied nahm, dann hinüber zu seiner Mutter... gegen ¾ 8 Uhr fuhren dann Marie Josepha u. Gfin Pallavicini u. Carl mit Miss Bride in 2 Wagen... zum Nordbahnhof u. von da nach Prag zurück...*« Da nun auch der Abschied vom Enkel bevorstand, steigerte Erzherzog Carl Ludwig das Arbeitsprogramm noch einmal, das diesmal – über Akten-Lesen, Besprechungen und offizielle Termine hinausgehend – auch ein Umbauprojekt im Wiener Stadtpalais miteinschloss.

17.2.1893 »*... bald nach dem Frühstück mit den Kindern ging ich mit selben u. dem Thürhüter*[44] *Batja in den Zimmern herum im ersten Stock im Gartentrakt des 2. Hauses, wo... Gfin Stolberg u. Louise wohnten* (Gefolgsdamen Margarethes) *u. in die Zimmer daneben im ersten Stock gegen den Hof, wo auch Margarethe u. Gfin Stolberg waren. Es werden die Zimmer hergerichtet werden, die ersteren zur Bewohnung für Otto, Marie Josepha u. Carl u. die anderen 2 für die neue Hofdame der MTh... auch war ich in den Zimmern des 2. Hauses im ersten Stock mit der Aussicht gegen die Gasse, wo Otto u. Marie Josepha früher wohnten...*« Wie in Wartholz gab es auch hier ein sogenanntes zweites Haus, das allerdings ein direkter, U-förmiger Anbau war und wie das erste Haus über eine Hofanlage verfügte.

24.2.1893 »*... bald nach dem Frühstück mit den Kindern* (jetzt waren nur noch die zwei jüngsten Töchter im Haus) *ging ich in die Zimmer im ersten Stock des II. Hauses von Margarethe, welche als Wohnung für Otto, Marie Josepha u. Carl hergerichtet werden... u. über diese Zimmer* (von Otto und Carl) *im II. Stock, welche als Wohnung für die Marie Josepha bestimmt sind, wo Carl früher wohnte, diese werden neu hergerichtet...*« Mitzi, die im Tagebuch nun meist *Marie Josepha* genannt wird (wahrscheinlich wollte sie ab diesem Zeitpunkt so gerufen werden), sollte künftighin im eleganten Obergeschoss logieren, während Otto und Carl im unteren Stock einquartiert wurden, wo sich auch die Tagesräume der Familie befanden.

Ab **4.3.1893** absolvierte Erzherzog Carl Ludwig seinen Frühlingsaufenthalt in Reichenau, um mit Verwalter und Gärtnern anstehende Arbeiten zu besprechen. Eine Woche später trafen die zwei Töchter in der Villa Wartholz ein, vier Tage später waren alle wieder in Wien. Von dort unternahm der Erzherzog am **19.3.1893** mit den Kindern Ferdinand, Miana und Elisabeth einen Ausflug nach Persenbeug. Es war ein kalter Wintertag, es schneite auf der gesamten Hinreise und auch noch in Persenbeug. »*Auf dem Bahnhof Kemmelbach erwartete uns Otto, u. wir fuhren zusammen, ich u. die 4 Kinder im viersitzigen Wagen zur Donau, wo wir einstiegen u. auf dem Dampfpropeller auf das andere Ufer hinüber fuhren*... (im Schloss gingen) *Miana u. Elisabeth... hinauf in den 2. Stock, um sich da in einem Zimmer einzurichten, die warmen Kleider abzulegen, dann kamen wir in der Wohnung des Otto zusammen, blieben da einige Zeit u. gingen dann alle mit Otto aus, zuerst in die Küche, dann gingen wir in den Garten, wo wir die neuen Anlagen besichtigten, die Otto hat machen lassen, ging auch in die beiden Stallgebäude, wo sich die Pferde, die Otto selbst gezogen hatte, befinden...* (daraufhin unternahmen die vier Geschwister einen Spaziergang, während ihr Vater in einem Arbeitszimmer Akten aufarbeitete; danach) *ging ich auch durch den Garten zum Haus oben, wo der Gärtner wohnt, sprach auch mit demselben, ging zum Wasserfall im Garten, den Otto hat herstellen lassen...* (¾ 6 Uhr Abfahrt über die Donau und weiter mit dem Orientexpress) *Es war noch am Anfang der Fahrt eine sehr schöne Abendbeleuchtung mit Abendroth hinter der Schneelandschaft. Ich sah auch noch sehr gut Artstetten, da es finsterer wurde, u. ich nicht* (Akten) *lesen konnte, machte ich mit den Kindern lebhafte Conversation...*«

7.4.1893 »… ging in die Wohnung für Otto u. Marie Josepha u. ließ dort sowie in früherem Speisezimmer die verschiedensten Ölbilder aufhängen …« Erzherzog Carl Ludwig sammelte Gemälde alter und moderner Meister, eine Leidenschaft, die er wie das Dekorieren von Wohnungen mit seinem Sohn Otto teilte.

Am **9.4.1893** unternahm der Erzherzog mit seinen Töchtern Miana und Elisabeth einen Spontanausflug in die Villa Wartholz. Zum Essen kehrten alle in der Wirtschaft der Familie Waissnix ein, wo der Besitzer selbst servierte. Erzherzog Carl Ludwig besuchte in und um Reichenau an der Rax gerne die Gast- und Kaffeehäuser, um den Leuten aus der Gegend nahezukommen und mit ihnen zu sprechen. Es war ihm auch sehr wichtig, dass seine Kinder die Bewohner kennenlernten und an ihrem Leben teilnahmen. Mitglieder der Kaiserfamilie sollten jedermann gegenüber aufmerksam und höflich sein. Sie mussten Trost spenden, wenn jemand in Trauer war, und Hilfe geben, wenn jemand sie benötigte. Habsburger Kinder aller Generationen wurden seit je dazu angehalten, einen Teil ihres keineswegs reichhaltigen Taschengeldes Notleidenden zu spenden.

Nachdem drei Monate seit der Hochzeit Margarethes vergangen waren, fand es Erzherzog Carl Ludwig an der Zeit, die Tochter und den Schwiegersohn in ihrem neuen Heim in Stuttgart zu besuchen. Das geschah zwischen **23.4.1893** und **25.4.1893**. Am **26.4.1893** morgens verließ er Württemberg, zufrieden darüber, alle glücklich und gesund angetroffen zu haben. Am Abend desselben Tages traf er wieder in Wien ein. Dort erwartete ihn sein jüngster Sohn Ferdinand, der an diesem Tag zum Hauptmann befördert worden war. Er hatte an der *Kriegsschule* (heute: Militär-Akademie) studiert und die letzten Prüfungen absolviert.

Am **27.4.1893** begleitete Erzherzog Carl Ludwig seine Frau Marie Theresia zur einer kurzen Reise nach Triest, wo sie am **29.4.1893** Patin eines Schiffes wurde. Einen Tag später besuchte er mit ihr noch einmal Schloss Miramare, die Residenz seines verstorbenen Bruders Ferdinand Maximilian. Am **1.5.1893** findet man das Ehepaar auf seinem kleinen steiermärkischen Besitz in St. Jakob. Als einen Tag nach ihrer Ankunft die Mutter eines Jägers starb, besuchten beide die Familie und beteten mit ihr bei der aufgebahrten Toten.

Am **6.5.1893** waren Erzherzog Carl Ludwig und seine Frau wieder in Wien, zwei Tage später reiste Otto aus Prag an (seine Frau und sein Sohn Carl waren seit einigen Wochen zur Kur an der italienischen Riviera). Abends besuchten alle das Theater an der Wien. Man gab eine heute unbekannte »*Posse mit Gesang von Krenn u. Lindau Ein armes Mädel… Ludwig war in der Loge, es kamen bald darauf Otto u. dann Ferdinand. Die Posse ist sehr lustig. Ich habe mich selten so gut unterhalten wie bei derselben. Wir lachten sehr viel, auch MTh unterhielt sich sehr gut. Girardi war ausgezeichnet in der Rolle des Muki Viereckl, Fensterputzer. Es fand auch die Posse im Publikum sehr viel Beifall…*«

Einen Tag später nahm Erzherzog Carl Ludwig mit seiner Frau und seinem Sohn Otto an einem Ball bei seinem Bruder Ludwig Victor teil, wohin auch die Kronprinzessin-Witwe Stephanie und die Kaisertochter Gisela mit ihrem Mann Prinz Leopold von Bayern kamen. Otto blieb bis **17.5.1893** in Wien, da er auf Bitten Kaiser Franz Josephs offizielle Termine absolvierte. Zu Ehren von ausländischen Staatsgästen fanden etliche Soireen, Empfänge, Bälle, aber auch Truppenparaden statt. Am **17.5.1893** lud Erzherzog Carl Ludwig in sein Palais in der Favoritenstraße. Einen Tag später fuhr er mit seiner Frau auf den steirischen Besitz nach St. Jakob, wo beide bis **21.5.1893** blieben. Am **22.5.1893** waren sie wieder in Wien.

Am Vormittag des **25.5.1893** nahm der Erzherzog an einer mehrstündigen Feier in einer Kirche teil. Danach »*fuhr* (ich) *mit Gf Pejacevich nach Hause. Ich zog mich dann um u. fuhr nach 4 Uhr im geschlossenen Wagen, weil ich Husten habe u. eine Zahnwurzel geschwollen* (ist)…« Der Zahnarzt hatte Erzherzog Carl Ludwig untersucht, wollte die Geschwulst aber wegen der bestehenden Verkühlung nicht behandeln. Trotzdem zog sich der Erzherzog nicht zurück, sondern absolvierte ein dichtes Tagesprogramm.»... (fuhr) *mit Ferdinand in die Freudenau zum Wettrennen... Ich sah ein paar Rennen, darunter auch das Armée Steeple Chase, wobei Otto ein Pferd von sich rennen ließ... es war sehr kalt geworden, u. regnete auch. Nach dem Armée Steeple Chase fuhr ich nach Hause... Ich nahm zu Hause warme Milch, um mich zu erwärmen, dann sah ich bei mir Marie Josepha u. Carl, die vom Staatsbahnhof aus Prag hier eintrafen. Sie blieben beide etwas bei mir u. Carl noch länger, dann zog ich mich um, während er bei mir war. Ich fuhr mit Otto nach 8 Uhr zur Bellaria... Wir gingen ins große Appartement* (zu einem Diplomaten-Empfang)..."

28.5.1893 »*Ich fuhr nach ½ 4 Uhr mit Miana u. Elisabeth u. Carl nach Schönbrunn, wir stiegen beim Stöckl aus u. gingen durch den botanischen Garten zur Volière, wo wir uns einige Zeit bei den Vögeln aufhielten. Von da gingen wir in die Menagerie in die meisten Abtheilungen in derselben, wir sahen uns die 3 Tiger an u. den Luchs, die Franzi* (von der Weltreise) *schickte. Länger waren wir auch bei den Elephanten u. bei den Affen, Carl unterhielt sich vortrefflich bei den Thieren, besonders bei den Affen...*«

Am **29.5.1893** fand in der Hofburg abermals ein Empfang statt, dem Erzherzog Carl Ludwig trickreich ein paar private Minuten abgewann. »(Ich ging) *mit Ludwig, Otto u. Ferd. durch die kleine Thüre in der Ecke vom Rittersaal in die Salons, Gf. Pejacevich mit, setzte mich mit meinen beiden Söhnen in einem Salon, der zum Appartement gehört, der die Fenster auf den äußeren Burgplatz hat... da nahm ich Thee, kaltes Fleisch, Eier, wir blieben zusammen sitzen, gingen dann* (zurück) *in den Rittersaal...*«

2.6.1893 »*... ging hinüber zu MTh, wo ich noch Otto u. Marie Josepha sah, die dann nach 7 Uhr zum Südbahnhof u. weiter nach Ödenburg fuhren, wohin Otto jetzt in Garnison kam, dasselbe Regiment, wo Franzi Commandant war. Nachdem sie fort waren... ging ich dann zu Carl hinüber, der noch zu Bette war, um von ihm Abschied zu nehmen, weil er am Nachmittag* (mit seiner Gouvernante) *auch nach Ödenburg fährt...*«

Einen Tag später verließ Erzherzog Carl Ludwig Wien in Richtung Villa Wartholz. Da er Otto und seine Familie nun an einem neuen Standort wusste, trieb ihn die väterliche Neugierde bald dorthin. Am **10.6.1893** unternahm er mit seinen zwei jüngsten Töchtern von Reichenau an der Rax einen Ausflug nach Ödenburg. »*Am Bahnhof… erwarteten uns Otto u. Carl, u. ich fuhr mit Carl u. Elisabeth im ersten Wagen, uns Otto nach mit Miana im 2. Wagen in die Stadt in das Haus des Grafen Gyula Pejacevich, wo Otto wohnt. Da stiegen wir aus, Otto zeigte uns die verschiedenen Räume, die sehr hübsch sind… Es ist da ein sehr hübscher Speisesaal, Otto hat ein schönes geräumiges Zimmer als Atelier mit einem großen Fenster, was er sich ausbrechen ließ, um mehr Licht zu haben. Die Zimmer für Marie Josepha sind auch gut, besonders schön u. groß sind die für Carl u. Miss Bride… Wir besichtigten (nach dem Essen) auch die Stallungen, die sehr gut u. schön gewölbt sind, Sattelkammer, Remisen, alles sehr gut gehalten… Otto fuhr dann mit seinem Gigg hinüber in die Regimentskanzlei, weil er zeitweilig das Regimentscommando zu führen hat, wenn der Oberst (unleserlich) abwesend ist. Ich las währenddem Zeitungen im Speisezimmer u. hatte währenddem auch die Kinder u. Carl bei mir. Nach ½ 1 Uhr speiste ich mit Otto u. Miana, Elisabeth u. Carl im Speisezimmer, das* diner *war sehr gut, wie immer bei Otto, der sehr darauf hält. Während des Essens u. nach demselben spielte ein Theil der Musik (der Militärkapelle) sehr hübsche Stücke… In der Wohnung des Otto blieb ich in seinem Zimmer, er machte Toilette währenddem, u. ich trank Caffee. Die 3 Kinder kamen auch zurück, sie waren mit Miss Bride… in der Stadt herumgegangen. Ungefähr gegen 6 Uhr fuhr ich mit Elisabeth, nachdem ich von Carl u. Miss Bride Abschied genommen hatte, u. Otto uns nach im 2. Wagen zum Bahnhof…*« und von dort zurück nach Reichenau an der Rax.

Die Zeit zwischen **17.6.** und **24.6.1893** verbrachte Erzherzog Carl Ludwig mit Ehefrau und einigen Kindern in Hessen, wo in Schloss Kleinheubach eine Familienfeier stattfand. Am **24.6.1893** nachts trafen die Reisenden wieder in der Villa Wartholz ein.

29.6.1893 »*Heute vor dem Frühstück schrieb ich dem Otto einen Brief, ging im Wald herum aus den Tagebüchern des Franzi lesend (die er von der Weltreise schickte), es war sehr schönes warmes Wetter, frühstückte auf der Terrasse nach 9 Uhr mit Miana u. Elisabeth, währenddem kam Otto an aus Ödenburg; kurz vorher hatte ich ein Telegramm von ihm über sein Eintreffen bekommen. Er frühstückte dann auch, es kam später auch MTh, u. wir blieben da zusammen, bis wir in die Messe gingen… MTh photographirte dann den Otto u. darauf ging ich mit ihm schwimmen… (nachmittags) ich fuhr mit Otto u. Miana u. Elisabeth… auf den Thalhof, wo wir Caffé nahmen. Wir sprachen dann auch mit den beiden Waissnix Vater u. Sohn… (abends) verabschiedeten uns von Otto, der nach Ödenburg weiterfuhr… Der Hund der MTh Boy hatte heute, als MTh im Atelier drüben war, von unbekannter Hand wohl, weil er ein Reh jagte, eine Wunde auf dem Kopf erhalten. Das bekümmerte die MTh u. that mir auch sehr leid…*«

9.7.1893 »*… ging (mit Gf Schaffgotsche), dem Secretär… u. dem neuen Haushofmeister hinauf in das kl. Zimmer neben dem Zimmer, wo gewöhnlich Carl wohnt, um da etwas nachzusehen, indem dort etwas zu repariren ist. Dann in die Wohnung, wo Margarethe früher wohnte, weil da jetzt Carl wohnen soll, der übermorgen hier eintreffen wird…*«

Am **12.7.1893** fuhr Erzherzog Carl Ludwig über Tag nach Wien. Bei der Rückreise hielt der Zug in Wiener Neustadt. »*Dort auf dem Bahnhof waren Otto u. Carl, die von Ödenburg gekommen waren, u. nach kurzem Aufenthalt fuhr ich mit ihnen im Salonwagen, in welchem Otto u. Carl von Ödenburg gekommen waren, nach Station (Payerbach)…*«

14.7.1893 »*Carl spielte mit seinem Wagen* (wohl einem kleinen Pferdewagen), *ich blieb noch etwas mit ihm…*« Nach dem Mittagessen, »*… ich führte Gf Schaffgotsche dann zu Carl hinauf, dieser war zu Bett, er sollte noch Nachmittags schlafen* (er war damals knapp 6 Jahre alt). *Wir blieben da etwas…*« Warum der Enkel in diesem Alter noch jeden Nachmittag schlafen musste, wird in den

Eintragungen nicht erwähnt. Möglicherweise hing diese Maßnahme mit seiner labilen Gesundheit zusammen.

15.7.1893 »*Nach ¾ 7 Uhr stand ich auf, es regnete u. war recht kühl geworden. Ich… war oben bei Carl kurz, er badete währenddem…*« Danach begaben sich die zwei Männer zum gemeinsamen Frühstück.

Am **16.7.1893** unternahmen Carl, sein Großvater und seine beiden Tanten einen Ausflug zu den Parma-Verwandten. »*Vor ½ 2 Uhr fuhr ich mit Miana, Elisabeth u. Carl im 4sitzigen Landauer zur Station Payerbach… Ich las unterwegs Acten, auf der Station Neunkirchen stiegen wir aus u. fuhren mit dem anderen 4sitzigen Landauer von mir, der uns da erwartete, ins Schloß Schwarzau…*« Erzherzog Carl Ludwig, der den Unfall vom Jahr zuvor noch nicht vergessen hatte, ließ an diesem Tag einen Kutscher von sich mit Wagen vorausschicken, der alle vom Bahnhof von Wiener Neustadt nach Schwarzau führte und abends wieder dorthin zurückbrachte. Da der Erzherzog mit Kindern unterwegs war, wollte er kein Risiko eingehen und vertraute die kostbare Fracht dem eigenen Fahrer an. Der Grund für den Ausflug nach Schwarzau… war großväterlicher Stolz: »*… ich wünschte, meiner Schwiegermutter*[45] *den (Urenkel) Carl zu bringen, den sie noch nicht kannte. Wir sahen dort gleich meine Schwiegermutter und die 5 parmesanischen Kinder (einschließlich des Babys Zita) der Toni, die Tochter des Miguel, noch ein Sohn des Robert (aus dessen erster Ehe)… Nach einer Weile kam auch Robert, u. wir setzten uns dann bald zur Jause, nahmen Thee… Während der Jause traf Otto ein, der von Ödenburg hierhergekommen war, um meine Schwiegermutter zu sehen. Ich rauchte dann auch mit Robert u. Otto, u. Ersterer war so freundlich, Otto im Schloß herumzuführen u. ihm die verschiedenen Räume zu zeigen. Ich ging in den Garten, wohin auch die Kinder gingen u. war da mit meiner Schwiegermutter u. Toni zusammen. Wir setzten uns da auf eine Bank u. sahen den Kindern zu, wie sie auf der Wiese spielten. Sie spielten Verstecken, Carl war sehr lustig, sprang sehr viel herum. Dann ging ich noch längere Zeit mit meiner*

Schwiegermutter im Garten herum, es war ein wunderschöner Abend, die Berge wunderbar beleuchtet...« Und an diesem herrlichen Tag hat Carl sich in seine zukünftige Frau verliebt... Das ist natürlich ein Scherz. Carl war damals knapp sechs Jahre, Zita vierzehn Monate alt. Ich habe mir den Spaß nur deswegen erlaubt, weil in den Biographien Kaiser Karls häufig erwähnt wird, dass er als junger Erwachsener Prinzessin Zita traf und sich in sie verliebte. Die beiden kannten sich aber – wie schon mehrmals erwähnt – seit ihrer Kindheit. Zitas Mutter Herzogin Maria Antonia und Carls Stiefgroßmutter Marie Theresia waren Schwestern (Carl stammte von der zweiten Frau seines Großvaters ab), die sich im Sommer häufig mit ihren Familien trafen, wenn die einen in Reichenau an der Rax wohnten und die anderen in Schwarzau waren.

Am **20.7.1893** erfolgte der Gegenbesuch in der Villa Wartholz. Herzog Robert von Parma reiste mit seiner Frau, seinem Schwager Miguel und den damals gemeinsamen fünf Kindern an. *»Es kam auch Carl nach Tisch* (die sechs Kinder hatten gemeinsam im Freien gegessen), *u. wir alle gingen auf die große Terrasse vor der Villa, wo dann* Croquet *gespielt wurde...«*

Die Tage des **25.7.** und **26.7.1893** verbrachte Erzherzog Carl Ludwig in Wien. Am Abend des zweiten Tages kehrte er nach Reichenau an der Rax zurück. Am **30.7.1893** wurde in der Villa Wartholz sein 60. Geburtstag gefeiert. Es kamen wieder etliche Parma-Verwandte aus Schloss Schwarzau, und sogar Erzherzog Ludwig Victor und der Schwiegersohn Herzog Albrecht von Württemberg reisten von Salzburg, respektive von Stuttgart an. Albrecht kam alleine, da seine Frau Margarethe schwanger war und man sie der Strapaze einer so langen Reise nicht aussetzen wollte. Natürlich war auch Otto bei der Geburtstagsfeier dabei, allerdings nicht seine Ehefrau Mitzi. Sie scheint auf Kur oder auf Reisen gewesen zu sein, da in den vorhergehenden Einträgen über sie nur im Zusammenhang mit Briefen an sie oder von ihr zu lesen war.

Am Nachmittag unternahmen alle Erwachsenen eine Ausfahrt *»in dem großen Familienwagen zu 16 Plätzen. Otto kutschirte den*

Viererzug. Die Kinder Miana, Elisabeth u. Carl sowie die parmesanischen Kinder blieben zu Hause u. spielten miteinander auf der großen Terrasse. Wir fuhren beim Lawn Tennis Platz des Grafen Széchény vor, stiegen dort aus (um sich mit Széchénys Matches zu liefern)... *Otto spielte fortwährend* (die anderen wechselten sich ab)...« Am Abend dieses Tages kehrten alle angereisten Besucher wieder in ihre Residenzen zurück.

Am **4.8.1893** überraschte Otto seinen Vater: nicht nur mit einem Spontanbesuch, sondern auch mit neun weiteren Gästen. »*Ich begann einen Brief an Franzi, hatte den P. Andreas bei mir, währenddem kam Otto mit 9 Officieren seines Regmts.... hergeritten aus Ödenburg; sie waren 4 Uhr weggeritten, warteten* (pausierten) *1 ½ Stunden in Neustadt u. waren nach ½ 12 Uhr hier. Sie ritten auf der großen Terrasse vor der Villa vor u. stiegen dann in der Nähe der Villa vom Pferde ab. Carl schickte ich dann zu Otto, um ihn wiederzusehen...*« Dass er Otto zu seinem Sohn »schickte«, ist an dieser Stelle nicht als väterliche Empfehlung gemeint. Wenn sein Sohn mit neun Offizieren da war, galt Militärrecht. Erzherzog Carl Ludwig war der ranghöchste Offizier, weshalb er die Erlaubnis zum Weggehen erteilen musste. Er gab sie rasch, damit der Enkel bald in den Genuss des väterlichen Besuchs kam. Die logische Konsequenz für den Erzherzog: »*Ich zog mich in Uniform um...*« Da Otto überraschend gekommen war, hatte sein Vater bis dahin Privatkleidung getragen. Die Anwesenheit von zehn Offizieren verlangte, ebenfalls militärisch gekleidet zu sein. »*... nach ½ 2 Uhr war das* diner *mit Otto u. den Officieren...*« In einem perfekt geführten Haushalt wie dem Erzherzog Carl Ludwigs war es möglich, innerhalb kürzester Zeit ein Essen für zusätzliche zehn Personen vorzubereiten. Leider wird nicht erwähnt, ob es tatsächlich aus der eigenen Küche stammte oder ob man es – was damals auch üblich war – aus einem Gasthaus bringen ließ. Catering ist keine Erfindung unserer Tage, nur der Name ist neu. – Abends reisten Otto und die ihn begleitenden Offiziere nach Ödenburg zurück. Diesmal nahmen alle den Zug, in dem auch die Pferde mitfuhren.

Am **8.8.1893** waren Carls künftige Schwäger, die Parma-Prinzen Adelheid und Sixtus, zu Besuch in der Villa Wartholz. Sie waren damals acht und sieben Jahre alt, Carl sechs. Vermutlich war es ein Geburtstagstreffen, denn alle drei feierten im August Geburtstag: die beiden Parma-Kinder am 5.8. und 1.8., Carls Geburtstag stand noch bevor.

Am **9.8.1893** fuhr Erzherzog Carl Ludwig über Vorarlberg in die Schweiz, wo er sich bis **16.8.1893** aufhielt. Von dort reiste er weiter nach Stuttgart, wo er am **20.8.1893** eintraf. Das war einerseits ein Gegenbesuch als Dank an den Schwiegersohn, der zu seinem Geburtstag angereist war, andererseits wollte er aber natürlich auch seine schwangere Tochter Margarethe sehen. Drei Tage später kehrte der Erzherzog über Wien nach Reichenau an der Rax zurück, wo er kurz nach Mitternacht die Villa Wartholz erreichte. Mitte September fanden die alljährlichen Kaiser-Manöver – diesmal in Güns (im heutigen Ungarn) und Mannersdorf (auch heute noch Österreich) – statt. Sie dauerten von **16.9.** bis **21.9.1893** und wurden in Anwesenheit Kaiser Wilhelms und des Herzogs von Connaught ausgetragen. Von Güns begab sich Erzherzog Carl Ludwig am **22.9.1893** mit der nachgereisten Ehefrau und den beiden Töchtern Miana und Elisabeth auf seinen Besitz in Tapolcsány. Fünf Tage danach war er wieder in Wien.

Zwischen **28.9.** und **3.10.1893** reiste Erzherzog Carl Ludwig nach Innsbruck, wo er an Feierlichkeiten im Zusammenhang mit der Tiroler Landesausstellung teilnahm. Anfangs waren auch seine Brüder Kaiser Franz Joseph und Erzherzog Ludwig Victor dabei. Erzherzog Carl Ludwig blieb etwas länger. Für ihn war die Reise nach Innsbruck ein emotionaler Ausflug in die Vergangenheit. Einmal davon abgesehen, dass er als 15-Jähriger im Revolutionsjahr 1848 mit seiner Familie nach der Flucht aus Wien in Tirol die liebevollste Aufnahme fand, war er in den 1850er-Jahren Statthalter von Tirol. Zunächst lebte er alleine in Innsbruck, später eine kurze und glückliche Zeit mit seiner ersten Frau Prinzessin Margarethe von Sachsen, die sehr jung verstarb.

Von Innsbruck machte Erzherzog Carl Ludwig einen kurzen Abstecher nach Meran, von wo er am **9.10.1893** wieder abreiste. Am **10.10.1893** traf er bei seiner Familie in Reichenau an der Rax ein und fuhr von dort am **12.10.1893** mit seiner Frau Marie Theresia und den Töchtern Miana und Elisabeth nach Tapolcsány. Am **17.10.1893** reiste die Familie gemeinsam nach Wien, wohin einen Tag später auch Otto kam. Von dort nahmen alle den Zug nach Kemmelbach, wohin man Franz Ferdinand entgegenfuhr, um ihn nach zehnmonatiger Weltreise herzlich zu empfangen. Otto kehrte bald wieder zurück nach Ödenburg, wo er am **22.10.1893** seine Frau Mitzi und seinen Sohn Carl wieder sah, die lange Zeit unterwegs gewesen waren.

Am **23.10.1893** reiste Erzherzog Marie Theresia nach Stuttgart, um ihrer Stieftochter Margarethe in den letzten Tagen der Schwangerschaft beizustehen. Erzherzog Carl Ludwig hielt sich ab **26.10.1893** mit den Töchtern Miana und Elisabeth in seiner Lieblingsresidenz in Reichenau an der Rax auf, wo er sicher mit großer Nervosität die Ankunft des zweiten Enkels erwartete. Am **2.11.1893** unternahm Sohn Otto einen spontanen Kurzbesuch nach Reichenau an der Rax. Ihm wird es als einem der wenigen gelungen sein, seinen Vater vom bangen Warten abzulenken.

3.11.1893 »*Nach ½ 2 Uhr ging ich mit den Kindern nach Reichenau hinab, wir gingen zum Uhrmacher, der vor einiger Zeit beraubt worden ist... Von da gingen wir in das Gewölbe einer gemischten Warenhandlung; die Kinder kauften Kleinigkeiten für Carl zu seinem Namenstag...* (später fuhren wir) *zum Bahnhof, wo wir die Ankunft des Carl aus Ödenburg erwarteten... Es freute mich sehr, den lieben Carl wiederzusehen, er kam mit Miss Bride u. seinem Kindermädchen an. Ich fuhr mit den beiden Kindern u. ihm nach Hause. Ich vollendete den Brief an MTh, Carl blieb bei mir, er speiste auch im Speisezimmer, die beiden Kinder blieben auch dabei...*«

Am **4.11.1893** wurde in der Villa Wartholz der Namenstag Erzherzog Carl Ludwigs und seines Enkels Carl gefeiert. An diesem Tag reisten auch Mitzi und Franz Ferdinand an. Am Nachmittag unternahmen alle einen Ausflug, auch Carl durfte mitkommen, da es sein Namenstag war. Abends verließen alle Angereisten Reichenau an der Rax. Zwei Tage später fuhr der Erzherzog über Wien und Nürnberg nach Kleinheubach in Hessen, wo der verwitwete Bruder seiner Frau, Prinz Miguel von Braganza, zum zweiten Mal heiratete. Da sich Erzherzog Carl Ludwig in »ungefährer« Nähe von Stuttgart befand, besuchte er zwischen **9.11.** und **13.11.1893** seine hochschwangere Tochter Margarethe, seinen Schwiegersohn Herzog Albrecht von Württemberg und seine Frau, die die Stieftochter pflegte. Da eine weitere Hochzeit bevorstand, diesmal in Bayern, verließ der werdende Großvater Stuttgart. Er traf am **13.11.1893** in München ein, wo er einen Tag später von der Geburt seines zweiten Enkels erfuhr. Glücklich und erleichtert darüber, dass es Margarethe und ihrem kleinen Sohn gut ging, harrte er den Tag der Hochzeit einer Großnichte geduldig aus. Auguste, eine Tochter Erzherzogin Giselas und Enkelin Kaiser Franz Josephs, heiratete einen entfernten Habsburger Vetter.

Am Tag nach der Hochzeit kehrte Erzherzog Carl Ludwig frühmorgens zurück nach Stuttgart, um die Tochter zu besuchen und den neuen Enkel zu bewundern. Bald nach ihm erreichten auch die aus allen Teilen der österreichisch-ungarischen Monarchie anreisenden Kinder und die Schwiegertochter den Geburtsort ihres kleinen Neffen. Otto und Mitzi kamen aus Ödenburg, Franz Ferdinand aus Böhmen, Miana und Elisabeth aus Wien. Am **17.11.1893** fand die Taufe des kleinen Prinzen statt, um den sich einige Tage lang die Verwandten aus Österreich scharten. Erzherzog Carl Ludwig nahm am **21.11.1893** Abschied von Margarethe, vom Schwiegersohn und von seiner Frau Marie Theresia, die weiterhin bei der Wöchnerin blieb. Über Salzburg reiste er am **23.11.1893** nach Wien. Zwei Tage nach Erzherzog Carl Ludwigs Ankunft in Wien traf auch seine Schwiegertochter Mitzi ein, noch einen Tag später kam Otto, da beim Kaiser ein großes Familiendiner stattfand. Otto fuhr abends zurück nach Ödenburg, sein Vater nach Reichenau an der Rax, wo inzwischen die zwei jüngsten

Töchter von Stuttgart eingetroffen waren. In Zusammenhang mit ihnen eine kurze, deswegen nicht minder interessante Bemerkung vom **28.11.1893**. »*Die Kinder liefen noch Ski's...*« Es ist erstaunlich, wie viele der damals erst modern werdenden Sportarten die Familie Erzherzog Carl Ludwigs pflegte. Vom Reiten und Kutschieren abgesehen, das zu beherrschen damals eine Notwendigkeit darstellte, konnten alle Familienmitglieder schwimmen, Tennis spielen und einige sogar Skifahren.

Den **7.12.** und **8.12.1893** verbrachte Erzherzog Carl Ludwig in Wien, wo seine Frau aus Stuttgart eingetroffen war. Zurück in Reichenau »(fand ich) *einen Brief der Maria Josepha mit der Mittheilung, dass Otto sich gestern mit einer Pistole, die ihm zu früh losgegangen ist, in den Oberarm geschossen hat. Gott sei Dank, daß ihm nicht mehr geschehen ist. Die Kugel ist schon herausgenommen. Darauf telegraphirte ich der Maria Josepha den Empfang des Briefes u. bat sie um Nachrichten, wie es Otto heute geht... Nach ½ 9 Uhr gingen wir* (nach dem Essen) *auseinander. Da fand ich auf meinem Schreibtisch ein Telegramm von Maria Josepha mit der Nachricht, daß Otto weniger Schmerzen hat u. fieberfrei ist...*« Diese Nachricht beruhigte Erzherzog Carl Ludwig zwar, ganz sicher konnte er sich aber nur bei einem Lokalaugenschein sein. Also reiste er am **9.12.1893** zu seinem Sohn. »*Auf dem Bahnhof Ödenburg erwartete mich Marie Josepha, begleitet von Gfin Pallavicini... Er* (Otto) *kam mir oben an der Stiege entgegen; er hat den linken verwundeten Arm in der Schlinge, hat weniger Schmerzen u. kein Fieber. Wir gingen zusammen ins Speisezimmer, es kam auch Carl, der sehr erfreut aussah, mich wieder zu sehen. Ich sah mit Otto sein Atelier... an u. ging da mit Carl in dessen Zimmer, er zeigte mir da seine Sachen, darauf gingen wir zum Essen, ich speiste mit Otto, Marie Josepha u. Carl allein... Nach Tisch waren wir längere Zeit beisammen im sehr heimlichen Schreibzimmer der Marie Josepha... da der Zug, der von Steinamanger kommt, Verspätung hatte, war ich sehr froh, daß wir länger beisammen bleiben konnten...*«

Von Ödenburg reiste Erzherzog Carl Ludwig nach Reichenau an der Rax, das er in der Nacht erreichte. Zwei Tage später unternahm er – diesmal mit seinen zwei Töchtern – einen zweiten Krankenbesuch bei seinem Sohn. »*Nach ¼ 10 Uhr trafen wir auf dem Ödenburger Bahnhof ein, wo uns Otto erwartete; es geht ihm schon besser, er hat weniger Schmerzen im Arm …* (im Haus) *kamen uns Marie Josepha u. die 2 Damen … entgegen. Es kam auch Carl dann, u. wir blieben einige Zeit zusammen …* (wir) *frühstückten im Speisezimmer von den Ottos mit dem Kleinen, ich ging in das Zimmer des Otto, wo ich absteige u. auch in seinem Schlafzimmer übernachten werde, Otto ging … in das Zimmer des Carl hinüber. Da malten die Kinder, ich malte auch eine lithographische Vorlage an … gegen ¾ 2 Uhr ging ich mit Otto, den beiden Kindern* (Töchtern) *u. Carl spaziren aus der Stadt hinaus, in Wäldern auf die Höhen, wo auch Villen u. Gärten sich befinden, eine sehr hübsche Lage u. auch ein schöner Aussichtspunkt auf die Stadt Ödenburg …*«

12.12.1893 »*… ich frühstückte im Schlafzimmer … es kam dann Otto zu mir, dann Carl, den ich kommen ließ …* (nach dem Gabelfrühstück) *nahm ich dann Abschied von Marie Josepha u. Carl … ich fuhr mit Otto vor ¾ 11 Uhr zum Bahnhof … ich fuhr, nachdem ich von Otto Abschied genommen hatte, im Salonwagen mit kurzem Aufenthalt am Bahnhof in Neustadt nach Wien …*« Eine Woche später waren dort alle wieder vereint. »*Ich ging mit Carl aus, M. Josepha in ihre Wohnung …* (später) *las ich eine längere, namentlich auf den Roth Kreuz Verein in Italien bezügliche Schrift. Währenddem kam auch Carl zu mir … Nach Tisch kurz beisammen geblieben, dann gingen MTh u. ich zu Ferd. Otto kam auch dahin …*«

20.12.1893 »*…* (ich fuhr) *zum Gewölbe Theyer u. Hardtmuth, wo ich für Carl ein Farbbuch* (zum Ausmalen) *kaufte. Zu* (unleserlich), *um Spielereien für Carl zu kaufen …* (nach den Weihnachtseinkäufen) *las Acten, hatte Carl bei mir …*« Einen Tag später gab es das erste Grippeopfer des beginnenden Winters. »*…* (abends) *MTh, Franzi u. ich, wir gingen zu Otto, der mit Fieber zu Bett lag. Er verkühlte sich, als er gestern u. heute in Persenbeug war …*« –

22.12.1893 »... (*während des Frühstücks*) *war Dr. Rollett bei mir, den ich kommen ließ, um dann mit ihm zu Otto zu gehen... Otto geht es schon besser, er war schon auf, machte gerade Toilette, als ich mit Rollett zusammen kam. Kein Fieber mehr...*«

23.12.1893 »... (*ich*) *fuhr nach ½ 3 Uhr mit Otto zum Künstlerhaus; wir gingen die Weihnachtsausstellung besichtigen. Otto suchte sich ein Bild aus von Baisch, welches MTh u. ich ihm zu Weihnachten schenken werden. Wir gingen auch hinauf in den ersten Stock in die Ausstellung des Aquarellclubs, wo wir Stephanie u. ihre Hofdame... fanden...*« Einen Tag später wurde im Wiener Palais das Weihnachtsfest gefeiert, das in derselben Gesellschaft und in derselben Reihenfolge wie jedes Jahr ablief.

25.12.1893 »*Carl kam dann auch... als das für ihn aus Dresden gekommene Geschenk ausgepackt wurde. Ich ließ das Puppentheater kommen, welches Carl von der Carola aus Dresden bekam, herüberbringen u. da spielten er u. die beiden Töchter im Frühstückszimmer damit...* (*nachmittags*) *holte dort Carl ab, damit er an dem Abräumen der Weihnachtsbäume von den verschiedenen Sachen, die daran hängen, Theile bekomme... Ich u. Carl begleiteten dann Elisabeth* (hier: eine Cousine Erzherzog Carl Ludwigs) *hinüber zu Marie Josepha. Ich ging wieder zu den Töchtern hinüber, u. Carl kam auch bald wieder her...*«

26.12.1893 »... *nach ½ 2 Uhr fuhr ich mit Miana, Elisabeth u. Carl nach Schönbrunn... in die Menagerie. Die Kinder stiegen dort aus, ich blieb im Wagen, weil ich noch etwas Husten hatte u. starker Wind war... die Kinder wurden durch den Menagerie-Direktor Kraus bei den verschiedenen Thieren herumgeführt; sie sahen namentlich auch diejenigen an, welche Franzi von seiner Reise mitgebracht hatte...*«

27.12.1893 »... *nach dem Frühstück mit den Kindern* (und Carl) *nach 9 Uhr sah ich wieder den Porzellanhändler Wahliss, um noch mit ihm über das zu besorgende Speiseservice für Carl zu sprechen...*« Der stolze Großvater schenkte dem noch nicht einmal sechs Jahre alten Enkel ein eigenes Porzellan-Service.

1894

2.1.1894 »*... ging hinüber zu Marie Josepha u. zu Carl, dann auch zu Otto, MJosepha u. Carl frühstückten gerade, dann ging ich mit Carl herüber zu MTh, die auch aufgestanden war u. bei der ich Otto fand, da nahmen wir von Ottos u. Carl Abschied... Ottos fuhren dann mit Carl, Gfin Pallavicini, Gfin Zamoiska, Br Berg noch auf den Südbahnhof, Ottos mit Carl reisten, begleitet von Gfin Zamoiska u. Br Berg, nach Cannes, Gfin Pallavicini bis Graz...*« Während Carl und seine Mutter einige Wochen in Cannes blieben, was damals viele Mitglieder vermögender Gesellschaftsschichten (einschließlich Kaiser Franz Josephs) machten, um dem mitteleuropäischen Winter zu entfliehen, reiste Otto von Südfrankreich weiter nach Ägypten. Nach dem Bau des Suez-Kanals und dem immer populärer werdenden Schiffstourismus kam es in Mode, den Vorderen Orient zu besuchen. Auch der Vater von Kaiserin Elisabeth, Herzog Max in Bayern, war schon dort gewesen und hatte sogar eine Pyramide bestiegen. Auf deren Spitze angelangt, holte er die Zither aus dem Rucksack und spielte bayerische Weisen. Aber auch einige Mitglieder der Kaiserfamilie entdeckten diesen Teil der Welt für sich. Otto hatte dort mit Gefolgsleuten eine Jagd gebucht. Über die von den Führern eigenwillig gestaltete Pirschen hinterließ er ein Tagebuch[46], in dem er sehr komisch von den Erlebnissen erzählt.

31.1.1894 »*(Nach den Audienzen) sahen wir noch den Grafen Géza Széchény, der nach Egypten reist u. dort mit Otto zusammen eine Tour macht...*« Man kann sich gut vorstellen, wie viele Ratschläge Erzherzog Carl Ludwig und seine Frau dem Gefolgsmann mitgaben, der Otto auf der Reise begleiten sollte.

Mitte Februar begab sich Erzherzog Carl Ludwig mit Familie für einige Wochen nach Meran. Anfang März lag er mehrere Tage mit Fieber und Durchfall zu Bett und Marie Theresia machte diesmal Pflegedienst bei ihrem Ehemann. Eine Darmgrippe, die von den

Ärzten mit heute eigenwillig erscheinenden Diäten und Heilmitteln behandelt wurde, hielt sich hartnäckig. Als sich der Zustand des Erzherzogs endlich gebessert hatte, gab man ihm ein neues Medikament, woraufhin die Krankheit abermals ausbrach.

Am **28.3.1894** besuchte Erzherzogin Marie Theresia – ihr Mann war mittlerweile genesen – in Venedig ihre Schwester Adelgunde, verehelichte Prinzessin von Bourbon-Sizilien. Der Aufenthalt war aber nur von kurzer Dauer, da sie bald nach Wien reiste, wo der vom Sinai heimgekehrte Stiefsohn krank im Bett lag. »*Ich erhielt heute einen Brief von Otto aus Wien, er ist unwohl zu Bett mit Darmkatarrh, sich wohl verkühlt auf dem Schiff bei der Rückreise von Egypten*...«

Am **10.4.1894** verließ Erzherzog Carl Ludwig mit seinen Töchtern Südtirol und hielt bei der Heimreise in Innsbruck, um einen Tag mit seinem Sohn Ferdinand zu verbringen, der damals dort stationiert war. Von Innsbruck ging es mit dem Zug weiter nach Wien. Ende des Monats, am **27.4.1894**, wurde der noch immer ohne Frau und Sohn in Ödenburg lebende Sohn Otto besucht. Mit Marie Theresia und den zwei jüngsten Töchtern unternahm Erzherzog Carl Ludwig eine Tagesreise. Allerdings verbrachte der Erzherzog die meiste Zeit alleine in einem Salon, da er Schreibarbeit erledigen musste. Erst später ging er »*in den Stall hinab, wo auch MTh u. die Töchter waren, um die neuen Pferde des Otto anzusehen, darunter 2 sehr hübsche Hengste, die er aus dem Orient mitbrachte*...«

Am **8.5.1894** kehrte nach einem Vierteljahr Abwesenheit der Enkel Carl mit seiner Mutter aus Cannes zurück. »*Nach ½ 10 Uhr (abends) fuhren MTh u. Elisabeth im ersten Wagen u. ich mit Miana im 2. Wagen zum Südbahnhof. Wir gingen auf den Perron auf u. ab, bis der Abendzug eintraf, mit dem Marie Josepha u. Carl von Cannes ankamen.... ich* (fuhr) *mit Elisabeth, MTh u. Carl, Otto mit Miana... entgegen*...« Der folgende Tag war vollgepfropft mit Terminen, sodass Erzherzog Carl Ludwig seinen Enkel gar nicht sehen konnte. Erst am **10.5.1894** gab es gemeinsame Stunden. »*Gegen*

½ 3 Uhr fuhr ich mit Carl nach Schönbrunn, wir stiegen in der Nähe des Hietzingerstöckls aus, gingen in das große Glashaus, um die schönen Blumen anzusehen, um da die Vögel in der großen Volière anzusehen, von dort in die Menagerie; da führte uns der Menagerie-Direktor Kraus herum... Carl unterhielt sich dabei sehr gut u. fütterte eine Menge Thiere. Wir gingen darauf durch den großen Garten übers Parterre zum Meidlingerthor, wo wir nach Hause fuhren...«

15.5.1894 »Nach 10 Uhr fuhr ich mit Carl zu Ludwig, dessen Geburtstag heute ist. Ich fand ihn zu Hause u. ich blieb einige Zeit bei ihm, dann fuhr ich mit Carl wieder nach Hause... (es folgten ein Gespräch mit dem Pfarrer und Akten-Lesen, während der Enkel bei ihm war und spielte), sprach mit Otto u. Marie Josepha, welche im Hof waren u. zur Gratulation zu Ludwig fuhren...«

Die folgenden Tage waren vom üblichen Wiener Alltag geprägt. Carl nahm mit seinem Großvater das Frühstück und ging mit ihm anschließend in das Arbeitszimmer. Dort durfte er so lange sein, bis Audienzen waren oder ihn Termine wegriefen. »(Später speisten wir) *im Rauchzimmer drüben im Gartentrakt u. nach dem dejeuner waren wir rauchend im Holzsalon zusammen, es kam auch Carl dahin, weil Adelgunde ihn zu sehen wünschte...«*

24.5.1894 Fronleichnam. Nach Ende der Messe in St. Stephan begab sich die Prozession, an der alle in Wien weilenden männlichen Habsburger teilnahmen, in Richtung Hofburg. Erzherzog Carl Ludwig sinnierte über das unsichere Wetter dieser Jahreszeit (dem schon so manche Prozession zum Opfer gefallen war). »... *auf dem Lobkowitzplatz* (war es) *recht kühl, zugig, auf dem Michaelerplatz war es schon besser, da sah ich vom Zelt*[47] *aus, welches in der Nähe des Altars war, auf dem Balkon der kaiserl. Rathstube MTh, Alice mit ihren 3 Töchtern, Marie Josepha, Carl u. Adelgunde*[48] *von Modena...«*

Die Zeit zwischen **4.6.** und **8.6.1894** verbrachte Erzherzog Carl Ludwig zu offiziellen Terminen in Lemberg (Galizien). Am **9.6.1894** traf er wieder in Reichenau an der Rax ein. Von dort unternahm er am **12.6.1894** mit seinen Töchtern einen Ausflug zu den Verwandten nach Baden. »*Nachdem wir einige Zeit da beisammen gewesen waren, fuhr ich mit Therese u. Elisabeth, voraus kutschirte Miana die Cousine Elisabeth, in der letzteren Ponywagen. Otto kutschirte den Wilhelm. Otto kam nämlich nach dem diner, er sollte von Wien direkt nach Wartholz kommen, aber als ich das erfuhr, telegraphirte ich auf den Südbahnhof, daß er in Baden absteigen u. in die Weilburg kommen möge. Er speiste da für sich im Salon* (die anderen hatten vorher gegessen), *Wilhelm saß bei ihm. Wir fuhren durch die Anlagen des Wilhelm in der Nähe seiner Kegelbahn. Da wurde ausgestiegen u. wir gingen zur Kegelbahn. Otto, Therese, Pe... schoben Kegel...* (danach nahmen alle Tee) *dann fuhren wir in die Villa zu Marie Rainer, welche wir zu Hause fanden u. blieben da eine Weile, worauf wir zum Bahnhof fuhren... Otto fuhr mit uns...*« nach Reichenau und am nächsten Tag zurück nach Ödenburg.

14.6.1894 Wien, »*... ging zu Marie Josepha in ihre Wohnung, sie ist noch da, weil Miss Bride unwohl ist. Carl ist schon nach Ödenburg ihr voraus* (gefahren) *mit Gf Cavriani...*«

Mitte Juni 1894 unternahm Erzherzog Carl Ludwig eine offizielle Reise durch Deutschland. Er besuchte den Großherzog von Weimar, am **16.6.1894** das Goethe-Museum, am **17.6.1894** fuhr er mit dem Großherzog nach Eisenach, wo er im gleichnamigen Schloss Gemälde von Cranach bewunderte. Am **18.6.1894** wurde Erzherzog Carl Ludwig durch die neu eröffnete Gewerbe-Ausstellung geführt, am folgenden Tag besuchte er Museen und abends eine Theatervorstellung. Zwischen **20.** und **22.6.1894** besichtigte er Schlösser in Coburg. Von dort ging es weiter in den Thüringer Wald, nach Leipzig und am **24.6.1894** nach Altenburg. Auf der Heimreise legte Erzherzog Carl Ludwig einen Halt in Dresden ein, um die geliebten Wettiner Verwandten zu besuchen. König Albert war nicht nur sein direkter Cousin, sondern auch sein Schwager, da er in erster Ehe mit dessen Schwester Margarethe verheiratet gewesen war. Die Frau Alberts, Königin Carola, war jene Dame, die dem kleinen Carl zu Weihnachten immer die schönsten

Geschenke schickte. Der Erzherzog traf auch die Prinzen Georg und Fritz, Söhne des Königs und Brüder seiner Schwiegertochter Mitzi. Letzterer wurde nach seinem Vater und seinem Onkel als Friedrich August III. letzter König von Sachsen. Er hatte wenige Jahre zuvor Erzherzogin Luise[49], eine Habsburgerin aus der Linie der Großherzoge von Toskana, geheiratet. Am **26.6.1894** wurde die Meissner Porzellanmanufaktur besichtigt, einen Tag später besuchte man die Sommerresidenzen in Pillnitz und in Weesenstein. Am **28.6.1894** kehrte Erzherzog Carl Ludwig nach Reichenau an der Rax zurück.

30.6.1894 »*Ich begann der Maria Josepha zu schreiben, um ihr den Blumentopf aus Meissen für sie u. eine Sackuhr von der Wartburg für Carl zu schicken...*« Letzteres ist eine interessante Bemerkung im Zusammenhang mit dem Tourismus-Geschäft. Offensichtlich spielte schon damals der Geschenkeartikel-Handel in Schlössern und Museen eine bedeutende Rolle.

Am Abend des **30.6.1894** reiste Otto aus Ödenburg an, er blieb bis zum nächsten Morgen. Einen Tag später erfolgte der Gegenbesuch Erzherzog Carl Ludwigs und seiner Töchter. »*... auf dem Bahnhof Ödenburg erwartete mich Otto, ich u. die Kinder gratulirten ihm, weil sein Namenstag war...* (in Ottos Haus) *fanden wir Marie Josepha u. Carl, die uns auf der Stiege entgegenkamen... wir frühstückten im Speisezimmer. Es waren dabei Marie Josepha u. Carl. Otto ging bald fort in die Caserne Dienstgeschäfte zu besorgen. Ich war auch etwas in Marie Josephas Schreibzimmer mit ihr u. den Kindern, da gingen wir hinab in den Hof, wo sich Marie Josepha einen kleinen Garten arrangirte; es ist da ein schattiger Platz, es wurde Rasen gelegt, Schlingpflanzen u. Nelken gepflanzt... Da saß ich längere Zeit mit den Kindern, Marie Josepha war auf der chaise longue u. strickte, ich rauchte, Carl spielte mit den Hunden, so blieben wir längere Zeit beisammen u. nach ½ 1 Uhr war das diner. Vor demselben einige Zeit kam Otto aus der Caserne zurück. Ich zog vor Tisch die Bluse* (der Uniform) *an... es spielte während dem Essen sehr gut die Musik des Regiments, dessen Inhaber FZM Br Salis ist...*

Nachdem wir den Stall u. die Pferde angesehen hatten, es ist alles vorzüglich gehalten, kutschirte mich Otto zuerst zu den Stallungen... Dort hat er einige sehr hübsche Reitpferde, die er auch rennen lassen will...«

Die Zeit zwischen 3.7. und 19.7.1894 verbrachte Erzherzog Carl Ludwig mit seiner Familie in der Villa Wartholz. Am 20.7.1894 langte er nach einer Nachtreise über Wien in Gmunden im Schloss der Württembergs ein. *»Dort auf dem Bahnhof erwarteten mich zu meiner großen Freude Margarethe, Albert u. auch Otto (Franz Ferdinand kam etwas später nach)...«* Es war der Namenstag Margarethes, den die Geschwister und der Vater mit ihr feierten. Erzherzog Carl Ludwig hatte aber auch an einer anderen Persönlichkeit großes Interesse: an seinem zweiten Enkel, dem Sohn Margarethes, den er häufig besuchte. Vater und Söhne blieben bis zum nächsten Tag, an dem in Gmunden ein Pferderennen stattfand. Auf der Hoftribüne traf man die Nichte Valerie, Tochter Kaiser Franz Josephs, mit ihrem Ehemann Franz Salvator. *»Otto war sehr erfreut, über den Sieg seiner Pferde, das Pferd, welches Franz im 3. Rennen laufen ließ, wurde krumm beim Sprung eines Hindernisses...«* Mit *Franz* ist Erzherzog Franz Salvator, der Schwiegersohn Kaiser Franz Josephs gemeint und nicht der älteste Sohn des Erzherzogs, der *Franzi* gerufen wurde.

Von Gmunden reiste Erzherzog Carl Ludwig am **24.7.1894** zu einer Besprechung nach Schloss Artstetten, das er damals schon Franz Ferdinand übereignet hatte. Am **25.7.1894** erreichte der Erzherzog Wien, einen Tag später traf er dort seinen zweitältesten Sohn. *»... ging dann zu Otto hinüber u. fuhr mit ihm nach Schönbrunn zur Schwimmschule. Ich schwamm mit ihm, was mich sehr unterhielt. Von da fuhren wir zur Restauration Tivoli... der Wirth ein Zillerthaler, kam mir entgegen...«* Das Tivoli war in dieser Epoche ein berühmtes Unterhaltungslokal. Erzherzog Carl Ludwig kam mit der Frau des Besitzers ins Gespräch, die ebenfalls eine Tirolerin war. Sie erzählte, dass sie ihm als Kind in der Zeit, als er

Statthalter von Tirol gewesen war, bei einem Fest ein Gedicht aufgesagt hatte.

Der Geburtstag Erzherzog Carl Ludwigs am **30.7.1894** wurde in diesem Jahr in Wien gefeiert. Er begann wie üblich mit dem Überreichen von Blumenbouquets und Geschenken. Natürlich fanden sich auch hier etliche Repräsentanten des öffentlichen Lebens ein, um zu gratulieren. Otto kam aus Ödenburg, Mitzi reiste – ohne Sohn Carl – aus Persenbeug an. »*Nach ½ 3 Uhr fuhr ich mit Otto nach Schönbrunn zur Schwimmschule. Es war heute besonders angenehm, warme Luft u. so schönes Wetter. Wir schwammen auch längere Zeit u. douchten (duschten) uns öfters...*« Von dort kehrten sie zurück ins Palais, wo ein Souper stattfand. »*... ich saß neben ihr* (Marie Theresia) *u. Otto, Miana, Elisabeth, die 3 Damen vom Haus, Gf Pejacevich, Gf Salm u. Rittmeister Hereth. Wir speisten im Gartenzimmer, animirte* conversation, *Otto war recht lustig... nach 5 Uhr mit Miana u. Elisabeth nach Laxenburg... zum Gebäude des Schloßhauptmanns, wo ich ersuchte, daß die Schwimmanstalt im Garten aufgesperrt werde, damit ich später schwimmen könne...*« Der Erzherzog fuhr mit seinen Töchtern durch die Alleen bis zum Denkmal seines Großvaters Kaiser Franz II./I., »*... bis wir endlich in der Nähe des Schwimmbades ausstiegen... Nachdem ich schon geschwommen hatte, kam Otto aus der Stadt noch, er schwamm auch noch kurz, dann fuhr ich mit den 3 Kindern zur Maierei* (eine Milchwirtschaft).«

Am **3.8.1894** erhielt Erzherzog Otto vom Kaiser das Kommando über das Husaren-Regiment Nádasdy, in dem er bis dahin als Oberst diente. Die Tage danach verbrachte Erzherzog Carl Ludwig mit seiner Familie in Reichenau an der Rax. Am **17.8.** und am **18.8.1894** hatte er Termine in Wien. Von dort begab er sich zurück in die Villa Wartholz, wo er bis Ende des Monats blieb. Am **27.8.1894** reiste er mit Marie Theresia und den Töchtern noch einmal nach Gmunden ins Schloss der Württembergs zu Tochter und Schwiegersohn und deren kleinen Sohn. Drei Tage später findet man Erzherzog Carl Ludwig und seine Frau in Ischl. Obwohl sein

Bruder Kaiser Franz Joseph und etliche Verwandte, die Villen besaßen, in der Stadt waren, mietete sich das Paar im Hotel Kaiserin Elisabeth ein. Das war typisch für den Erzherzog, der in seinen Residenzen alle Verwandten als Gäste großzügig unterbrachte, selbst aber niemandem als Gast zur Last fallen wollte. Gleich nach der Ankunft besuchte er seinen Bruder in der Kaiservilla, wo am **30.8.1894** ein Familiendiner stattfand. Über Ischl machten Erzherzog Carl Ludwig und seine Frau am **31.8.1894** einen Abstecher in das nahe gelegene Salzburg, um Erzherzog Ludwig Victor zu treffen. Von dort ging es weiter in den Nibelungengau. »*Auf der Station Kemmelbach erwartete mich Gf Cavriani, Kammervorsteher des Otto, u. ich fuhr... hinüber nach Persenbeug. Am dortigen Ufer erwartete mich Carl u. Mathilde, die Schwester der Marie Josepha... Ich ging in die Wohnung des Otto, wo ich abstieg... Carl war früher* (vor dem Abendessen) *noch etwas bei mir gewesen u. ging dann schlafen...*«

Am nächsten Tag, **1.9.1894**, hatten Großvater und Enkel mehr Zeit füreinander. »*Nach 7 Uhr stand ich auf, machte Toilette, ging zu Carl hinauf, der noch nicht ganz angezogen war, frühstückte nach ½ 9 Uhr mit Marie Josepha u. Carl u. Mathilde im Orientalischen Salon neben meiner Wohnung... dann ging ich mit Carl in den Schloßhof hinab, wo ich mit dem Verwalter des Otto Welserheimb sprach... und ging mit Carl begleitet von Welserheimb durch den Garten auf den Weg nach Rettenhof* (um einen Förster zu treffen; in Persenbeug)... *ging mit Carl zu Marie Josepha in den Garten, wo auch Mathilde war, welche das Schloß u. Umgebung malte... Nach Tisch blieben wir beisammen, u. ich fuhr mit Carl, nachdem ich von Marie Josepha u. Mathilde... Abschied genommen hatte, an das Donau Ufer... nach Ybbs u. von da mit dem Wagen zum Bahnhof* (und von dort nach Wien)...«

Der September stand im Zeichen von offiziellen Veranstaltungen. Am **2.9.1894** nahm Erzherzog Carl Ludwig in Budapest am Ministerrat teil, zwischen **3.9.** und **6.9.1894** war er in Böhmisch-Tribau und in Landskron, wo in diesem Jahr die Kaiser-

Manöver stattfanden. Am Abend des letzten Tages ging es nach Wien, am **7.9.1894** weiter nach München, um dort an der Eröffnung einer großen Ausstellung teilzunehmen. Erzherzog Carl Ludwig blieb bis **11.9.1894** in Bayern, wo er auch etliche Verwandte traf. Über Innsbruck, wo er seinen Sohn Ferdinand besuchte, erreichte er am **12.9.1894** Wien. Dort gab es am **13.9.1894** eine Regimentsfeier mit Parade aus Anlass der (eigenartigerweise) 211. Wiederkehr der Befreiung von den Türken.

Am **15.9.1894** reiste Erzherzog Carl Ludwig mit seiner Frau Marie Theresia nach Krakau, wo einen Tag später eine Feier zu Ehren des hl. Stanislaus stattfand. Es ist nicht ganz klar, warum man das Fest an diesem Tag beging. Denn Stanislaus war unrunde 641 Jahre zuvor heiliggesprochen worden, seit 815 Jahren tot, und sein Todestag liegt im April. Von Krakau ging es am **17.9.1894** weiter nach Łańcut. Der Grund für den Aufenthalt galt Besuchen einer Ausstellung in Lemberg, die Erzherzog Carl Ludwig am **18.** und **19.9.1894** abstattete. Am **20.9.1894** war er wieder in Wien, einen Tag später reiste sein ältester Sohn Franz Ferdinand nach Lemberg, um ebenfalls diese Ausstellung zu besuchen. Galizien war ein entlegener Zipfel der österreichisch-ungarischen Monarchie, der selten im Vordergrund stand und von Kaiser Franz Joseph nie bereist wurde.

Am **22.9.1894** begaben sich Erzherzog Carl Ludwig und Marie Theresia auf ihr ungarisches Gut Tapolcsány, wo die Töchter warteten und wo sich auch Sophie von Bayern aufhielt. Die verehelichte Herzogin von Alençon und Schwester Kaiserin Elisabeths hatte einen Eheskandal provoziert, in dessen Folge sie einige Zeit in Graz von einem Psychiater[50] behandelt wurde. Offensichtlich hatte man sie damals, vielleicht nach dem Aufenthalt in der Steiermark, längere Zeit der Obhut Erzherzogin Marie Theresias übergeben. Erzherzog Carl Ludwig reiste am **26.9.1894** alleine nach Wien, um eine naturwissenschaftliche Ausstellung zu eröffnen und andere öffentliche Termine wahrzunehmen. Im Anschluss daran kehrte er zurück nach Ungarn und verbrachte einen Monat in Gesellschaft seiner Frau und seiner Cousine Sophie. Das alles, vor allem die Länge des Aufenthalts, klingt sehr nach (Familien-) Therapie für die »verwirrte« Cousine. Vielleicht war sie sogar von Kaiser Franz Joseph erbeten worden. Erst am **10.11.1894** fuhr Erzherzog Carl Ludwig zurück nach Wien. Trotz starker Verkühlung reiste er von dort am **15.11.1894** zur Beisetzung Zar Alexanders III. nach Russland. In Warschau, das er am **16.11.1894** erreichte, verbrachte er eine Fiebernacht im Zug. Obwohl er sich zusehends schlechter fühlte, fuhr er weiter nach St. Petersburg, wo am **19.11.1894** die feierliche Beisetzung stattfand. Erleichtert, alle Prozessionen und Feierlichkeiten hinter sich gebracht zu haben, verließ Erzherzog Carl Ludwig am **20.11.1894** St. Petersburg. Bis zu seiner Ankunft zwei Tage später in Wien hielt er sich – fiebrig, matt, mit Husten und starken Halsschmerzen – ausschließlich in seinem Bahnabteil auf. Sein erster Weg nach der Ankunft am **22.11.1894** führte ihn in die Hofburg zum Kaiser, um Bericht von der Reise zu erstatten. Erst als sich Erzherzog Carl Ludwig aller Pflichten entledigt hatte, fuhr er nach Hause, wo schon ein anderer Grippekranker eingetroffen war. »… *ging ich zu Hause zu Otto hinüber, der wieder unwohl ist, verkühlt u. zu Bett. Dort blieb ich einige Zeit u. ging dann selbst auch zu Bett…*«

23.11.1894 »… *ging* (nach Erledigen einiger Schreibarbeiten) *wieder zu Bett, sah in demselben franz. Caricatur-Bücher an, welche mir Otto zur Ansicht schickte. Es kam auch der Prälat Marschall zu mir, er war vorher bei Otto gewesen…*« Otto litt häufig an Grippe und Verkühlung, was ihm extrem unangenehm war, da er als Offizier an seiner Dienststelle nicht ausfallen wollte. Wie sein Vater verfügte er über starke Selbstdisziplin[51] und unterdrückte Krankheit oder Schmerz. Häufig verließ er deswegen zu früh das Bett, so wie auch dieses Mal. Obwohl er noch Fieber hatte, kehrte er nach Ödenburg in die Garnison zurück.

24.11.1894 »… *schrieb dem Otto ein* billet *als Antwort auf das seinige, in welchem er mir mit großer Freude mitteilte, daß der Kaiser ihn zum Inhaber des ersten Uhlanen-Regiments ernannte…*«

Der kurz zuvor in Ödenburg eingetroffene Otto reiste in der folgenden Nacht zurück nach Wien, um sich am nächsten Morgen beim Kaiser zu bedanken. **25.11.1894** und ein paar Stunden später »… (nach der Messe) *ging ich zu Otto hinüber, der* (wieder) *im Bett war… Es geht ihm aber schon besser, er ist fieberfrei…*« Da sich die Damen noch auf dem ungarischen Gut befanden, reiste Erzherzog Carl Ludwig an diesem Tag zu ihnen. Am **15.12.1894** kehrte er mit der Familie nach Wien zurück, wo schon früher die Schwiegertochter eingetroffen war. Ihr Sohn Carl kam erst eine Woche später, am **22.12.1894**. »*Nachdem ich von der* (nachmittäglichen) *Ausfahrt nach Hause gekommen war, war ich bei Carl, welcher im 2. Haus gegen die Straße da wohnt, wo seine Mutter früher wohnte. Er war kurz vorher aus Ödenburg mit der Miss Bride angekommen… er speiste dann. Vor unserem Essen war er noch bei mir…* (nach dem Abendessen) *ging ich auch noch hinunter zu Carl…*«

Die Tage bis Weihnachten verliefen mit den üblichen Einkäufen, Besuchen und Vorbereitungen für das Fest. Obwohl Carl nun schon über sieben Jahre alt war, durfte er in Anwesenheit seiner Mutter selbst an den Weihnachtsfeiertagen noch immer nicht an den Familienessen teilnehmen. Wenn Erzherzog Carl Ludwig Zeit hatte, verbrachte er sie mit seinem Enkel, das gemeinsame Frühstück gehörte zu den wichtigsten Ritualen der zwei Männer. Silvester verbrachte die Familie gemeinsam, wie es im Neuen Jahr weiterging, konnte ich leider nicht in Erfahrung bringen. Der Tagebuchjahrgang 1895 ist zwar vorhanden, hat aber eigene Wege ins Ausland genommen und befindet sich in fremder Obhut. Er konnte für die Arbeit nicht herangezogen werden. Unter den wichtigsten privaten Ereignissen des Jahres 1895 ist die Geburt eines zweiten Sohnes von Erzherzog Otto und seiner Frau Marie Josepha zu nennen. Er kam im April zur Welt, wurde Maximilian genannt und der absolute Liebling seines Bruders Carl.

1896

Am **1.1.1896** begab sich Erzherzog Carl Ludwig wie jedes Jahr mit seinen Söhnen – es begleiteten ihn Otto und Ferdinand – morgens in die Hofburg, um dem Kaiser ein gutes neues Jahr zu wünschen. Am Nachmittag unternahm er einen Spaziergang mit den Kindern. »*Nach 2 Uhr fuhr ich in den Prater mit den beiden Töchtern u. mit Carl. Wir stiegen beim ersten Rondeau aus, gingen weiter hinauf bis in die Nähe des Lusthauses, es war kalt, aber angenehm zum Gehen… Vom Lusthaus gingen wir von da zurück, Elisabeth stieg früh ein in den Wagen; wir gingen noch eine Strecke weiter bis nahe dem ersten Rondeau, da stieg ich mit Miana u. Carl in den Wagen, u. wir fuhren nach Hause…*«

2.1.1896 »*… zum dejeuner nach ½ 1 Uhr waren da MTh, ich, Otto, Marie Josepha, die beiden Töchter, Carl, Robert u. Toni von Parma, welche heute Vormittag von Schwarzau gekommen waren… Carl war während des Frühstücks schon weggegangen, weil er kurz darauf nach Ödenburg zurückkehrt…*« Wie jedes Jahr wurde der Enkel nach den Feiertagen mit der Gouvernante nach Hause geschickt. Dort hat sich der kleine Maximilian, der mittlerweile ein dreiviertel Jahr alt war, sicher über die Ankunft seines Bruders Carls gefreut. Ihre Mutter blieb noch einige Tage in Wien, kam kurz nach Ödenburg und kehrte am **15.1.1896** nach Wien zurück, um Bälle zu besuchen.

9.1.1896 »*Heute nach dem Frühstück sah ich Miss Bride, welche in früheren Jahren bei Miana u. dann auch bei Carl war. Miana war dann auch dabei. Miss Bride kommt als Erzieherin zu 2 Kindern der Toni von Parma nach Schwarzau.*« Noch ein früher Beziehungspunkt zwischen den Haushalten Erzherzog Carl Ludwigs und Herzog Roberts von Parma. Die englische Gouvernante, die bis dahin den Enkel Carl betreut hatte, wechselte nun zu Prinzessin Zita und ihren Geschwistern.

17.1.1896 »*Nach ¾ 11 Uhr fuhr ich mit Gf Salm in die Leopold-*

stadt Augartenstraße ins Haus, wo der Maler Julius Blaas eine Wohnung u. Atelier hat. Ich traf ihn nicht, er war ausgegangen, er malt ein Portrait des Otto zu Pferd, welches sehr ähnlich ist u. seinen Sitz zu Pferd sehr gut wiedergibt …«

Vier Tage später begab sich Erzherzog Carl Ludwig in Begleitung seiner Kinder Ferdinand, Miana und Elisabeth vom Südbahnhof auf eine lange Reise. Das Ziel war Ägypten, wo der älteste Sohn Franz Ferdinand seit einigen Monaten eine Kur[52] absolvierte, um ein seit Jahren immer wieder aufkeimendes Lungenleiden zu kurieren. Erzherzogin Marie Theresia war auf seine Bitten vorausgefahren[53], um den Stiefsohn zu betreuen, vor allem aber, um ihn zu unterhalten, da er wegen des langen Aufenthalts und der Ferne zur Heimat an Langeweile und Depressionen litt. Was ihn besonders belastete, waren Gerüchte, die ihn aus Wien erreichten. Bei Hof wurde kolportiert, dass Franz Ferdinand so schwer erkrankt war, dass man mit seinem Ableben rechnen musste. Kaiser Franz Joseph, der zu seinem ältesten Neffen seit jeher ein gespanntes Verhältnis hatte, war darüber nicht unzufrieden und baute in der Zwischenzeit dessen Bruder Otto als Thronfolger auf. Davon erfuhr Franz Ferdinand, und es war schwer, ihn davon zu überzeugen, dass er um seiner Gesundheit willen noch einige Zeit zur Kur bleiben sollte. So wurde die beste und bewährteste Pflegerin, Erzherzogin Marie Theresia, zu ihm geschickt, die ihn beruhigen und auf ihn einwirken sollte, erst nach Wien zurückzukehren, wenn seine Gesundheit vollständig wiederhergestellt war.

Am **22.1.1896** traf Erzherzog Carl Ludwig mit seinen Kindern in Triest ein. Dort legte die Familie einen Kurzaufenthalt ein, um abermals Schloss Miramare, die Residenz des ermordeten Bruders Ferdinand Maximilian, zu besuchen. Per Schiff ging es am **23.1.1896** weiter – vorbei an Brindisi und an den Bergen von Albanien. Am **24.1.1896** streifte man die Insel Zante, am **26.1.1896** erreichte man Alexandria, kurz nach Mittag war man in Kairo. Dort wurde haltgemacht und man besichtigte die bekanntesten Touristen-Attraktionen. Die Kinder Erzherzog Carl Ludwigs erklommen am **28.1.1896** die Cheops-Pyramide, er selbst verzichtete auf das Vergnügen. Am **30.1.1896** begab man sich auf Nil-Reise, passierte am **3.2.1896** den höchsten Berg Ägyptens und fand sich am **6.2.1896** in Luxor ein. Dort traf man Erzherzogin Marie Theresia und Franz Ferdinand. Erzherzog Carl Ludwig leistete mit den mitgereisten gesunden Kindern das übliche Programm für Touristen ab. Er ritt mit ihnen auf Büffeln und Kamelen, besuchte die Pharaonengräber, die Stadt Damaskus und den Berg Libanon.

Den Höhepunkt der Reise stellte dem tiefgläubigen Erzherzog der Besuch Jerusalems und des Jordantals dar, das er am **20.3.1896** erreichte. »... (wir ritten) *zum Ufer des Jordan, wo sich auch eine andere Reisegesellschaft befand, wir stiegen da ab, kauften da eine Blechbüchse, die ich selbst mit Jordanwasser füllte...*« Der Kauf des Gefäßes aus Blech und das Befüllen mit Wasser aus dem unsauberen Fluss besiegelte das weitere Schicksal Erzherzog Carl Ludwigs. Einige Stunden später trank der sehr religiöse Mann das Jordanwasser. Am nächsten Tag setzte eine Diarrhoe ein, die sich ganz langsam zur todbringenden Krankheit entwickelte. Das ahnte damals aber niemand, nicht einmal die Ärzte errieten während der monatelang dauernden Krankheit, woran der Erzherzog litt. Die letzten Wochen seines Lebens verliefen in einem steten Auf und Ab. Tage, die er fiebrig im Bett liegend verbrachte, wechselten mit solchen, an denen er Spaziergänge und Besuche machen konnte. Am **24.3.1896** reiste der Erzherzog mit seiner Frau und den Kindern mit dem Schiff nach Beirut. Er verbrachte den Tag zu Bett, war aber fieberfrei. Am **26.3.1896** ging es weiter nach Zypern, wo Erzherzogin Marie Theresia mit den Kindern einen Landausflug unternahm. Über Rhodos (**27.3.1896**) und Piräus (**28.3.1896**) erreichte man am **29.3.1896** Smyrna. An diesem Tag ging es Erzherzog Carl Ludwig so gut, dass er einen Landausflug seiner Familie mitmachte. Während einer Woche, die man in Smyrna verbrachte, hielt sich der Erzherzog hauptsächlich im Hotel auf, die meiste Zeit liegend, er unternahm aber auch Spaziergänge und sogar Tagesausflüge. Am Abend des **6.4.1896** fuhr man mit dem Schiff zurück nach Piräus, von dort ging es per Bahn weiter nach Athen. Dort hielt sich die Familie abermals einige Tage auf. Erzherzog Carl Ludwig ging es so gut, dass er am **8.4.1894** mehrere Besuche machen konnte und am **10.4.1896** mit seiner Familie sogar die Akropolis bestieg. Zu Mittag nahmen alle an einem Essen teil, das König Georg von Griechenland – er entstammte dem deutschen Fürstengeschlecht der Holstein und war seit 1863 König – für die Familie gab. Einen Tag später reiste man mit dem Zug nach Korinth und wechselte in Patras wieder auf das Schiff. Am **12.4.1896** erreichte man die Insel Korfu. Dort besuchte Erzherzog Carl Ludwig an diesem und am folgenden Tag seine Schwägerin Kaiserin Elisabeth in ihrer Villa, dem Achilleon.

Die Abreise von Griechenland erfolgte am **14.4.1896** morgens um 5 Uhr» *... es war sehr bewegte See, unser Schiff ist klein, daher es sehr stark schwankte. Die Wellen haben an den Schiffsluken angeschlagen, ich blieb heute den ganzen Tag zu Bett, weil starker Wind war u. daher sehr kühl u. man oben wegen der Bewegung doch nicht gut gehen konnte... Die Bewegung war so stark, daß in meiner Cabine die Sessel umfielen u. überhaupt Möbelstücke in Bewegung gebracht wurden... Es war regnerisches Wetter u. später im Laufe des Tages starkes Gewitter mit Hagel. Ich bin nur manchmal kurz aufgestanden...*« Überraschenderweise ging es Erzherzog Carl Ludwig – im Unterschied zu seinen Begleitern – auf dieser Schiffsreise sehr gut. Während die meisten an Übelkeit litten, hatte er sogar gesunden Appetit und aß Reisfleisch und Schnitzel.» *... einige Male kam der Arzt zu mir, einmal, als er da war, wurde ihm übel u. er übergab sich bei mir. Zu 2 Malen waren die Kinder bei mir. Vorher übergab sich Elisabeth mehrere Male, auch Miana. MTh blieb den ganzen Tag zu Bett, ohne Meerübel zu haben (= ohne seekrank zu sein), sie hatte nur Kopfweh...*«

Die Ankunft auf dem Boden der österreichisch-ungarischen Monarchie erfolgte am **16.4.1896** in Pola. Dort hielt man sich bei schönem Wetter einen Tag auf. Dann ging es mit der Bahn weiter über Marburg, Cilli und Graz nach Wien, wo Otto und Mitzi die Heimkehrer am Bahnhof erwarteten. Gleich am nächsten Tag, dem **18.4.1896**, fuhr Erzherzog Carl Ludwig in die Hofburg, um Kaiser Franz Joseph Bericht von der Reise zu erstatten. Er fand ihn aber nicht, da dieser in sein Palais gefahren war, um seinerseits den Bruder zu besuchen. Erzherzog Carl Ludwig wartete bei Gräfin Goëss auf die Rückkehr des Kaisers in die Hofburg. Zu dieser Zeit galt er als »gesund« und nahm wie üblich, wenn er in Wien war, täglich mehrere Termine wahr. Am **24.4.1896** bekam er abends abermals Fieber und musste sich niederlegen. Er klagte um diese Zeit über einen Juckausschlag auf dem Rücken. Vier Tage später kamen starke Magenschmerzen dazu und ein beständiges Würgen im Hals, ohne dass er sich erbrechen konnte. Erzherzogin Marie Theresia und Otto verbrachten viele Stunden am Krankenbett Erzherzog Carl Ludwigs, um ihn zu unterhalten. Weder ihnen noch den Ärzten war das Ausmaß der Krankheit bewusst.

Am **30.4.1896** kam Ferdinand aus Innsbruck seinen Vater besuchen. »*Nachmittags sah ich auch Marie Josepha u. Carl, welche von Ödenburg angekommen waren, Letzterer ist wieder gewachsen, sieht Gott sei Dank sehr gut aus, hat eine sehr hübsche Haltung u. ist sehr wohlerzogen; es freute mich sehr, ihn etwas zu sehen. Es war... eine Überraschung für mich. Otto u. Sohn gingen dann hinüber in ihre Wohnung, um sich zum* diner *zu richten. Abends kam wie gewöhnlich Dr. Rollett, dann waren auch noch MTh, Marie Josepha, die Töchter u. Carl bei mir...* (später) *ich bekam einen fortgesetzten ›Schnackerl‹* (Schluckauf) *Anfall, der sehr lange andauerte, so daß ich es für nothwendig fand, nach Dr. Rollett zu senden; er kam nach 11 Uhr u. gab mir ein neues Mittel zum Einreiben u. zum* (Ein-) *Nehmen...*«

In den folgenden Tagen fanden in Ungarn in Anwesenheit Kaiser Franz Josephs und Kaiserin Elisabeths die Millenniumsfeierlichkeiten statt. Als Vertreterin der Familie Erzherzog Carl Ludwigs reiste am **1.5.1896** die Schwiegertochter Mitzi nach Budapest. Ihr Ehemann Otto und ihr Schwager Ferdinand kamen später nach. Erzherzog Carl Ludwig ging es um diese Zeit gesundheitlich wieder besser. Er war zwar bettlägerig, die Krankheit nahm aber nur einen schwachen Verlauf. Es waren ihm Diät-Speisen vorgeschrieben, die er mit viel Appetit aß. Am **5.5.1896** klagte er wieder über Schluckauf und über starke Magenschmerzen. Er hatte Fieber und schwitzte viel. Am **7.5.1896** kamen Ferdinand, Otto und Mitzi aus Budapest zurück und erzählten von den Feierlichkeiten, was der Erzherzog mit großem Interesse verfolgte. Da der Zustand ihres Vaters von den Ärzten als nicht besorgniserregend angegeben wurde, reisten am **8.5.1896** die Söhne in ihre Garnisonen zurück. Sein Bruder Ludwig Victor, der wohl seinetwegen in Wien blieb, kam manchmal zu Besuch, am **12.5.1896** reiste wieder Otto aus Ödenburg an. Zunehmend ging es Erzherzog Carl Ludwig in den Nächten immer schlechter. Seine Frau wachte stets bei ihm am Bett.

Am **13.5.1896** schrieb der Erzherzog den letzten Eintrag ins Tagebuch. Darin ist zu lesen, dass er den Kaiser in einem Brief gebeten hatte, nach Schloss Schönbrunn ziehen zu dürfen. Er hasste es, wegen der Krankheit in der Stadt bleiben zu müssen. Da er nicht nach Reichenau an der Rax übersiedeln konnte, wollte er wenigstens ein helles Krankenzimmer mit Blick auf einen Park haben. Am **14.5.1896** scheint die Übersiedlung stattgefunden zu haben. Zwei Tage später starb Erzherzog Carl Ludwig an dem Ort, an dem er 63 Jahre zuvor das Licht der Welt erblickt hatte.

Anmerkungen

[1] Die Änderung bezieht sich auf die *Orthographische Konferenz* von 1901. Damals wurde auch bei etlichen anderen Begriffen das lateinische *C* durch das moderne *K* ersetzt.
[2] In dem kürzlich erschienenen Band *Zita. Portrait Intime d'une Impératrice* von P. Cyrille Debris, S. 21 f., kann man lesen, dass der Thronfolger Pater Joseph Lebeau, dem Pfarrer seines Besitzes in Artstetten, *expressis verbis* auftrug, um einen *männlichen Erben* zu beten. Diese Bitte bestätigt die Vermutung, da in einer Zeit, als es genug männliche Habsburger gab, ein Sohn ausschließlich für die Weitergabe des Kaiseramtes nötig war.
[3] Mehr über die zahlreichen historischen Verbindungen zwischen Habsburgern und Wettinern in meinem Band *Dresden und Wien. Allianz der Dynastien.*
[4] Als »Erfinder« der *Geschichte des privaten Lebens* gelten zwei aus Frankreich stammende Universitätsprofessoren, Philipp Ariès und Georges Duby.
[5] Ich habe Auszüge daraus unter dem Titel *Kaiserliche Kindheit* veröffentlicht.
[6] Das war eine Geißel der Zeit, etliche Habsburger hatten sich mit Geschlechtskrankheiten infiziert: Unter den nächsten Verwandten sind Erzherzog Ferdinand Maximilian, der nachmalige Kaiser von Mexiko, und Kronprinz Rudolf zu nennen. Beide waren infolge Geschlechtskrankheiten unfruchtbar geworden und hatten auch ihre Frauen angesteckt.
[7] Mehr dazu in meinem Band *Die Habsburger in Graz.*
[8] Mit Carl war Zita nicht verwandt, da er von der zweiten Frau seines Großvaters abstammte.

9 Eigens herbeigebrachtes Wasser aus dem Fluss Jordan. Es hat für Katholiken eine besondere Bedeutung, weil Jesus darin getauft worden war. Für dieses Buch über die Kindheitsgeschichte des nachmaligen Kaisers Karl und seinen Großvater Erzherzog Carl Ludwig sollte es schicksalhafte Bedeutung erhalten. Denn als der gläubige Habsburger 1896 an den Jordanfluss reiste, dort selbst daraus Wasser schöpfte und es wenig später trank, erlitt er eine Infektion, an deren Folgen er nach einigen Wochen verstarb.

10 Die drei Söhne hießen in der Reihenfolge ihres Alters Franz Ferdinand, Otto und Ferdinand. Sie wurden in der Familie *Franzi*, *Otto* und *Ferdinand* gerufen.

11 Siehe dazu S. 112 ff. in meinem Band *So lebten die Habsburger*.

12 Im Buch des Freiherrn von Mitis spielt Erzherzog Otto eine kurze, aber bedeutende Rolle, da er nach dem Tod Rudolfs einiges bezeugen musste, was der Kronprinz ihm anvertraut hatte. Unter anderem ging es um die finanzielle Versorgung ehemaliger Geliebter. Bei Judtmann ist darüber auch zu lesen. Gar keine Erwähnung über Erzherzog Otto findet sich in Hamanns Band über Rudolf.

13 Er kam von einem Besuch bei Kronprinz Rudolf, der mit seiner Familie in Schloss Laxenburg im Süden Wiens wohnte. Mehr über die Residenz in meinem Band *So lebten die Habsburger*, S. 47 ff.

14 Siehe dazu Haider, *Verlorenes Wien*, das Kapitel über das Palais Modena, S. 94 ff.

15 Im Zusammenhang damit haben die beiden ORF-Fernsehserien *Ringstraßenpalais* und *Der Salzbaron* aus den 1980er- und 1990er-Jahren gute Dokumentationsarbeit geleistet. Neben den Geschichten der einzelnen beteiligten Familien erzählen sie vom Wandel der Gesellschaft dieser Epoche. Siehe dazu auch Schwarz, *Hinter den Fassaden*.

16 Über die turbulente Geschichte, die sich mehr und weniger berechtigte Thronanwärter von Spanien lieferten, siehe meinen Band *Die Habsburger in Graz*, S. 108 ff.

17 Ein paar Tage später, am 17.1.1889, findet sich die vorerst letzte Bemerkung zum Bild des kleinen Carl: »*Ich zeigte der Tante Clo-*

thilde (Coburg) u. ihren Kindern das von Otto gemalte Portrait meines Enkels...«

[18] Noch eine interessante und unbekannte Tatsache: Graf Franz Meran, ein nach Habsburger Hausgesetz nicht anerkannter Verwandter, der Sohn Erzherzog Johanns mit Anna Plochl, war ebenfalls beim Familiendiner. Erzherzog Carl Ludwig, der einige Zeit in der Steiermark gelebt hatte, pflegte regelmäßigen Kontakt mit den Mitgliedern dieses dort lebenden Familienzweigs, die bei Weitem nicht so ausgeschlossen waren, wie man gemeinhin annimmt.

[19] Gräfin Goëss war früher, als Erzherzog Carl Ludwig in Graz wohnte, die Hofdame seiner verstorbenen zweiten Ehefrau Maria Annunziata. Wenn er in der Hofburg bei seinem Bruder oder anderen Verwandten war, besuchte er sie beinahe immer.

[20] Mehr zum Tod des Kronprinzen und zum Besuch der belgischen Königsfamilie bei den Beisetzungsfeierlichkeiten in: Prinzessin Stephanie von Belgien, S. 197 ff.

[21] Ehefrau Erzherzog Rainers. Um sie von zahllosen Maries der Familie zu unterscheiden, hängt man bei ihr den Vornamen ihres Ehemannes an.

[22] Die Albertina ist ein eigenständiges Palais, das an den Hofburg-Komplex angebaut wurde; es befindet sich gegenüber der Oper. Der Name erinnert an den Bauherrn Prinz Albert von Sachsen-Teschen, der mit der Lieblingstochter Kaiserin Maria Theresias, Erzherzogin Marie Christine, verheiratet war. Ihm wurde deswegen als einzigem Nicht-Familienmitglied erlaubt, einen Palast an die Hofburg anzubauen.

[23] Der Name ist nicht eindeutig zu lesen. Einen Band mit einem Autor dieses oder eines ähnlich klingenden Namens habe ich weder im Katalog der Nationalbibliothek noch im Zentralverzeichnis Antiquarischer Bücher gefunden.

[24] Die 24 Bände der landeskundlichen Enzyklopädie *Die österreichisch-ungarische Monarchie in Wort und Bild* erschienen zwischen 1885 und 1902. Kronprinz Rudolf hatte die Arbeit, an der mehrere Hundert Wissenschaftler beteiligt waren, nicht nur initiiert, sondern auch einige Artikel selbst verfasst.

25 Kronprinz Rudolf war mit dem Verleger Mori(t)z Szeps befreundet, für dessen politisch-liberales *Neues Wiener Tagblatt* er anonym Artikel schrieb. Da er darin hochbrisante Informationen weitergab, die außer ihm niemand kannte, war seine Autorenschaft bald aufgedeckt. In der Folge verbot ihm sein Vater Kaiser Franz Joseph nicht nur die weitere Mitarbeit, sondern bezog ihn wegen des Vertrauensbruchs auch nie wieder in politische Gespräche mit ein. Zum Verständnis der Zeit: Hätte ein Hofbeamter, ein Politiker oder ein Offizier solche Informationen veröffentlicht, wäre er des Hochverrats angeklagt und zum Tod verurteilt worden.

26 Über die Aufenthalte des Schah in Wien siehe meinen Band *»Sie haben's gut, Sie können ins Kaffeehaus geh'n!« – Kaiser Franz Joseph privat*, S. 141 ff.

27 Siehe dazu im Literaturverzeichnis den von Hans Leicht edierten Band.

28 Zuletzt in: *»Unsere liebe Sisi« – Die Wahrheit über Erzherzogin Sophie und Kaiserin Elisabeth*. Viel über die Beziehung zwischen Kaiserin Elisabeth, ihrer Schwiegermutter und ihren Schwägern ist meinem Band *»Ich bin bloß Corvetten-Capitän« – Private Briefe Kaiser Maximilians und seiner Familie* zu entnehmen sowie einer frühen Publikation *Kaiserin Elisabeth. Mythos und Wahrheit*.

29 Da es im näheren Verwandtenkreis zwei Adelgunden gab – die eine war das letzte lebende Mitglied der Modena-Dynastie, die andere mit einem Prinzen von Bourbon-Sizilien verheiratet, der den Titel eines Herzogs von Bardi führte –, wurde diese Schwägerin üblicherweise *Adelgunde Bardi* genannt. Hier ist sie im Zusammenhang mit ihrer Anreise aus Schwarzau zu erraten, da sie sowohl eine Schwester Erzherzogin Marie Theresias als auch Herzogin Maria Antonias von Parma war.

30 Otto kam diesmal aus Enns, wohin er nun – seinem älteren Bruder Franz Ferdinand folgend – in Garnison geschickt worden war.

31 Das Theresianum, auch Neue Favorita genannt, war ein Palais der Habsburger, das damals außerhalb der Stadtmauern lag. Kaiserin Maria Theresia lebte dort als Kind während der Sommermonate mit ihren Eltern. Später beherbergte das Gebäude die *Theresia-*

nische Akademie, heute befindet sich eine Schule darin, das *Theresianum*, das namentlich noch immer an die Kaiserin erinnert.

[32] Mehr zu diesem Gebäude in meinem Band *So lebten die Habsburger*, S. 112 ff.

[33] Siehe dazu die Anmerkung auf S. 133f.

[34] Siehe dazu die Eintragung auf S. 96.

[35] Aus seinem Werk *Drei Wochen auf Sinai*, S. 8: »Der Mond glitzerte hell und zauberisch still; nur einen silberglänzenden Streif im Wasser zurücklassend... Noch lange in die Nacht hinein genossen wir den herrlichen Anblick des funkelnden Firmamentes...«

[36] Siehe dazu auch meinen Band *So lebten die Habsburger*, S. 77 ff.

[37] Miss Bride war bis dahin Gouvernante bei den zwei jüngeren Töchtern des Erzherzogs gewesen.

[38] Mehr dazu in meinem Band *Die Habsburger in Bad Ischl, die Württemberger und Hannoveraner am Traunsee*, S. 83 ff.

[39] Mehr über die Residenzen dieses Familienzweigs in meinem Band *So lebten die Habsburger*, S. 147 ff.

[40] Mehr über Schloss Miramare in meinem Band *So lebten die Habsburger*, S. 97 ff.

[41] Die Familienkorrespondenz, die vor und während des Mexiko-Abenteuers geschrieben wurde, ist in meinem Band über Kaiser Maximilian »*Ich bin bloß Corvetten-Kapitän*« auf den S. 204 ff. nachzulesen.

[42] Erzherzoge und Erzherzoginnen – und erst recht ein Thronfolger – durften nur Mitglieder aus regierenden Familien heiraten. Wenn sie sich mit »Untertanen« verbanden, mussten sie auf alle Würden und Rechte verzichten und sich ins Privatleben zurückziehen.

[43] Wenn man vor der heiligen Messe frühstückte, bedeutete das, dass der Hausgeistliche die Kommunion vor dem Essen verabreicht hatte.

[44] Diese Berufsbezeichnung findet sich in zahlreichen alten Inventaren, auch in denen der kaiserlichen Residenzen. Die Arbeit scheint über das *Thürhüten*, hinter dem man eine Art Bewachung vermuten würde, hinausgegangen und der eines heutigen Haustechnikers ähnlich gewesen zu sein.

45 Die Schwiegermutter, Prinzessin Adelheid von Braganza, geborene Prinzessin Löwenstein, besuchte in Schwarzau ihre Tochter Maria Antonia, Schwägerin Erzherzog Carl Ludwigs.
46 Dieses Tagebuch hat Erzherzog Otto später anonym unter dem Titel *Drei Wochen auf der Halbinsel Sinai* veröffentlicht und mit selbst gemachten Fotos illustriert. Der Band erlebte zumindest zwei, wenn nicht sogar mehrere Auflagen.
47 Dieses elegante Zelt, unter dem mehrere Personen Platz hatten, wurde immer aufgestellt, wenn starke Sonne oder unsicheres Wetter bei Veranstaltungen im Freien waren.
48 Herzogin Adelgunde von Modena-Este, Witwe Herzog Franz' V. von Modena – nicht zu verwechseln mit Erzherzog Carl Ludwigs Schwägerin Prinzessin Adelgunde von Bourbon-Sizilien.
49 Zum skandalumwitterten Leben Luises und ihrer Geschwister ist in meinem Band »*Gott gebe, daß das Glück andauere*« – *Liebesgeschichten und Heiratssachen im Hause Habsburg* S. 197 ff. zu lesen.
50 Mehr darüber in meinem Band *Die Habsburger in Graz*, S. 101 f.
51 »Wir waren vielleicht hundert Schritt (auf einer Pürsche) vorgekommen, als er (der Jagdführer) noch die Idee hatte, mich zu zwingen, wegen des Geräusches die Schuhe auszuziehen und in Strümpfen weiter zu pürschen. Alles Dagegensprechen und Deuten half nichts, er steckte die Schuhe ein, und weiter ging es … auf diesen spitzen Steinen in Strümpfen zu gehen, ist ein Höllenschmerz, und ich musste fest die Zähne auf die Lippen drücken [um nicht] bei jedem Schritte aufzuschreien … nun winkt und winkt mir Salem, ich möge zu ihm eilen; er war auf einen Stein geklettert … doch wie nun rasch dort hinkommen? Er hatte ja die Schuhe bei sich! … « (Aus Erzherzog Ottos Band *Drei Wochen auf der Halbinsel Sinai*, S. 46.)
52 Siehe dazu Markus, *Es war ganz anders*, S. 74. Unter anderem wurde auch Herzog Carl Theodor in Bayern, Bruder Kaiserin Elisabeths und ebenfalls Arzt, um Rat gefragt. »Im Herbst 1895 wurde (er) … zu seinem … schwer kranken Neffen Franz Ferdinand gerufen. Während die ihn behandelnden Hofärzte ein lebensgefährliches Lungenleiden diagnostizierten, verneinte der Herzog die

Lebensgefahr und schickte den späteren Thronfolger zur Erholung nach Ägypten. Dieser befolgte den Rat und wurde gesund.«

[53] Brief Franz Ferdinands an seine Stiefmutter: »Nun komme ich mit einer großen Bitte. Du weißt, was Eltern für einen heilsamen und bändigenden Einfluß auf mich Kranken haben… bitte komme auf ein Telegramm von mir her. Laß den dummen Hofball und schicke Miana mit einer Dame oder andern Erzherzogin tanzen…« (Zit. in: Sosnosky, S. 18).

Literaturverzeichnis

Primärliteratur

Tagebücher *Erzherzog Carl Ludwigs* von 1887 bis 1896 (von der Geburt seines Enkels, des nachmaligen Kaiser Karls, bis zu seinem Tod; die Jahrgänge 1890 und 1895 fehlen im Archiv)

Sekundärliteratur

Austriacus (P. Richardus Kellerhoff OSB), Kaiser Karl und Kaiserin Zita. Lebensbild für Jugend und Volk. Linz 1918.
Ilsebill **Barta** (Hg.), Kronprinz Rudolf. Lebensspuren. (Wien) 2008.
P. Cyrille **Débris**, Zita. Portrait Intime d'une Impératrice. Paris 2013.
Eva **Demmerle**, Kaiser Karl I. »Selig, die Frieden stiften«. Wien 2004.
Franz **Dirnberger**, Das Wiener Hofzeremoniell bis in die Zeit Franz Josephs. Überlegungen über Probleme, Entstehung und Bedeutung. In: Das Zeitalter Kaiser Franz Josephs. 1. Teil: Von der Revolution zur Gründerzeit 1848–1880. Schloss Grafenegg 1984.
Michel **Dugast Rouillé**, Charles de Habsbourg. Le dernier empereur 1887–1922. Paris 1991.
Victor **Eisenmenger**, Erzherzog Franz Ferdinand. Seinem Andenken gewidmet von seinem Leibarzt. Zürich, Leipzig, Wien 1930.
Erich **Feigl**, Kaiser Karl I. Ein Leben für den Frieden seiner Völker. Wien, München 1990.
Erich **Feigl**, Kaiserin Zita. Legende und Wahrheit. Wien, München 1977.

(Erzherzog **Franz Ferdinand**), Tagebuch meiner Reise um die Erde. Wien 1895.

Emmy **Gehrig**, Umjubelt, verkannt, verbannt. Wels 1962.

Geschichte des k. u. k. Husaren-Regimentes Graf Nádasdy Nr. 9. 1688–1903. Sopron 1903.

Hermann A. **Griesser**, Konfisziert. Österreichs Unrecht am Hause Habsburg. Wien, München 1986.

Edgard **Haider**, Verlorenes Wien. Adelspaläste vergangener Tage. Wien 1995.

Brigitte **Hamann**, Rudolf. Kronprinz und Rebell. Wien, München 1978.

Fritz **Judtmann**, Mayerling ohne Mythos. Ein Tatsachenbericht. Wien 1968.

Hans **Leicht** (Hg), Ein Harem in Bismarcks Reich. Das ergötzliche Reisetagebuch des Nasreddin Schah. Suttgart 1969.

Jacques **Levron**, La Vie Quotidienne à la Cour de Versailles aux XVIIe et XVIIIe Siècles. Paris 1965.

Alfred von **Lindheim**, Erzherzog Carl Ludwig (1833–1896). Ein Lebensbild. Wien 1897.

Reinhold **Lorenz**, Kaiser Karl und der Untergang der Donaumonarchie. Graz, Wien, Köln 1959.

Georg **Markus**/Katrin **Unterreiner**, Das Original-Mayerling-Protokoll der Helene Vetsera: »Gerechtigkeit für Mary«. Wien 2014.

Georg **Markus**, Es war ganz anders. Geheimnisse der österreichischen Geschichte. Wien 2013.

Georg **Markus**, Was uns geblieben ist. Das österreichische Familienbuch. Wien 2010.

Freiherr Oskar von **Mitis**, Das Leben des Kronprinzen Rudolf. Neu herausgegeben und eingeleitet von Adam Wandruszka. Wien, München 1971.

Eric **Orsenna**, Portrait eines glücklichen Menschen. Der Gärtner von Versailles. André le Nôtre 1613–1700. München 2002.

(Erzherzog **Otto**), Drei Wochen auf der Halbinsel Sinai. Wien 1895.

Hans **Pleschinski**, Nie war es herrlicher zu leben. Das geheime Tagebuch des Herzogs von Croÿ. München 2011.

Graf Arthur **Polzer-Hoditz**, Kaiser Karl. Aus der Geheimmappe seines Kabinettchefs. Wien 1929.
Gabriele **Praschl-Bichler**, Das Familienalbum Kaiser Karls und Kaiserin Zitas. Wien 1996.
Gabriele **Praschl-Bichler**, Die Habsburger in Bad Ischl. Die Württemberger und Hannoveraner am Traunsee. Graz 1997.
Gabriele **Praschl-Bichler**, Die Habsburger in Graz. Graz, Stuttgart 1998.
Gabriele **Praschl-Bichler**, Dresden und Wien. Allianz der Dynastien: Habsburger und Wettiner. Wien, München 2001.
Gabriele **Praschl-Bichler**, »*Gott gebe, daß das Glück andauere*« – Liebesgeschichten und Heiratssachen im Hause Habsburg. Wien, München 1997.
Gabriele **Praschl-Bichler**, »*Ich bin bloß Corvetten-Capitän ...*« Private Briefe Kaiser Maximilians und seiner Familie. Erstmals veröffentlichte Korrespondenz der Habsburger. Wien 2006.
Gabriele **Praschl-Bichler**, Kaiserin Elisabeth. Mythos und Wahrheit. Wien 1996.
Gabriele **Praschl-Bichler**, Kaiserliche Kindheit. Aus dem aufgefundenen Tagebuch Erzherzog Carl Ludwigs, eines Bruders von Kaiser Franz Joseph. Wien, München 1997.
Gabriele **Praschl-Bichler**, »*Sie haben's gut, Sie können ins Kaffeehaus gehen!*« Kaiser Franz Joseph privat. Wien, München, Berlin 1994.
Gabriele **Praschl-Bichler**, So lebten die Habsburger. Schlösser, Villen, Landsitze. Wien 2000.
Gabriele **Praschl-Bichler**, »Unsere liebe Sisi«. Die Wahrheit über Erzherzogin Sophie und Kaiserin Elisabeth. Aus bislang unveröffentlichten Briefen. Wien 2008.
Christian **Rapp**/Nadia **Rapp-Wimberger** (Hg.), Österreichische Riviera. Wien entdeckt das Meer. Wien 2013.
Otto **Schwarz**, Hinter den Fassaden der Ringstraße. Geschichte, Menschen, Geheimnisse. Wien 2014.
Theodor von **Sosnosky**, Erzherzog Franz Ferdinand, der Erzherzog-Thronfolger. Ein Lebensbild. München, Berlin 1929.

Stadtchronik Wien. 2000 Jahre in Daten, Dokumenten und Bildern. Wien 1986.

Prinzessin **Stephanie** von Belgien, Fürstin von Lónyay, Ich sollte Kaiserin werden. Lebenserinnerungen der letzten Kronprinzessin von Österreich-Ungarn. Leipzig 1935.

Julius **Szeps** (Hg.), Kronprinz Rudolf. Politische Briefe an einen Freund 1882–1889. Wien, München, Leipzig 1922.

Karl **Werkmann**, Aus Kaiser Karls Nachlass. Berlin 1925.

Karl **Werkmann**, Der Tote auf Madeira. München 1923.

Hans Karl **Zessner-Spitzberg**, Kaiser Karl. Aus dem Nachlass herausgegeben von Erich Thanner. Salzburg 1953.

Nachschlagewerke

Almanach de Gotha, mehrere Abteilungen (Herrscher Europas, Gräfliche Häuser, Freiherrliche Häuser ...). Gotha, mehrere Jahrgänge.

Prinz Wilhelm Karl von **Isenburg**, Stammtafeln zur Geschichte der europäischen Staaten usw. Berlin, mehrere Bände, mehrere Jahrgänge.

Stammtafeln

Im Tagebuch erwähnte Habsburger*

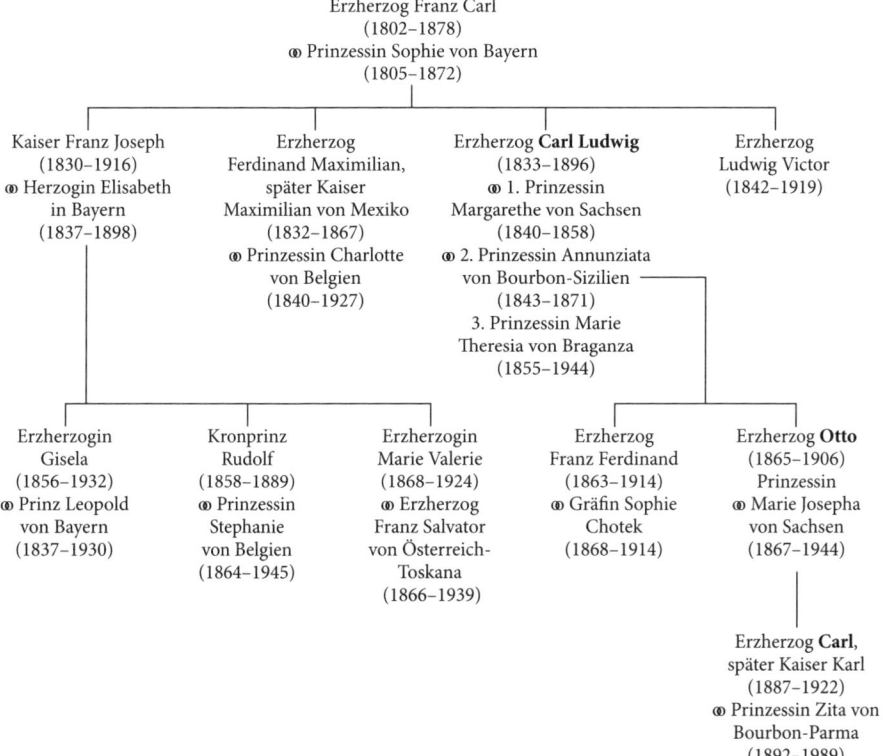

* Es wurden nur die im Text vorkommenden Familienmitglieder berücksichtigt, aus Platzgründen häufig nur die männlichen, sich fortsetzenden Linien.

Im Tagebuch erwähnte Bourbonen*

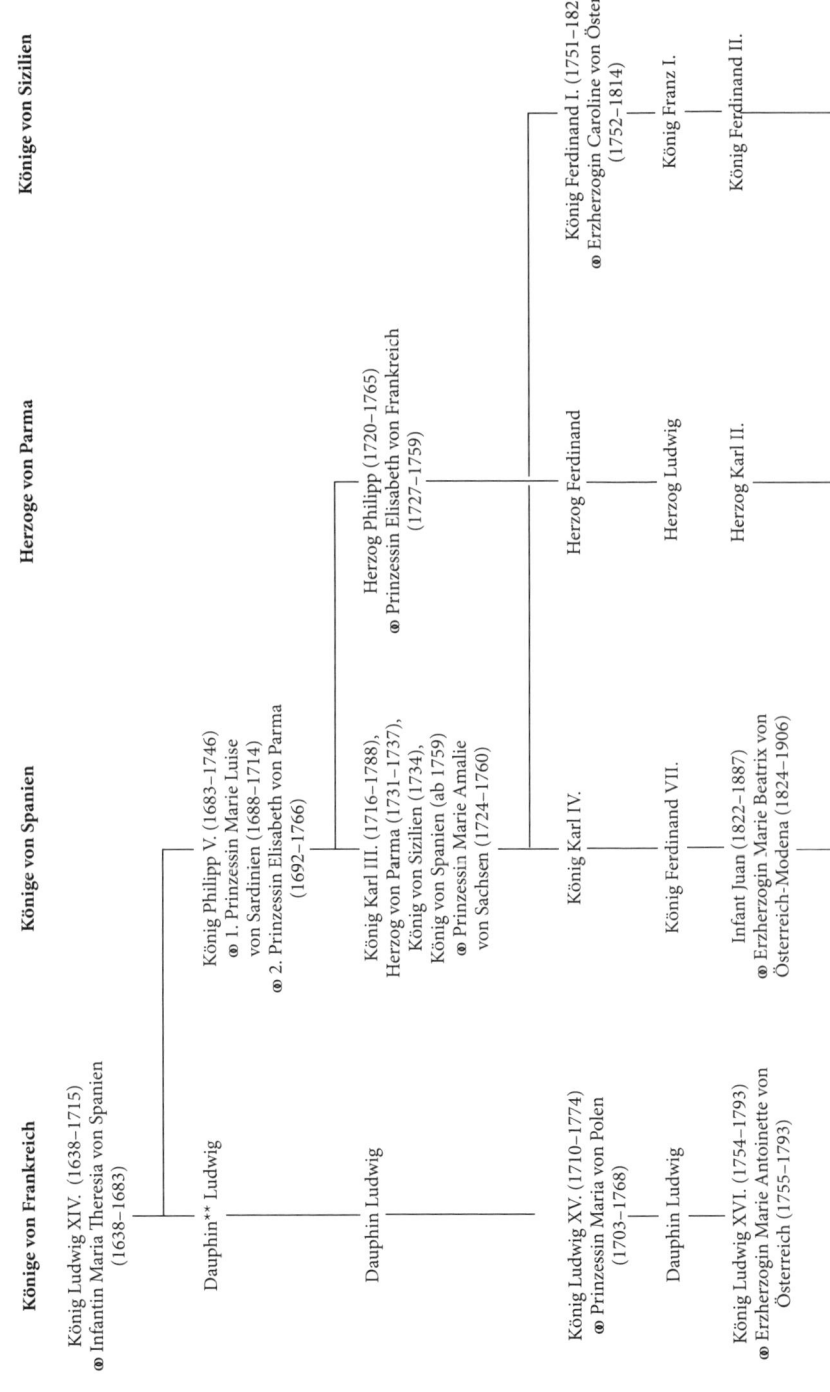

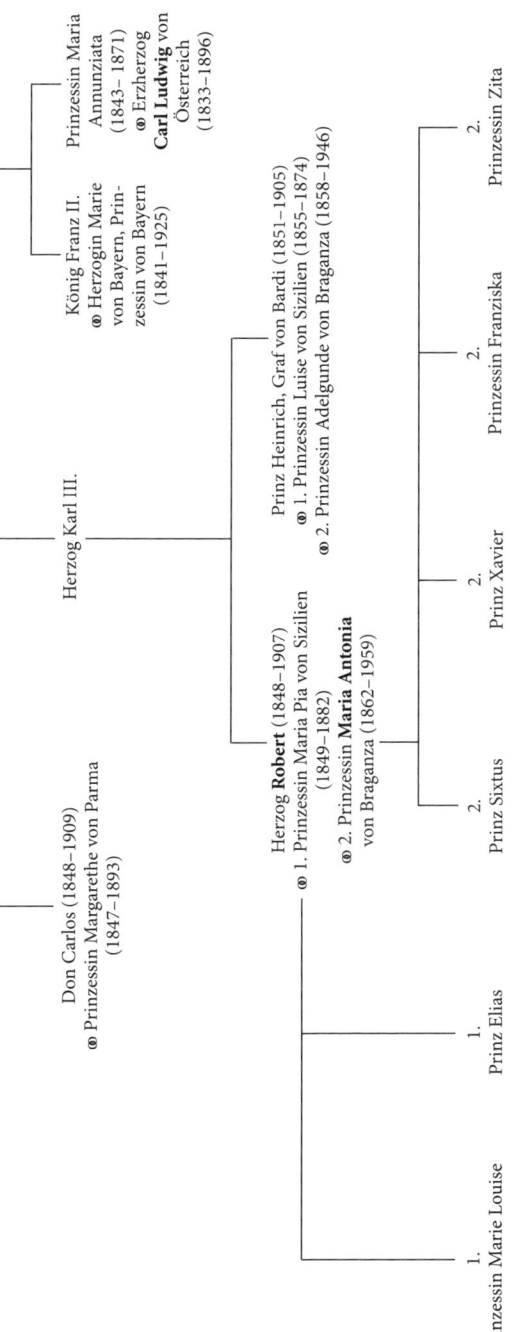

* Es wurden nur die im Text vorkommenden Familienmitglieder berücksichtigt, aus Platzgründen häufig nur die männlichen, sich fortsetzenden Linien.
** Titel des Thronfolgers von Frankreich

Stammtafeln | 227

Im Tagebuch erwähnte Braganza*

König **Miguel** von Portugal,
Thronverlust 1828 (1802–1866),
Herzog von Braganza
⚭ Prinzessin Adelheid von
Löwenstein-Wertheim-Rosenberg
(1831–1909)

Herzog Miguel (1853–1927) ⚭ 1. Prinzessin Elisabeth von Thurn und Taxis (1860–1881) ⚭ 2. Prinzessin Therese von Löwenstein-Wertheim-Rosenberg (1870–1935)	Prinzessin **Marie Theresia** (1855–1944) ⚭ Erzherzog **Carl Ludwig** von Österreich (1833–1896)	Prinzessin Marie José (1857–1943) ⚭ Herzog Carl Theodor in Bayern, Prinz von Bayern (1839–1909)	Prinzessin Adelgunde (1858–1946) ⚭ Prinz Heinrich von Parma, Graf von Bardi (1851–1905)	Prinzessin Maria Antonia (1862–1959) ⚭ Herzog Robert von Parma (1848–1907)

* Es wurden nur die im Text vorkommenden Familienmitglieder berücksichtigt, aus Platzgründen häufig nur die männlichen, sich fortsetzenden Linien.

Im Tagebuch erwähnte Wettiner*
Kurfürsten und Könige von Sachsen

Kurfürst Friedrich August II.
(1696–1763)
⚭ Erzherzogin Maria Josepha
von Österreich
(1699–1757)

```
┌─────────────────────────────────┬──────────────────────────────┐
Kurfürst Friedrich Christian      Prinz Albert,
                                  Herzog von Sachsen-Teschen
                                  (1738–1822)
                                  ⚭ Erzherzogin Marie
                                  Christine von Österreich
                                  (1742–1798)
```

Kurfürst Friedrich August III.,   König Anton I.   Prinz Maximilian
als König Friedrich August I.

König Friedrich August II.   König Johann

König Albert   König Georg
(1828–1902)   (1832–1904)
⚭ Prinzessin Caroline   ⚭ Prinzessin
Wasa (1833–1907)   Maria Anna
     von Portugal
     (1843–1884)

Prinzessin Mathilde   Prinz Johann Georg   König Friedrich   Prinzessin
(1863–1933)   (1869–1938)   August III.   **Marie Josepha**
   ⚭ 1. Prinzessin Isabella   ⚭ Erzherzogin Luise   ⚭ Erzherzog Otto von
   von Württemberg   von Österreich-Toskana   Österreich (1865–1906)
   (1871–1904)   (1870–1947)
   ⚭ 2. Prinzessin Maria
   Immaculata von
   Bourbon-Parma
   (1874–1947)

---

* Es wurden nur die im Text vorkommenden Familienmitglieder berücksichtigt, aus Platzgründen häufig nur die männlichen, sich fortsetzenden Linien.

Herzoge von Sachsen-Coburg-Saalfeld und von Sachsen-Coburg-Gotha*

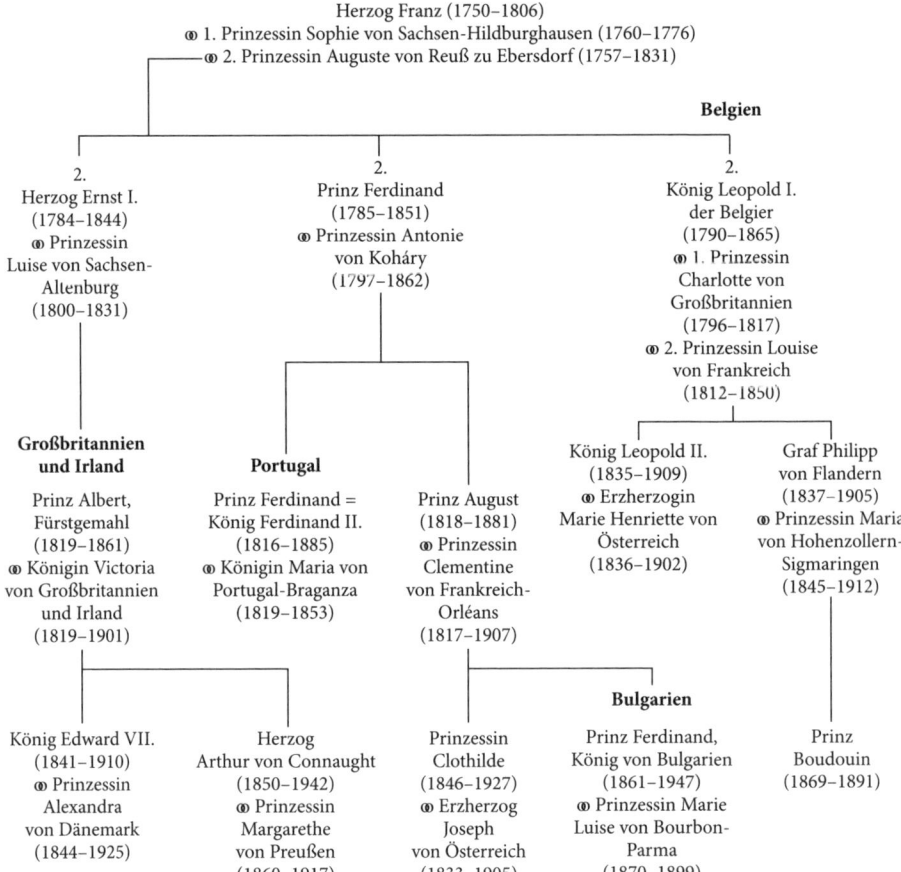

* Es wurden nur die im Text vorkommenden Familienmitglieder berücksichtigt, aus Platzgründen häufig nur die männlichen, sich fortsetzenden Linien.

Im Tagebuch erwähnte Wittelsbacher*

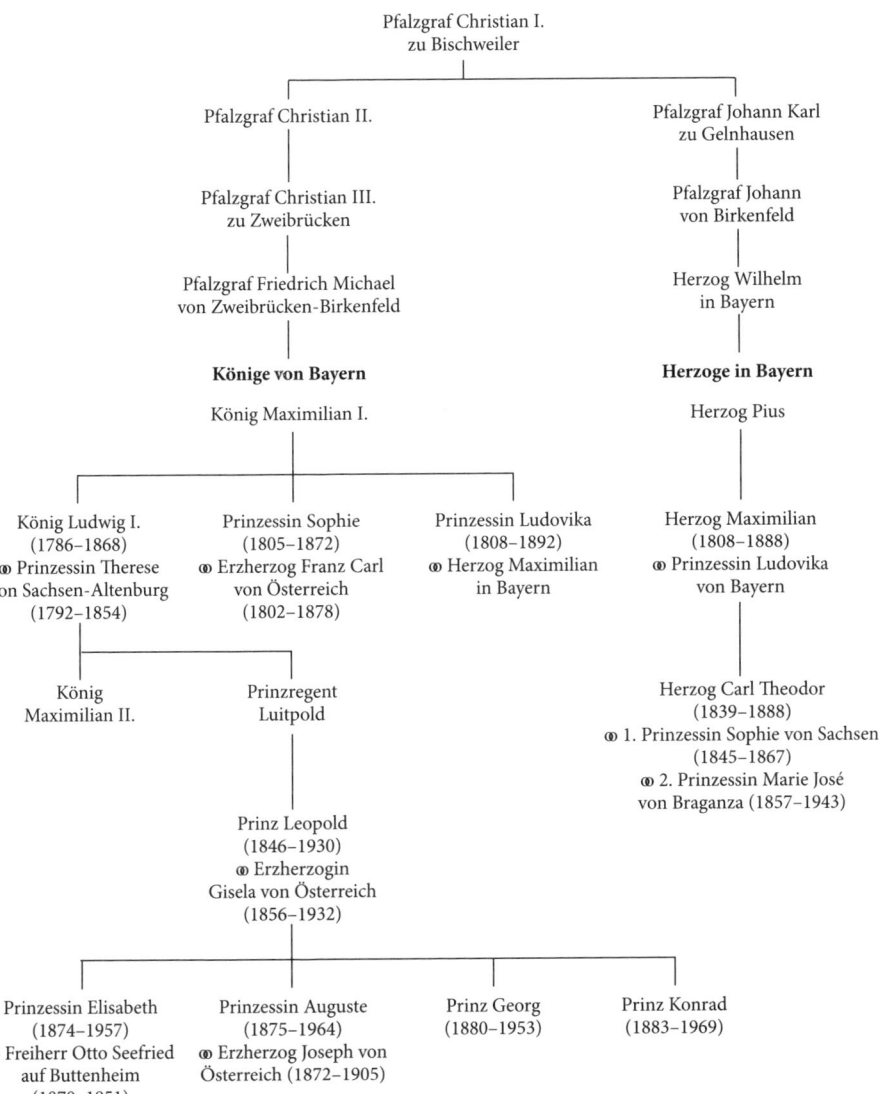

```
                    Pfalzgraf Christian I.
                       zu Bischweiler
                             │
            ┌────────────────┴────────────────┐
    Pfalzgraf Christian II.              Pfalzgraf Johann Karl
                                            zu Gelnhausen
            │                                    │
    Pfalzgraf Christian III.              Pfalzgraf Johann
        zu Zweibrücken                     von Birkenfeld
            │                                    │
    Pfalzgraf Friedrich Michael            Herzog Wilhelm
    von Zweibrücken-Birkenfeld               in Bayern
            │                                    │
       Könige von Bayern                   Herzoge in Bayern
       König Maximilian I.                    Herzog Pius
            │                                    │
   ┌────────┼────────┬──────────────┐            │
König Ludwig I.  Prinzessin Sophie  Prinzessin Ludovika   Herzog Maximilian
 (1786–1868)     (1805–1872)        (1808–1892)           (1808–1888)
⚭ Prinzessin Therese ⚭ Erzherzog Franz Carl ⚭ Herzog Maximilian ⚭ Prinzessin Ludovika
von Sachsen-Altenburg   von Österreich      in Bayern          von Bayern
  (1792–1854)        (1802–1878)
       │                 │                                    │
     König          Prinzregent                         Herzog Carl Theodor
  Maximilian II.    Luitpold                              (1839–1888)
                       │                             ⚭ 1. Prinzessin Sophie von Sachsen
                                                          (1845–1867)
                                                     ⚭ 2. Prinzessin Marie José
                                                        von Braganza (1857–1943)
                   Prinz Leopold
                    (1846–1930)
                   ⚭ Erzherzogin
                Gisela von Österreich
                    (1856–1932)
                        │
   ┌────────────────┬───┴────────────┬────────────────┐
Prinzessin Elisabeth  Prinzessin Auguste  Prinz Georg    Prinz Konrad
 (1874–1957)          (1875–1964)        (1880–1953)    (1883–1969)
⚭ Freiherr Otto Seefried ⚭ Erzherzog Joseph von
  auf Buttenheim         Österreich (1872–1905)
  (1870–1951)
```

* Es wurden nur die im Text vorkommenden Familienmitglieder berücksichtigt, aus Platzgründen häufig nur die männlichen, sich fortsetzenden Linien.

Stammtafeln | 231

Personen- und Ortsregister

Regierende Familien
(Ehefrauen findet man unter dem Namen des Ehemanns, sofern sie zur Zeit der Tagebucheintragungen verheiratet waren)

Habsburg-Lothringen
(deutsche Kaiser des Hl. Römischen Reichs, Kaiser von Österreich, Großherzoge von Toskana, Großherzoge von Modena, Erzherzoge von Österreich etc.)
Herzogin **Adelgunde** von Modena (1823–1914), Tochter König Ludwigs I. von Bayern, Ehefrau Herzog Franz' V. von Modena 56, 58, 199, 217, 219
Albert von Toskana = s. Erzherzog **Albrecht Salvator** von Österreich-Toskana
Erzherzog **Albrecht** von Österreich, Herzog von Teschen (1817–1895), Sohn Erzherzog Carls von Österreich, verheiratet mit Prinzessin Hildegard von Bayern 62f., 71, 77, 79, 81, 83, 95, 101, 105, 168
Erzherzog **Albrecht Salvator** von Österreich-Toskana (1871–1896), Sohn Erzherzog Carl Salvators von Österreich-Toskana 68

römisch-deutsche Kaiserin **Anna** (1585–1618), Tochter Erzherzog Ferdinands von Österreich, Ehefrau des römisch-deutschen Kaisers Matthias 102
Erzherzog **Carl** von Österreich (1771–1847), Sieger von Aspern, erster Bezwinger Kaiser Napoleons I., Sohn des römisch-deutschen Kaisers Leopold II., verheiratet mit Prinzessin Henriette von Nassau-Weilburg 47, 62, 168
Erzherzog **Carl** von Österreich, später Kaiser **Karl** von Österreich (1887–1922), der Hauptdarsteller dieses Bandes, Sohn Erzherzog Ottos, heiratet 1911 Prinzessin Zita von Bourbon-Parma *fortlaufend*
Erzherzog **Carl Ludwig** von Österreich (1833–1896), der Tagebuch-Schreiber und Großvater des vorigen, Sohn Erzherzog Franz Carls von Österreich, verheiratet in erster Ehe mit

Prinzessin Margarethe von Sachsen, in zweiter Ehe mit Prinzessin Maria Annunziata von Bourbon-Sizilien und in dritter Ehe mit Prinzessin Marie Theresia von Braganza *fortlaufend*, ab 42 Ich-Erzähler in den Tagebuch-Eintragungen
Erzherzog **Carl Salvator** von Österreich-Toskana (1839–1892), Sohn Großherzog Leopolds II. von Toskana, verheiratet mit Prinzessin Maria Immaculata von Bourbon-Sizilien 66, 95, 99
Erzherzog **Carl Stephan** von Österreich (1860–1933), Sohn Erzherzog Carl Ferdinands, verheiratet mit Erzherzogin Maria Theresia von Österreich-Toskana 118
Kaiserin **Caroline Auguste** von Österreich (1792–1873), Tochter König Maximilians I. von Bayern, vierte Ehefrau Kaiser Franz' II./I., des römisch-deutschen Kaisers und ab 1804 Kaisers von Österreich 50, 153, 177
Erzherzogin **Caroline** von Österreich-Toskana (1869–1945), Tochter Erzherzog Carl Salvators, heiratet 1894 Prinz August Leopold von Sachsen-Coburg-Gotha 95
Kaiserin **Elisabeth** von Österreich (1837–1898), Tochter Herzog Maximilians in Bayern, Ehefrau Kaiser Franz Josephs 12f., 31, 37, 55f., 66, 94ff., 126, 129f., 133, 143, 174, 197, 205, 211f.
Erzherzogin **Elisabeth** von Österreich (1831–1903), Tochter Erzherzog Josephs, des Palatins von Ungarn, verheiratet in erster Ehe mit Erzherzog Ferdinand von Österreich-Modena, in zweiter Ehe mit Erzherzog Carl Ferdinand von Österreich 83, 95, 196
Erzherzogin **Elisabeth** von Österreich (1878–1960), Tochter Erzherzog Carl Ludwigs aus dessen dritter Ehe mit Prinzessin Marie Theresia von Braganza, heiratet 1903 Prinz Aloys von Liechtenstein *fortlaufend*
Erzherzogin **Elisabeth** von Österreich (1883–1963), Tochter Kronprinz Rudolfs 130, 143
Erzherzogin **Elisabeth** von Österreich-Toskana (1892–1930), Tochter Erzherzog Franz Salvators von Österreich-Toskana 162
Erzherzog **Eugen** von Österreich (1863–1954), Hochmeister des Deutschen Ordens, Sohn Erzherzog Carl Ferdinands 66, 99
nomineller Großherzog **Ferdinand IV.** von Toskana (1835–1908), Sohn Großherzog Leopolds II. von Toskana, in erster Ehe verheiratet mit Prinzessin Anna von Sachsen, in zweiter Ehe mit Prinzessin Alix von Bourbon-Parma 66, 79, 93, 99

Erzherzog **Ferdinand** von Österreich (1868–1915), Sohn Erzherzog Carl Ludwigs von Österreich aus dessen zweiter Ehe mit Prinzessin Maria Annunziata von Bourbon-Sizilien, heiratet 1911 in morganatischer Ehe die Bürgerliche Bertha Czuber, verzichtet infolgedessen als einziger Habsburger je auf alle Titel und Würden und nennt sich fortan Ferdinand Burg *fortlaufend*

Erzherzog **Ferdinand Maximilian** von Österreich, späterer Kaiser **Maximilian** von Mexiko (1832–1867), Sohn Erzherzog Franz Carls von Österreich, verheiratet mit Prinzessin Charlotte von Belgien 27, 41, 175ff., 183, 209, 214, 218

Kaiser **Franz II./I.**, als Franz II. römisch-deutscher Kaiser, als Franz I. ab 1804 Kaiser von Österreich (1768–1835), Sohn des römisch-deutschen Kaisers Leopold II., verheiratet in erster Ehe mit Prinzessin Elisabeth Wilhelmine von Württemberg, in zweiter Ehe mit Prinzessin Marie Theresia von Bourbon-Sizilien, in dritter Ehe mit Erzherzogin Marie Ludovika von Österreich-Modena und in vierter Ehe mit Prinzessin Caroline Auguste von Bayern 46f., 203

Herzog **Franz V.** von Modena (1819–1876), Thronverlust 1859, verheiratet mit Prinzessin Adelgunde von Bayern 56, 219

Erzherzog **Franz Carl** von Österreich (1802–1878), Sohn Kaiser Franz' II./I., verheiratet mit Prinzessin Sophie von Bayern 23, 27

Erzherzog **Franz Ferdinand** von Österreich-Este, Erzherzog-Thronfolger (1863–1914), Sohn Erzherzog Carl Ludwigs aus dessen zweiter Ehe mit Prinzessin Maria Annunziata von Bourbon-Sizilien, heiratet 1900 in hausgesetzmäßig nicht anerkannter Ehe Gräfin Sophie Chotek *fortlaufend*

Kaiser **Franz Joseph** von Österreich (1830–1916), Sohn Erzherzog Franz Carls von Österreich, verheiratet mit Herzogin Elisabeth in Bayern, Prinzessin von Bayern 9ff., 22f., 26ff., 31, 35ff., 43, 46, 52, 56f., 59, 61ff., 76ff., 81, 83, 91ff., 94ff., 109, 112, 118, 120, 125, 129ff., 134, 139, 143, 156f., 161ff., 168, 178ff., 184, 191, 193, 197, 204ff., 209, 212, 217

Erzherzog **Franz Salvator** von Österreich-Toskana (1866–1939), Sohn Erzherzog Carl Salvators von Österreich-Toskana, Ehemann Erzherzogin Marie Valeries von Österreich 66, 133, 202

Erzherzog **Friedrich** von Österreich (1856–1936), Sohn Erzherzog Carl Ferdinands von Österreich, verheiratet mit Prinzessin Isabella Croÿ 68, 73f., 79, 107, 123, 168f.

Erzherzogin **Gisela** von Österreich (1856–1932), Tochter Kaiser Franz Josephs von Österreich, Ehefrau Prinz Ludwigs von Bayern 99, 101ff., 109, 145, 171, 179, 184

Erzherzog **Heinrich** von Österreich (1828–1891), Sohn Erzherzog Rainers I., Vizekönigs von Lombardo-Venetien, verheiratet in morganatischer Ehe mit Leopoldine Hoffmann 109

Erzherzogin **Isabella**, auch **Isabelle,** von Österreich (1856–1931), Tochter Herzog Rudolphs von Croÿ, Ehefrau Erzherzog Friedrichs von Österreich 68, 73f., 105ff., 112f.

Erzherzog **Johann** von Österreich (1782–1859), heiratet 1829 in hausgesetzmäßig nicht anerkannter Ehe Anna Plochl; die Nachkommen führen den Titel »Grafen von Meran« 216

Erzherzog **Johann Salvator** von Österreich-Toskana (1852–1890 vermisst), Sohn Großherzog Leopolds II. von Toskana 25

Erzherzog **Joseph** von Österreich (1872–1962), Sohn Erzherzog Josephs von Österreich, heiratet 1893 Prinzessin Auguste von Bayern 193

Erzherzog **Leopold Salvator** von Österreich-Toskana (1863–1931), Sohn Erzherzog Carl Salvators von Österreich-Toskana, heiratet 1889 Prinzessin Blanka von Bourbon-Spanien 62f., 66, 68

Leopold von Toskana = s. Erzherzog **Leopold Salvator**

Erzherzog **Ludwig Victor** von Österreich (1842–1919), unverheiratet gebliebener Sohn Erzherzog Franz Carls von Österreich 23, 47ff., 55, 59, 61ff., 68, 81, 83, 90ff., 96f., 101, 114f., 129ff., 145, 148, 156, 167f., 171, 179, 184f., 189, 191, 199, 213

Erzherzogin **Luise** von Österreich-Toskana (1870–1947), Tochter des nominellen Großherzogs Ferdinand IV. von Toskana, Ehefrau des späteren Königs Friedrich August III. von Sachsen 201, 219

Erzherzogin **Margarethe** von Österreich (1840–1858), Tochter König Johanns I. von Sachsen, erste Ehefrau Erzherzog Carl Ludwigs von Österreich 200

Erzherzogin **Margarethe** von Österreich (1870–1902), Tochter Erzherzog Carl Ludwigs von Österreich aus dessen zweiter Ehe mit Prinzessin Maria Annunziata von Bourbon-Sizilien, heiratet 1893 Herzog Albrecht von Württemberg *fortlaufend*

Erzherzogin **Maria Annunziata** von Österreich (1843–1871), Tochter König Ferdinands II. von Bourbon-Sizilien, zweite Ehefrau Erzherzog Carl Ludwigs von Österreich 29, 216

Personen- und Ortsregister | **235**

Erzherzogin **Maria Annunziata** von Österreich (1876–1961), unverheiratet gebliebene Tochter Erzherzog Carl Ludwigs von Österreich aus dessen dritter Ehe mit Prinzessin Marie Theresia von Braganza *fortlaufend*
römisch-deutsche Kaiserin **Maria Theresia** (1717–1780), Tochter des römisch-deutschen Kaisers Karl VI., Ehefrau des römisch-deutschen Kaisers Franz I. (ab 1745), bei Eheschließung Herzog Franz Stephan von Lothringen, 1737 Großherzog von Toskana 216f.
Erzherzogin **Marie Caroline** von Österreich (1825–1915), Tochter Erzherzog Carls von Österreich, Ehefrau Erzherzog Rainers von Österreich 83, 86f., 97, 100, 118, 133, 179, 200
Erzherzogin **Marie Immaculata** (1844–1899), Tochter König Ferdinands II. von Bourbon-Sizilien, Ehefrau Erzherzog Carl Salvators von Österreich-Toskana 86f., 179
Erzherzogin **Marie Josepha** (1867–1944), Tochter König Georgs von Sachsen, Ehefrau Erzherzog Ottos von Österreich *fortlaufend*
Marie Rainer = s. Erzherzogin **Marie Caroline** von Österreich
Marie von Toskana, Schwägerin = s. Erzherzogin **Marie Immaculata**
Erzherzogin **Marie Therese** von Österreich-Toskana (1862–1933), Tochter Erzherzog Carl Salvators von Österreich-Toskana, heiratet 1886 Erzherzog Carl Stephan von Österreich 118
Erzherzogin **Marie Theresia** von Österreich (1855–1944), Tochter König Miguels von Portugal, dritte Ehefrau Erzherzog Carl Ludwigs von Österreich *fortlaufend*
Erzherzogin **Marie Valerie** von Österreich (1868–1924), Tochter Kaiser Franz Josephs, Ehefrau Erzherzog Franz Salvators von Österreich-Toskana römisch-deutscher Kaiser 81, 83, 95ff., 133, 202
römisch-deutscher Kaiser **Matthias** (1557–1619), Sohn des römisch-deutschen Kaisers Maximilian II., verheiratet mit Erzherzogin Anna von Österreich 102
Miana = s. Erzherzogin **Maria Annunziata** d.J. von Österreich
Mitzi = s. Erzherzogin **Marie Josepha** von Österreich
Nando = s. nomineller Großherzog **Ferdinand IV.** von Toskana
Nino = s. Erzherzog **Carl Salvator** von Österreich-Toskana
Erzherzog **Otto** von Österreich (1865–1906), Vater des späteren Kaisers Karl, Sohn Erzherzog Carl Ludwigs von Österreich aus dessen zweiter Ehe mit Prinzessin Maria Annunziata von

Bourbon-Sizilien, heiratet 1886 Prinzessin Marie Josepha von Sachsen *fortlaufend*

Erzherzog **Otto** von Österreich, letzter Thronfolger Österreichs (1912–2011), Sohn Kaiser Karls von Österreich, verheiratet mit Prinzessin Regina von Sachsen-Meiningen 102

Erzherzog **Rainer** von Österreich (1827–1913), Sohn Erzherzog Rainers von Österreich, Vizekönigs von Lombardo-Venetien, verheiratet mit Erzherzogin Marie Caroline (= *Marie Rainer*) 68, 79, 83, 86f., 97, 100, 118, 133, 179, 216

Erzherzogin **Regina** von Österreich (1925–2010), Tochter Erbprinz Georgs von Sachsen-Meiningen aus dem Geschlecht der Wettiner, Ehefrau Erzherzog Ottos d. J. 102

Kronprinz **Rudolf**, Erzherzog von Österreich (1858–1889), Sohn Kaiser Franz Josephs von Österreich, verheiratet mit Prinzessin Stephanie von Belgien 10ff., 22, 25ff., 34, 41, 50ff., ab 60 *fortlaufend*

Erzherzog **Sigmund** von Österreich (1826–1891), unverheiratet gebliebener Sohn Erzherzog Rainers, des Vizekönigs von Lombardo-Venetien 99

Erzherzogin **Sophie** von Österreich (1805–1872), Tochter König Maximilians I. von Bayern, Ehefrau Erzherzog Franz Carls von Österreich 14, 23, 27, 47, 109, 125f., 142, 144

Kronprinzessin **Stephanie**, Erzherzogin von Österreich (1864–1945), Tochter König Leopolds II. der Belgier, Ehefrau Kronprinz Rudolfs 34, 53, 56f., 67f., 80f., 83, 85ff., 91, 94ff., 129ff., 143, 145, 179, 184, 196

Valerie = s. Erzherzogin **Marie Valerie** von Österreich

Erzherzog **Wilhelm** von Österreich (1827–1894), Hochmeister des deutschen Ordens, unverheiratet gebliebener Sohn Erzherzog Carls von Österreich 62f., 66, 68, 77, 79, 81, 83, 95f., 100, 118, 133, 177, 200

Bourbonen
(Bourbon-Valois und Bourbon-Orléans/Könige von Frankreich, Bourbon-Spanien/Könige von Spanien, Bourbon-Sizilien/Könige von Sizilien, Herzog von Bardi, Bourbon-Parma/Herzoge von Parma, Prinzen von Frankreich, Infanten von Spanien, Prinzen von Bourbon-Sizilien, Prinzen von Parma etc.)

Gräfin **Adelgunde Bardi** (1858–1946), Tochter König Miguels I. von Portugal (1828 Thronverlust), Ehefrau Graf Heinrichs von Bardi, Prinz von Bourbon-Parma 131, 198f., 217, 219

Prinzessin **Adelhaid** von Bourbon-Parma (1885–1959), Klosterfrau, Tochter Herzog Roberts von Parma aus dessen zweiter Ehe mit Prinzessin (Maria) Antonia von Braganza 191

Prinzessin (Maria) **Anna** von Braganza (1861–1942), Tochter König Miguels von Portugal (1828 Thronverlust), Ehefrau Großherzog Wilhelms von Luxemburg 124f., 143

Herzogin (Maria) **Antonia** von Parma (1862–1959), Tochter König Miguels von Portugal (1828 Thronverlust), zweite Ehefrau Herzog Roberts von Parma 40, 54, 108, 124, 188f., 208, 219

Don **Carlos**, Herzog von Madrid (1848–1909), Thronprätendent von Spanien, Sohn des Infanten Juan von Spanien, verheiratet in erster Ehe mit Prinzessin Margarethe von Bourbon-Parma, in zweiter Ehe mit Prinzessin Maria Berta von Rohan 83

Prinz **Elias** von Parma (1880–1959), Sohn Herzog Roberts von Parma aus dessen erster Ehe mit Prinzessin Maria Pia von Bourbon-Sizilien 188

Prinzessin **Franziska** von Parma (1890–1978), Tochter Herzog Roberts von Parma aus dessen zweiter Ehe mit Prinzessin Antonia von Braganza 227

Graf **Heinrich** von Bardi, Prinz von Bourbon-Parma (1851–1905), Sohn Herzog Karls III. von Parma, verheiratet mit Prinzessin Adelgunde von Braganza 217

Prinzessin **Louise** von Bourbon-Orléans (1869–1952), Tochter Herzog Ferdinands von Alençon, Prinz von Bourbon-Orléans, heiratet 1891 Prinz Alfons von Bayern 125

Prinzessin (Marie) **Louise** von Parma (1870–1899), Tochter Herzog Roberts von Parma aus dessen erster Ehe mit Maria Pia von Bourbon-Sizilien, heiratet 1893 König Ferdinand von Bulgarien 227

König **Ludwig XIV.** von Frankreich (1638–1715), Sohn König Ludwigs XIII., verheiratet mit Infantin Maria Theresia von Spanien aus dem Geschlecht der Habsburger 18ff.

König **Ludwig XV.** von Frankreich (1710–1774), Sohn Dauphin Ludwigs, verheiratet mit Prinzessin Marie von Polen 19f.

Herzog **Robert** von Parma (1848–1907), 1859 Thronverlust, Sohn Herzog Karls III. von Parma, heiratet in erster Ehe Prinzessin Maria Pia von Bourbon-Sizilien, in zweiter Ehe Prinzessin Antonia von Braganza 54, 108, 124, 170, 188f., 208

Prinz **Sixtus** von Parma (1886–1934), Sohn Herzog Roberts von Parma aus dessen zweiter Ehe mit Prinzessin Antonia von Braganza 170, 191

Herzogin **Sophie** von Alençon (1847–1897), Tochter Herzog Maximilians in Bayern, Ehefrau Herzog Ferdinands von Alençon, Prinz von Bourbon-Orléans 92, 94, 96, 205f.

Prinz **Xavier** von Parma (1889–1977), Sohn Herzog Roberts von Parma aus dessen zweiter Ehe mit Prinzessin Antonia von Braganza 227

Prinzessin **Zita** von Parma (1892–1989), Tochter Herzog Roberts von Parma aus dessen zweiter Ehe mit Prinzessin Antonia von Braganza, spätere Ehefrau Kaiser Karls 40, 54, 108, 124, 166, 170, 188, 208, 214

Herzoge von Braganza
(zur Zeit der Tagebuch-Eintragungen abgesetzte Könige von Portugal, Thronverlust 1828)

Prinzessin **Adelheid** (1831–1909), Tochter Erbprinz Konstantins von Löwenstein-Wertheim-Rosenberg, Ehefrau des ehemaligen Königs Miguel von Portugal 188f., 219

Herzog **Miguel** (1853–1927), Sohn des ehemaligen Königs Miguel von Portugal (Thronverlust 1828), in erster Ehe verheiratet mit Prinzessin Elisabeth von Thurn und Taxis, in zweiter Ehe mit Prinzessin Therese von Löwenstein-Wertheim-Rosenberg 59, 79, 86, 90, 99, 101, 108, 118f., 121, 123, 160, 188f., 193

Herzogin **Therese** (1870–1935), Tochter Fürst Karls von Löwenstein-Wertheim-Rosenberg, zweite Ehefrau Herzog Miguels 228

Braunschweig-Lüneburg
(Herzoge von Braunschweig-Lüneburg, Herzog von Cumberland, Könige von Großbritannien, Könige von Hannover, Prinzen von Braunschweig-Lüneburg, Prinzen von Großbritannien, Prinzen von Hannover etc.)

Herzog **Ernst** von Cumberland (1845–1923), Sohn König Georgs V. von Hannover, verheiratet mit Prinzessin Thyra von Dänemark 145

Prinz **Georg Wilhelm** (1880–1912 Autounfall), Sohn Herzog Ernsts von Cumberland 145

Prinzessin **Marie Luise** (1879–1948), Tochter Herzog Ernsts von Cumberland 145

Herzogin **Thyra** von Cumberland (1853–1933), Tochter König Christians IX. von Dänemark, Ehefrau Herzog Ernsts von Cumberland 145

Hohenzollern
(Kaiser von Deutschland, König von Rumänien, Prinzen von Deutschland, Prinzen von Rumänien etc.)

Kaiserin **Auguste** (1811–1890), Tochter Großherzog Karl Friedrichs von Sachsen-Weimar, Ehefrau Kaiser Wilhelms I. 60

König **Carol I.** von Rumänien (1839–1914), Sohn Fürst Karl Antons von Hohenzollern, verheiratet mit Prinzessin Elisabeth zu Wied 62ff.
Kaiser **Friedrich III.** (1831–1888), Sohn Kaiser Wilhelms I., verheiratet mit Prinzessin Viktoria von Großbritannien 60
Prinz **Oskar** von Preußen (1888–1958), Sohn Kaiser Wilhelms II. 76
Kaiser **Wilhelm I.** (1797–1888), Sohn Kaiser Friedrich Wilhelms III., verheiratet mit Prinzessin Auguste von Sachsen-Weimar 60
Kaiser **Wilhelm II.** (1859–1941), Sohn Kaiser Friedrichs III., verheiratet in erster Ehe mit Prinzessin Auguste von Schleswig-Holstein, in zweiter Ehe mit Prinzessin Hermine von Reuß 76, 95, 152, 191

Holstein-Gottorp
(Zaren von Russland, Großfürsten von Russland etc.)
Zar **Alexander III.** von Russland (1845–1894), Sohn Zar Alexanders II., verheiratet mit Prinzessin Marie von Dänemark 206

Holstein-Sonderburg-Glücksburg
(Könige von Dänemark, Könige von Griechenland, Herzoge von Holstein-Sonderburg-Glücksburg, Prinzen von Dänemark, Prinzen von Griechenland, Prinzen von Holstein-Sonderburg-Glücksburg etc.)
König **Christian IX.** von Dänemark (1818–1906), Sohn Herzog Wilhelms von Holstein-Sonderburg-Glücksburg, verheiratet mit Prinzessin Luise von Hessen-Kassel 145
König **Georg I.** von Griechenland (1845–1913), Sohn König Christians IX. von Dänemark, verheiratet mit Großfürstin Olga von Russland 211
Königin **Luise** von Dänemark (1817–1898), Tochter Landgraf Wilhelms von Hessen-Kassel, Ehefrau König Christians IX. von Dänemark 145

Nassau-Weilburg
(Grafen, Fürsten und Herzoge von Nassau-Weilburg und Großherzoge von Luxemburg, Prinzen von Nassau-Weilburg, Prinzen von Luxemburg etc.)
Herzog **Adolf** von Nassau-Weilburg, Großherzog von Luxemburg ab 1890 (1817–1905), Sohn Herzog Wilhelms, verheiratet in erster Ehe mit Großfürstin Elisabeth von Russland, in zweiter Ehe mit Prinzessin Adelheid von Anhalt-Dessau 62f., 68
Herzogin **Adelheid** von Nassau-Weilburg, Großherzogin von Luxemburg ab 1890 (1833–1916), Tochter Prinz Friedrichs von Anhalt-Dessau, Ehefrau Herzog Adolfs 63

Obrenowitsch
(Fürsten und Könige von Serbien, Prinzen von Serbien)
König **Milan** (1854–1901), Sohn des Prinzen Milosch, verheiratet mit Natalie Keschko 83

Reuß zu Köstritz mittlerer Zweig (seit 1748)
(Fürsten von Reuß, Prinzen von Reuß etc.)
Prinz **Heinrich VII.** (1825–1906), Sohn Prinz Heinrichs LXIII., Botschafter Deutschlands in Wien, verheiratet mit Prinzessin Marie von Sachsen-Weimar 95f.
Prinzessin **Marie** (1849–1922), Tochter Großherzog Karl Alexanders von Sachsen-Weimar 72f.

Wettiner
(Kurfürsten von Sachsen, Könige von Sachsen, Könige von Polen, Herzoge von Sachsen-Coburg-Saalfeld, Herzoge von Sachsen-Coburg-Gotha, Herzoge und Großherzoge von Sachsen-Weimar-Eisenach, Könige von Großbritannien und Irland, Könige der Belgier, Könige von Portugal, Herzog von Sachsen-Teschen, Prinzen von Sachsen, Prinzen von Polen, Prinzen von Sachsen-Coburg-Saalfeld, Prinzen von Sachsen-Coburg-Gotha, Prinzen von Sachsen-Weimar-Eisenach, Prinzen von Großbritannien und Irland, Prinzen von Belgien, Prinzen von Portugal etc.)

König **Albert** von Sachsen (1828–1902), Sohn König Johanns von Sachsen, verheiratet mit Prinzessin Caroline Wasa 79, 81, 98, 126, 152, 154, 159, 200
Herzog **Albert** von Sachsen-Teschen* (1738–1822), Sohn Kurfürst Friedrich Augusts II. von Sachsen, verheiratet mit Erzherzogin Marie Christine von Österreich 216
Herzog **Arthur** von Connaught, Prinz von Großbritannien und Irland (1850–1942), Sohn Herzog Alberts von Sachsen-Coburg-Gotha, des Fürstgemahls der Königin von Großbritannien und Irland, verheiratet mit Prinzessin Margarethe von Preußen 191
Infant **August** von Portugal (1847–1889), unverheiratet gebliebener Sohn König Ferdinands II. von Portugal 121
Prinz **Baudouin** (1869–1891), unverheiratet gebliebener Sohn Graf Philipps von Flandern, Prinz von Belgien 99f.

---

* Er erhielt von seinen Schwiegereltern ad personam das Herzogtum Teschen als eine Art Lehen. Da das Paar Herzog Albert und Herzogin Marie Christine kinderlos blieb, bestimmte die Lieblingstochter Kaiserin Maria Theresias ihren Neffen Erzherzog Albrecht zum Erben.

Großherzog **Carl Alexander** von Sachsen-Weimar-Eisenach (1818–1901), Sohn Großherzog Karl Friedrichs, verheiratet mit Prinzessin Sophie der Niederlande 200

Königin **Carola** von Sachsen (1833–1907), Tochter Prinz Gustavs von Schweden, Ehefrau König Alberts von Sachsen 159, 196, 200

Prinzessin **Clementine** von Sachsen-Coburg-Saalfeld (1817–1907), Tochter König Ludwig Philipps I. von Frankreich, Ehefrau Prinz Augusts 179

Tante Clementine Coburg = s. Prinzessin **Clementine** von Sachsen-Coburg-Saalfeld

Prinzessin **Clothilde** von Sachsen-Coburg-Saalfeld (1846–1927), Tochter Prinz Augusts, Ehefrau Erzherzog Josephs von Österreich 215f.

Tante Clothilde Coburg = s. Prinzessin **Clothilde** von Sachsen-Coburg-Saalfeld

Herzog von Connaught = s. Herzog **Arthur** von Connaught, Prinz von Großbritannien und Irland

König **Edward VII.** von Großbritannien und Irland (1841–1910), Sohn Herzog Alberts von Sachsen-Coburg-Gotha, des Fürstgemahls der Königin von Großbritannien und Irland, verheiratet mit Prinzessin Margarethe von Preußen 78, 81, 83

Prinz Friedrich = später König **Friedrich August III.** (1865–1932), Sohn König Georgs von Sachsen, verheiratet mit Erzherzogin Luise von Österreich-Toskana 201

König **Georg** von Sachsen (1832–1904), Sohn König Johanns von Sachsen, verheiratet mit Prinzessin Maria Anna von Portugal 33

Prinz **Johann Georg** von Sachsen (1869–1938), Sohn König Georgs von Sachsen, verheiratet in erster Ehe mit Prinzessin Isabella von Württemberg, in zweiter Ehe mit Prinzessin Maria Immaculata von Bourbon-Sizilien 201

König **Leopold II.** der Belgier (1835–1909), Sohn König Leopolds I. der Belgier, verheiratet mit Erzherzogin Marie Henriette von Österreich 100ff., 129

Prinzessin **Louise** von Belgien (1858–1924), Tochter König Leopolds II. der Belgier, Ehefrau Prinz Philipps von Sachsen-Coburg-Gotha 59, 94

Herzogin **Marie Christine** von Sachsen-Teschen (1742–1798), Lieblingstochter Kaiserin Maria Theresias, Ehefrau Herzog Albrechts von Sachsen Teschen 216

Königin **Marie Henriette** der Belgier (1836–1902), Tochter Erzherzog Josephs, Ehefrau König Leopolds II. der Belgier 100ff.

Prinzessin **Mathilde** von Sachsen (1863–1933), unverheiratet

gebliebene Tochter König Georgs von Sachsen 204
Prinz **Philipp** (1844–1921) von Sachsen-Coburg-Gotha, Sohn Prinz Augusts, verheiratet mit Prinzessin Louise von Belgien 25, 59, 68f., 79, 91, 94, 96, 98
Fürst von Wales = s. später König **Edward VII.** von Großbritannien und Irland

Wittelsbacher
(Kurfürsten von Bayern, Könige von Bayern, Herzoge in Bayern, Prinzen von Bayern etc.)
Prinzessin **Auguste** (1875–1964), Tochter Prinz Leopolds von Bayern, heiratet 1893 Erzherzog Joseph von Österreich 193
Herzog **Carl Theodor** in Bayern (1839–1909), Sohn Herzog Maximilians in Bayern, verheiratet in erster Ehe mit Prinzessin Sophie von Sachsen, in zweiter Ehe mit Prinzessin Marie José von Braganza 167, 219
Prinzessin **Elisabeth** (1874–1957), Tochter Prinz Leopolds, heiratet 1893 Freiherrn Otto Seefried auf Buttenheim 231
Prinz **Georg** (1880–1953), Sohn Prinz Leopolds von Bayern 231
Prinz **Konrad** (1883–1969), Sohn Prinz Leopolds 231
Prinz **Leopold** (1846–1930), Sohn des Prinzregenten Luitpold, verheiratet mit Erzherzogin Gisela von Österreich 66, 93, 99, 102, 109, 184

Ludwig von Bayern = vermutlich Prinz **Ludwig Ferdinand** (1859–1949), Sohn Prinz Adalberts, heiratet 1883 Infantin Maria de la Paz von Spanien 68
Herzogin **Marie José** in Bayern (1857–1943), Tochter König Miguels von Portugal (1828 Thronverlust), zweite Ehefrau Herzog Carl Theodors in Bayern 231
Herzog **Maximilian** in Bayern (1808–1888), Sohn Herzog Pius' in Bayern, verheiratet mit Prinzessin Ludovika von Bayern 197

Württemberg
(Könige von Württemberg, Herzoge von Württemberg, Prinzen von Württemberg etc.)
Herzog **Albrecht** (1865–1939), Sohn Herzog Philipps von Württemberg, heiratet 1893 Erzherzogin Margarethe von Österreich 168, 171f., 177ff., 189, 193, 202
Herzogin **Maria Isabella** (1871–1904), Tochter Herzog Philipps, heiratet 1894 Prinz Johann Georg von Sachsen 229
Herzogin **Maria Theresia** (1845–1927), Tochter Erzherzog Albrechts von Österreich, Ehefrau Herzog Philipps 62
Herzog **Philipp Albrecht** (1893–1975), Sohn Herzog Albrechts 202
Therese Württemberg = s. Herzogin **Maria Theresia**

Weitere Personen

Baron Eugen **d'Alban**, nicht verifizierbarer Autor einer Biographie über Kronprinz Rudolf 108

Alois = Alois **Fasolt**, Sekretär Erzherzog Carl Ludwigs aus dem Passeiertal, er hat ihn »als Knaben vom Kirschbaum herab in seinen Dienst« genommen (Lindheim, S. 144) 77, 115

Pater **Andreas** = Kapuzinerpater Andreas Csák, Hausgeistlicher im Dienst Erzherzog Carl Ludwigs aus Ungarn, der mit ihm zur Übung Ungarisch sprach 73, 108, 139f., 190

Lakai **Antonini**, vermutlich aus dem Haushalt Herzog Roberts von Parma 172f.

Herr **Arnstein** aus Stuppach 73

Oberstkommandant Graf **Auersperg**, aus der Menge der Familienmitglieder ohne Vornamen nicht zu verifizieren 119

Hermann **Baisch** (1846–1894), deutscher Landschafts- und Tiermaler 196

Türhüter **Batja**, Bediensteter im Palais Erzherzog Carl Ludwigs in Wien 181

Graf Rudolph **Bellegarde**, Obersthofmeister Kronprinzessin Stephanies 143

Baron **Berg**, wohl Gefolgsmann Erzherzog Ottos, ohne Vornamen aus der Menge der Familienmitglieder nicht zu verifizieren 197

Sarah **Bernhardt** (1844–1923), französische Schauspielerin 88

Alexander (de) **Bertha**, auch Sándor Bertha (1843–1912), ungarischer Komponist und Journalist 112

Beust, Beamter der deutschen Botschaft 60, 150

Matthäus Joseph **Binder** (1822–1893), Bischof der Diözese St. Pölten 48

Julius von **Blaas** (1845–1923), italienischer Maler von Pferden und Pferdeszenen 209

Hofrat Dr. Gustav **Braun**, Arzt 46f., 112

Miss **Bride**, Kindermädchen der Erzherzoginnen Miana und Elisabeth sowie später ihres Neffen Erzherzog Carl, zuletzt im Dienst bei den Kindern Herzog Roberts von Parma 73, 87, 161, 164, 192, 200, 207f., 218

Friseur **Brunner**, Wien 77, 101f., 138, 162, 168, 181, 186

Graf Ladislaus **Cavriani**, Gefolgsmann Erzherzog Carl Ludwigs 72, 74, 76, 93, 200, 204

Gräfin Sophie **Chotek** (1868–1914), Tochter des Grafen Bohuslaw Chotek, heiratet 1900 (hausgesetzmäßig nicht anerkannt) Erzherzog Franz Ferdinand von Österreich-Este 11, 105ff., 141, 169, 176

Graf Carl **Coreth**, Erzieher der Söhne Erzherzog Carl Ludwigs 65, 76

Lukas **Cranach** (1515–1586), vermutlich *Lukas Cranach Sohn*, deutscher Maler und Porträtist 200
Prinz **Croÿ**, Wien 95
Oberst **Czibulka**, Prag 165
Baron Carl **Dlauhowesksy**, ehemals Dienstkämmerer bei Erzherzog Carl Ludwig, 1889 sein Gastgeber während der Herbstmanöver in Mähren 120, 135
Advokat Dr. **Doria-Cipriani**, Görz 153
Eberth, Wäschehändler in Wien 93
Graf Franz **Falkenhayn** (1827–1898), Sohn Graf Eugen Falkenhayns, k. k. Kämmerer, Geheimer Rat, Oberstleutnant, Präsident des Roten Kreuzes 44
Gustav Adolf **Fingerhut**, Taschenspieler 151
Zerline **Gabillon** (1834–1892), deutsch-österreichische Schauspielerin 83
Alexander **Girardi** (1850–1918), österreichischer Volksschauspieler 184
Gräfin **Goëss**, Hofdame der zweiten Ehefrau Erzherzog Carl Ludwigs 96, 138, 143, 212, 216
Frau von **Goldegg**, Gefolgsdame bei Erzherzog Carl Ludwig 137
Corpscommandant Graf Philipp **Grünne** (1833–1902), k. u. k. Kämmerer, Geheimer Rat und FZM 165
Freiherr Carl von **Hasenauer** (1833–1894), österreichischer Architekt des Historismus 82

Hauzer, Förster aus Artstetten 43f.
Graf **Herberstein**, Gefolgsmann der Söhne Erzherzog Carl Ludwigs 74
Rittmeister **Hereth**, Gefolgsmann Erzherzog Carl Ludwigs 203
Stella von **Hohenfels-Berger** (1857–1920), österreichische Schauspielerin 83
Prinz Constantin **Hohenlohe-Schillingsfürst**, Obersthofmeister am Wiener Kaiserhof 81
Homlosy, Mallehrerin Erzherzogin Marie Theresias 160
Graf Joseph **Hoyos** 100
Generalmajor Baron **Hügel** 120
Dr. **Jarisch**, Zahnarzt in Wien 135
Prof. Dr. **Kahler**, Arzt in Wien 156f.
Graf Gustav Sigmund **Kalnoky** (1832–1898), Außenminister Österreich-Ungarns 1881–1895 99
Dr. **Kaposi**, Arzt in Wien 156
Juwelier **Köchert** = zur Zeit der Eintragungen führten zwei Brüder, Heinrich und Theodor, das Geschäft 177
Corpscommandant FML **König** 76
Dr. **Kraus**, Arzt in Wien 157
Kraus, »Menageriedirektor« = Direktor des Tiergartens von Schloss Schönbrunn 199
Franz **Krenn** (1816–1897), österreichischer Komponist 184
FML Joseph **Latour von Thurmburg** (1820–1903), österreichischer General 96

Personen- und Ortsregister | **245**

Pater Joseph **Lebeau**, Provinzial des Oblaten-Klosters in Wien 214

Lechner, Beschäftigter im Sekretariat Erzherzog Carl Ludwigs 114

Carl **Leiter**, Bürgermeister von Reichenau an der Rax 73

Papst **Leo XIII.** (Amtsperiode 1878–1903), Vincenzo Giacchino Pecci 102

Lindau, vermutlich ein Possendichter 184

Louise = vermutlich Gräfin Ludovica **Zichy** 181

Baronin **Maillard**, Gefolgsdame bei den Erzherzoginnen Miana und Elisabeth 147

Prälat Probst P. **Marschall**, Wien 136, 155ff., 206

Bezirksarzt Dr. **Mayer**, (Wiener) Neustadt 173

Graf Franz **Meran** (1839–1891), Sohn Erzherzog Johanns aus dessen hausgesetzmäßig nicht anerkannter Ehe mit Anna Plochl 96, 216

Baronin **Mitis**, Gouvernante bei Erzherzog Carl 165

Baron **Mollard**, Wien 137

Prof. **Monti**, Arzt Erzherzog Carls, wohl Kinderarzt 131, 133f., 137, 164f.

Schah **Nasreddin** von Persien (1831–1896 erschossen) 117ff., 217

Nowotny, Zivilschneider in Wien 101

Heinrich **Oppermann** (1843–1894), entstammte einem alten jüdischen Patriziergeschlecht aus Frankfurt, Kammermitglied und Kunstmäzen in Brünn 52

Gräfin Créscence **Pallavicini**, Hofdame Erzherzogin Marie Josephas 52, 54, 57, 69, 75, 80, 88, 90, 104, 122, 128, 142, 146, 154, 160, 162, 165ff., 181, 194, 197

Panhans, Präsident einer Ausstellung in Wien 1888, wohl ein Mitglied der Hoteliers-Familie vom Semmering 63

Franz **Paschke**, früher Jäger, 1888 Förster im Dienst Erzherzog Carl Ludwigs 77

Graf Ladislaus **Pejáchevich**, Obersthofmeister Erzherzog Carl Ludwigs 48, 63, 65, 74ff., 78, 115, 118, 134, 139, 142, 151, 156, 184f., 203

Anna **Plochl** (1804–1885), Ehefrau Erzherzog Johanns 216

Divisionär FML **Probst**, Prag 165

Dr. **Riedl**, Arzt in Wien 67

Dr. **Rollett**, Leibarzt Erzherzog Carls Ludwigs und seiner Familie 131, 155f., 196, 212

Fürst Heinrich (Orsini-)**Rosenberg**, Klagenfurt 146

Major Graf Eugen **Rosenberg**, Flügeladjutant 99

FZM Baron **Salis**, Ödenburg 201

Graf **Salm**, Gefolgsmann Erzherzog Carl Ludwigs 203, 208

Graf Franz **Schaffgotsche**, Gefolgsmann Erzherzog Carl Ludwigs, später im Gefolge seines jüngsten Sohnes Erzherzog Ferdinands 137, 140f., 151, 153f., 166, 187

Graf Franz **Schönborn** (und sein Sohn) 120

Graf **Schönfeld**, vielleicht Gefolgsmann der Erzherzoge Franz Ferdinand oder Otto, vermutlich Graf Anton, Ehemann der Gräfin Elisabeth Schönfeld 93, 125, 151

Gräfin Elisabeth **Schönfeld**, Oberthofmeisterin Erzherzogin Marie Theresias 86, 137

Schrammel, Kutscher im Dienst Erzherzog Carl Ludwigs 43

Prof. **Schrötter**, Arzt Erzherzogin Marie Josephas in Wien 130

Gottfried **Semper** (1803–1879), Architekt 82

Prinz von **Siam**, wohl Sohn König Ramas IV. Mongkut 118

Adolf von **Sonnenthal** (1834–1909), österreichischer Schauspieler 83

Spitzer, Damenschneiderin Erzherzogin Marie Theresias in Wien 115

Baronin **Stahl**, Cousine Baron Joachim Türkheims 140

hl. **Stanislaus** von Krakau (um 1030–1079), Bischof von Krakau 205

Gräfin **Stolberg**, Gefolgsdame 54, 85, 87, 99, 122, 137, 181

Eduard **Strauß** (1835–1916), österreichischer Komponist und Kapellmeister 88

Graf **Széchényi**, Besitzer einer Villa in Reichenau 190

Graf Géza **Széchényi**, vielleicht ident mit vorigem 197

Gräfin **Széchényi**, Hofdame Kronprinzessin Stephanies 86f.

Mori(t)z **Szeps** (1835–1902), österreichischer Journalist 25, 217

Gräfin *Mali* (Maria Amalie) **Taaffe**, Gefolgsdame 44

Graf (Silva-)**Tarouca**, Oberthofmeister Kronprinzessin Stephanies 57

Thalloczy, Archivar des Reichsfinanzministeriums 135

Theophil, Schauspieler mit Haus in Reichenau (vielleicht aus Wien) 72

Theyer & **Hardtmuth**, ehemalige Schreibwarenhandlung in Wien 195

Thonet, Möbelfabrikant aus Deutschland, ab 1842 in Wien, ab 1853 Gebrüder Thonet 173

Graf Franz **Thun-Hohenstein** (1847–1916), Statthalter von Böhmen 165

Madame **Touzet**, Gouvernante von Erzherzogin Elisabeth, Tochter Kronprinz Rudolfs 143

Baron Joachim **Türkheim**, Kammervorsteher Erzherzog Ottos 52ff., 57, 69, 88, 90, 140, 142, 148, 162ff., 166, 181

Uchl/Achl, Schauspieler aus Wien 1888 59

Baronin Mary **Vetsera** (1871–1889), Geliebte Kronprinz Rudolfs, die mit ihm in den Tod ging 100

Richard **Wagner** (1813–1883), deutscher Komponist und Dichter 37
Carl Ernst **Wahliss** (1837–1900), aus Sachsen stammender, in Wien lebender Geschäftsmann und Porzellanwarenhersteller 196
Carl **Waissnix** (Vater) und dessen Sohn, Besitzer der Gastwirtschaft und des Thalhofs in Reichenau an der Rax, bis heute im Eigentum der Familie 183, 187
Watzl, Sekretär Erzherzog Ottos 83
Oberst Baron Friedrich **Weigelsperg** 140f.
Dr. Otto **Weihs**, Arzt, Sohn des Professors Weihs 43ff., 67, 111f.
Prof. **Weihs**, Professor der Geschichte in Graz 67, 111f., 150
HR **Weiler**, Schriftsteller 98, 171f.
Weiser, Schauspieler mit Haus in Reichenau an der Rax 71f.
Frau **Weiser** 71
Graf Welser von **Welserheimb**, Verwalter Erzherzog Ottos in Persenbeug 204
Gräfin Stephanie **Wenckheim** 148
Professor **Weyrich**, Lehrer Erzherzogin Margarethes 63
Professor **Wihrich**, Reichenau 73
Charlotte **Wolter** (1834–1897), deutsche Schauspielerin 81, 83
Graf **Wurmbrand**, wohl Gefolgsmann Erzherzog Franz Ferdinands 90
Gräfin **Zamoiska**, im Gefolge Erzherzog Ottos (oder seiner Frau) 197
Gräfin Ludovica **Zichy**, Gefolgsdame Erzherzogin Marie Theresias 68, 72, 74, 75, 86, 100, 107, 121f.

Erwähnte Residenzen
(Länderbezeichnung nach damaligem Status)

Wien
Schloss im Augarten 35
Hofburg 21, 57ff., 61ff., 80ff., 91, 95f., 109, 117f., 129, 132, 135, 138, 143, 161ff., 179f., 199, 206, 208, 216
Albertina, an die Hofburg angebauter Flügel 101, 107, 169, 177, 216
Palais Erzherzog Carl Ludwigs in der Favoritenstraße ab 15 *fortlaufend*
Palais Erzherzog Ludwig Victors am Schwarzenbergplatz ab 59 *fortlaufend*
Palais Modena (abgerissen) 56, 139, 215
Schloss Schönbrunn 21, 29, 54ff., 58, 79, 84, 99f., 114f., 154, 159, 161, 185, 196, 199, 202f., 213
Theresianum = neue Favorita in der Favoritenstraße 134, 217f.
Palais Württemberg, heute Hotel Imperial am Ring 168

Niederösterreich
Schloss Artstetten 42, 44f., 48, 50, 77, 80, 109, 182, 202
Schloss Frohsdorf 54
Schloss Laxenburg 34, 50ff., 80, 84ff., 203
Jagdschloss Mayerling 60, 84, 95f., 215
Schloss Orth 57
Schloss Persenbeug 10, 14, 39, 42, 44ff., 48ff., 67, 76f., 80, 89, 95, 109, 127, 147, 153f., 156, 158, 160, 178, 182, 195, 203f.
Villa in Schönau an der Triesting 35
Schloss Schwarzau 124, 131, 172, 188, 208
Villa Wartholz in Reichenau an der Rax ab 15 *fortlaufend*
Weilburg in Baden 148, 168f., 200

Oberösterreich
Kaiservilla in Bad Ischl 171, 204
Villa Württemberg am Traunsee 168f., 202f.

Salzburg
Schloss Klesheim 114, 148, 156

Steiermark
Palais Khuenburg in Graz 111

Tirol
Villa Erzherzog Albrecht in Arco 107, 169
Schloss Rottenstein in Meran 50, 105ff., 165f.

Friaul
Schloss Miramare bei Triest 175ff., 183, 209

Böhmen
Hradschin, Burg in Prag 161, 165f.

Ungarn
Burg in Ofen 167, 185
Palais Grassalkovich in Pressburg 107, 123, 169, 173
Schloss Kis-Tapolcsány, Besitz in Ungarn, den Erzherzog Carl Ludwig 1890 erwarb 154f., 173, 191f., 205, 207

Italien
Schloss Pianore 54, 108f.
Palazzo Reale in Monza 28

Korfu
Villa Achilleon 211

Hessen
Schloss Kleinheubach 186

Sachsen
Schloss Pillnitz 201
Schloss Sibyllenort 126
Schloss Weesenstein 201

»*Er gilt als das große Rätsel, als das geheimnisvolle X, das die mathematische Gleichung der europäischen Großmächte unlösbar erscheinen läßt.*« Carl M. Danzer, 18.12.1913

Der gewaltsame Tod Erzherzog Franz Ferdinands am 28. Juni 1914 in Sarajevo steht am Anfang jeder Erzählung über den Ersten Weltkrieg. Verschwörungstheorien, Mythen und Legenden ranken sich bis heute nicht nur um das Attentat, sondern auch um das Leben und Wirken dieses Mannes, den erst der plötzliche Tod des Kronprinzen Rudolf zum Thronfolger machte.

Diese neue Biografie entstand auf der Grundlage intensiver Archivrecherchen auch in bislang unzugänglichen Privatnachlässen aus der direkten Umgebung des Thronfolgers. Die Autorin zeichnet seinen Weg nach, porträtiert den glücklichen Familienvater ebenso wie den Machtpolitiker, hinterfragt Mythen und Klischees um seine Friedensidee und kommt zu überraschenden Schlussfolgerungen, die »Österreichs Sphinx«, wie der Erzherzog genannt wurde, in einem völlig neuen Licht zeigen. Mit zahlreichen Fotos und Dokumenten aus privaten Nachlässen.

....

Alma Hannig

Franz Ferdinand

Die Biografie

352 Seiten, mit zahlreichen Abbildungen
ISBN 978-3-85002-845-5
auch als E-Book erhältlich
eISBN 978-3-90286279-2

Amalthea www.amalthea.at

Die k. u. k. Diplomatie und der Kriegsausbruch

Die österreichisch-ungarische Kriegserklärung an Serbien vom 28. Juli 1914 wird zumeist als der entscheidende Schritt auf dem Weg zur »Urkatastrophe des 20. Jahrhunderts« betrachtet. Was veranlasste die k. u. k. Führung, Serbien den Krieg zu erklären? Handelt es sich dabei um einen lang gehegten Plan oder eine übereilte Reaktion auf das Attentat auf den Thronfolger Franz Ferdinand?

Seit fast hundert Jahren wird über die Verantwortung der einzelnen europäischen Staaten für den Ausbruch des Ersten Weltkrieges diskutiert. Alma Hannig stellt in ihrem neuen Buch zu dessen Vorgeschichte die handelnden Akteure der Habsburgermonarchie in lebendigen biografischen Skizzen vor, deckt die damaligen diplomatischen Netzwerke auf und rekonstruiert anhand von neuen Quellen das Handeln der österreichisch-ungarischen Entscheidungsträger während der großen Krisen von 1912 bis zum Kriegsausbruch 1914. Zum ersten Mal wird hier ein umfassendes Bild der k. u. k. Diplomatie präsentiert und die Frage nach deren Verantwortung für den Kriegsausbruch neu aufgeworfen.

Alma Hannig
»Lieber rasch zugrunde gehen«
Österreich-Ungarns Diplomatie am Vorabend des Ersten Weltkrieges

ca. 400 Seiten, mit zahlr. Abb.
ISBN 978-3-85002-881-3
auch als E-Book erhältlich
eISBN 978-3-902998-01-9

Amalthea   www.amalthea.at

Ein Sittenbild der europäischen Dynastien

Königliche Ehedramen, Seitensprünge und Kurtisanen, Playboy-Kronprinzen und Prinzessinnen, die durchbrennen. Dazu eine Presse, die es sich zur Aufgabe macht, die königlichen Skandale ans Licht der Öffentlichkeit zu zerren: Die alte Welt steht kurz vor ihrem Ende und ihre Protagonisten tragen das Ihre dazu bei.

Anhand zahlreicher Anlassfälle zeichnet Martina Winkelhofer ein Sittenbild der europäischen Herrscherhäuser vor 1918. Die Moral der höchsten Gesellschaft stand in einem eklatanten Widerspruch zu ihrem offiziellen Bild. Von der adeligen Heiratspolitik bis zur Sexualmoral hält die Autorin dieser prägenden Zeit Europas vor dem Ersten Weltkrieg den Spiegel vor.

Martina Winkelhofer
Eine feine Gesellschaft
Europas Königshäuser vor 1918 im Spiegel ihrer Skandale

ca. 300 Seiten, mit zahlr. Abb.
ISBN 978-3-85002-776-2
auch als E-Book erhältlich
eISBN 978-3-902998-03-3

Amalthea   www.amalthea.at

Die »andere« Elisabeth: das Kind ihrer Zeit, die Kultfigur der Décadence

Mit vierzig Jahren verschwand Kaiserin Elisabeth aus der Öffentlichkeit. Der Mythos entstand.

Sie schrieb nun Gedichte, ging auf Reisen, sammelte Antiken, machte sich die Kunstrichtungen und Denkweisen des Fin de Siècle zu eigen, inszenierte sich als Feenkönigin »Titania« in der Hermesvilla – und lebte ihre Todessehnsucht.

»Der Todesgedanke reinigt wie ein Gärtner, der das Unkraut jätet, wenn er in seinem Garten ist. Aber dieser Gärtner will immer allein sein und ärgert sich, wenn Neugierige in seinen Garten schauen. Deshalb halte ich den Schirm und den Fächer vor meinem Gesicht, damit er ungestört arbeiten kann.«

Elisabeth, Februar 1892

Mit über 100, großteils bislang unveröffentlichten Abbildungen

....

Michaela Lindinger

»Mein Herz ist aus Stein«
Die dunkle Seite der Kaiserin Elisabeth

256 S., mit zahlr. Abb.
ISBN 978-3-85002-821-9
auch als E-Book erhältlich
eISBN 978-3-90286225-9

Amalthea   www.amalthea.at

*Die letzten Geheimnisse
der Tragödie von Mayerling*

Der Tod des Kronprinzen Rudolf und der Baronesse Mary Vetsera in den frühen Morgenstunden des 30. Jänner 1889 im Jagdschloss Mayerling stellt noch immer eines der großen Rätsel der österreichischen Geschichte dar. Nie wurde der Fall wirklich abgeschlossen, immer wieder tauchen neue Gerüchte auf, wie der Sohn des Kaisers und seine Geliebte ums Leben kamen.

Nachdem der Wiener Hof, um von den wahren Geschehnissen in Mayerling abzulenken, Mary Vetsera zunächst als hinterhältige Mörderin und schließlich als »todbringende Verführerin« des Kronprinzen diffamiert hatte, sah sich ihre Mutter, Helene Vetsera, genötigt, eine Denkschrift zu verfassen, um die Ehre ihrer toten Tochter und auch jene ihrer Familie wiederherzustellen. Darin macht sie deutlich, dass ihre Tochter nicht Täterin, wie vom Kaiserhaus verbreitet, sondern Opfer war. Sie enthüllt zahlreiche Details der Vorgeschichte sowie die letzten Briefe Marys: »Ich konnte der Liebe nicht widerstehen.«

....

Georg Markus/Katrin Unterreiner

Das Original-Mayerling-Protokoll
der Helene Vetsera: »Gerechtigkeit für Mary«

296 S., mit zahlr. Abb.
ISBN 978-3-85002-863-9
auch als E-Book erhältlich
eISBN 978-3-90286283-9

Amalthea   www.amalthea.at

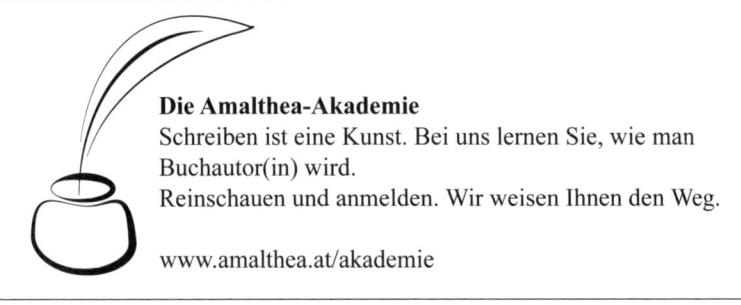

Die Amalthea-Akademie
Schreiben ist eine Kunst. Bei uns lernen Sie, wie man Buchautor(in) wird.
Reinschauen und anmelden. Wir weisen Ihnen den Weg.

www.amalthea.at/akademie